# Easy Sudoku Puzzles

## 400 Easy Sudoku Puzzles And Solutions

## Sudoku Puzzle Books Easy Volume 1

D1456037

ANDREW WOODYEAR

# CONTENTS

# Introduction

This book includes 400 Easy Sudoku Puzzles. Solutions are included.

Sudoku puzzles have a series of cells that make up a grid. The puzzles in this book are arranged 9 x 9 with a total of 81 cells. The grid is grouped into 9 blocks of cells.

Each block in the grid comprises of the numbers 1 to 9.

The objective of a Sudoku puzzle is to figure out what numbers go into the empty cells.

The only rule is that a number cannot be repeated in any column, row or block.


Have Fun!

# EASY SUDOKU PUZZLES

## Sudoku 1

| 6 |   |   | 4 |   |   | 1 | 8 |   |
|---|---|---|---|---|---|---|---|---|
|   | 1 |   |   |   | 9 | 6 | 3 | 7 |
| 8 |   | 9 |   | 1 |   | 5 | 2 | 4 |
|   | 6 | 1 | 9 | 2 | 4 |   |   |   |
|   | 5 | 7 |   | 6 | 8 | 4 | 9 | 1 |
|   | 9 | 8 | 7 | 5 | 1 | 2 | 6 | 3 |
|   | 4 | 5 | 8 |   | 2 |   | 1 |   |
| 9 | 2 | 3 | 1 |   | 6 | 8 |   | 5 |
| 1 | 8 |   |   | 5 | 9 |   |   |   |

## Sudoku 2

| 4 | 9 | 7 |   |   | 8 | 5 |   |   | 6 |
|---|---|---|---|---|---|---|---|---|---|
|   | 6 | 5 | 1 | 7 |   | 8 | 4 |   |
|   |   |   | 2 | 4 | 6 | 9 |   |   |
| 3 | 8 | 2 | 9 | 6 | 4 | 1 | 7 |   |
| 5 |   | 9 |   |   | 2 | 6 | 8 |   |
|   | 7 | 4 | 8 | 5 | 1 |   | 2 | 9 |
| 9 | 4 | 8 |   |   |   | 5 | 3 |   |
| 1 | 5 |   |   | 8 | 7 | 6 |   |   |
|   |   | 6 | 5 | 1 |   | 4 | 9 |   |

## Sudoku 3

| 7 | 3 |   | 4 | 5 | 8 | 1 |   |   |
|---|---|---|---|---|---|---|---|---|
| 4 |   |   | 9 | 6 | 3 | 5 |   | 7 |
| 8 | 5 |   | 7 | 2 | 1 |   | 9 | 3 |
|   |   |   |   |   | 7 |   | 1 | 4 |
| 9 | 4 | 1 | 2 | 8 |   | 7 | 3 |   |
| 3 | 7 | 8 | 5 | 1 |   |   |   |   |
| 6 |   | 4 |   | 3 | 5 |   | 7 |   |
|   |   | 7 | 6 | 4 | 2 | 3 | 5 | 8 |
| 5 |   |   |   | 7 | 9 | 6 |   | 2 |

## Sudoku 4

|   | 6 | 1 | 3 | 8 | 4 |   | 7 | 2 |
|---|---|---|---|---|---|---|---|---|
| 8 | 4 | 5 | 9 | 7 |   | 6 | 3 | 1 |
|   | 3 | 7 | 6 | 1 | 5 |   | 9 |   |
| 6 | 2 | 3 | 5 | 4 |   |   | 8 |   |
|   | 7 | 4 |   |   | 9 | 1 | 2 | 6 |
|   |   |   | 2 |   |   | 3 | 5 | 4 |
| 4 | 8 |   |   | 3 | 7 |   |   |   |
|   | 5 | 9 | 1 | 6 | 8 |   |   | 3 |
| 3 | 1 | 2 |   | 5 |   | 8 | 6 |   |

## Sudoku 5

| 6 | 8 |   | 4 | 2 | 3 | 9 | 5 | 1 |
|---|---|---|---|---|---|---|---|---|
|   |   | 3 | 8 | 5 | 7 | 2 |   | 6 |
| 5 |   | 4 |   |   | 9 | 3 | 8 | 7 |
| 1 |   |   | 3 |   | 4 | 6 | 2 |   |
| 3 | 4 | 8 |   |   | 1 | 5 |   |   |
|   |   |   | 5 | 9 | 8 |   |   | 4 |
| 8 | 9 |   | 7 |   | 6 |   | 1 | 2 |
| 4 | 3 | 1 | 9 |   |   | 7 |   |   |
|   |   | 6 | 1 | 4 | 5 |   | 9 | 3 |

## Sudoku 6

|   |   |   | 3 |   | 1 | 8 |   | 5 |
|---|---|---|---|---|---|---|---|---|
|   | 1 |   |   | 4 | 6 |   | 7 |   |
| 5 | 6 | 3 | 8 | 7 |   |   | 1 | 9 |
|   | 8 | 6 |   |   | 4 | 1 | 9 | 7 |
| 4 |   |   | 7 |   | 8 | 6 | 2 | 3 |
| 2 | 7 | 1 | 6 |   | 9 | 5 |   |   |
|   | 9 |   | 4 |   | 3 |   | 5 | 1 |
|   | 4 | 5 | 1 |   | 7 | 9 |   | 8 |
|   | 3 | 2 |   | 8 | 5 | 7 | 4 | 6 |

## Sudoku 7

| 2 | 7 |   | 6 |   |   | 4 |   | 5 |
|---|---|---|---|---|---|---|---|---|
|   | 4 | 3 |   | 5 | 7 | 1 |   |   |
| 5 | 8 |   |   | 3 | 4 | 7 | 6 | 2 |
|   | 5 | 6 |   | 7 |   | 9 |   | 4 |
| 7 | 3 |   |   | 6 |   |   | 5 | 1 |
| 1 | 9 | 2 | 5 | 4 |   |   | 7 |   |
|   |   | 1 |   | 9 | 5 | 2 |   | 6 |
| 9 |   | 5 | 4 | 1 |   |   | 8 | 7 |
| 4 |   |   | 7 | 2 | 3 | 5 | 1 | 9 |

## Sudoku 8

|   |   | 8 | 3 |   | 5 | 2 |   | 6 |
|---|---|---|---|---|---|---|---|---|
|   |   | 5 |   | 8 |   | 9 |   |   |
| 1 |   | 9 | 7 |   |   |   | 5 | 4 |
| 3 | 8 |   | 5 | 1 | 9 | 4 |   | 2 |
|   | 1 | 4 | 2 |   | 8 |   | 6 | 9 |
| 9 | 5 | 2 | 6 | 4 | 7 | 1 | 8 | 3 |
|   | 6 | 3 |   | 5 | 2 | 7 |   | 1 |
| 5 | 9 |   | 4 |   |   | 3 | 2 | 8 |
|   | 4 |   | 8 |   |   | 6 |   | 5 |

## Sudoku 9

| 6 |   | 1 |   | 7 |   |   | 3 |   |
|---|---|---|---|---|---|---|---|---|
|   | 9 |   | 3 |   | 6 |   | 4 |   |
| 7 |   |   |   | 4 | 1 | 6 | 5 | 9 |
|   | 2 |   | 4 | 1 | 8 |   | 7 | 5 |
| 8 |   | 9 |   | 3 | 7 |   |   | 4 |
| 4 |   |   | 9 | 2 |   | 3 | 6 | 8 |
| 9 | 6 | 4 | 8 | 5 | 3 | 2 | 1 |   |
|   | 3 |   | 7 | 9 |   | 4 | 8 | 6 |
| 2 |   | 8 | 1 | 6 |   | 5 | 9 | 3 |

## Sudoku 10

| 4 |   | 3 | 5 | 8 | 2 |   | 1 |   |
|---|---|---|---|---|---|---|---|---|
| 2 | 9 |   |   | 4 |   | 7 | 5 | 3 |
| 5 |   | 6 | 9 | 7 | 3 |   | 2 |   |
| 6 |   |   | 2 | 3 | 7 |   | 4 | 1 |
| 1 |   | 4 | 8 |   |   |   | 3 |   |
|   |   | 7 |   | 1 | 5 |   | 9 | 8 |
| 9 | 3 | 1 | 7 | 5 |   | 4 | 8 |   |
| 8 |   | 2 |   | 9 |   |   | 7 |   |
|   | 4 | 5 |   | 2 | 8 | 3 | 6 | 9 |

## Sudoku 11

| 5 | 6 |   | 7 | 3 |   |   |   |   |
|---|---|---|---|---|---|---|---|---|
| 9 | 4 | 8 | 5 | 2 | 6 | 1 | 7 | 3 |
|   | 7 | 1 | 8 | 9 | 4 | 2 |   |   |
| 7 | 1 |   | 9 | 6 | 2 |   | 4 | 8 |
|   | 2 |   |   | 7 |   |   |   |   |
| 6 | 9 | 3 | 1 |   |   | 5 | 2 | 7 |
| 4 | 8 |   | 6 |   | 3 | 7 | 1 |   |
|   |   | 6 |   | 8 |   | 9 |   | 4 |
| 2 |   | 7 |   |   | 9 | 8 | 5 | 6 |

## Sudoku 12

| 5 | 4 |   |   | 6 | 8 | 1 | 7 | 3 |
|---|---|---|---|---|---|---|---|---|
|   | 7 | 8 | 5 |   |   | 9 | 4 | 2 |
| 9 | 1 |   |   | 4 | 7 | 8 |   |   |
| 2 | 5 | 7 | 3 |   |   | 4 | 6 |   |
| 4 |   |   | 8 |   | 2 | 7 | 9 | 1 |
|   |   | 9 | 6 | 7 |   | 3 | 2 | 5 |
|   | 6 |   | 1 | 2 | 3 | 5 | 8 |   |
| 8 |   | 1 | 7 | 9 |   | 6 | 3 |   |
|   |   |   |   |   | 6 | 2 |   | 7 |

## Sudoku 13

| 1 |   | 5 |   | 8 | 9 | 2 |   |   |
|---|---|---|---|---|---|---|---|---|
|   |   |   |   |   | 5 |   | 7 |   |
|   | 3 | 2 |   |   | 4 | 1 | 5 | 8 |
|   |   | 3 | 1 |   | 7 | 5 | 9 |   |
| 5 |   |   |   | 9 | 3 |   | 6 | 2 |
| 6 | 9 | 4 | 8 | 5 | 2 | 7 |   | 1 |
| 8 | 2 | 9 |   |   | 6 | 3 | 1 |   |
| 7 | 4 | 1 | 5 | 3 |   |   |   | 9 |
| 3 |   | 6 | 9 | 2 | 1 | 4 | 8 | 7 |

## Sudoku 14

| 2 | 3 |   |   | 9 | 5 | 6 | 1 |   |
|---|---|---|---|---|---|---|---|---|
| 1 | 4 | 9 | 2 | 3 |   | 8 | 5 |   |
|   |   | 6 | 4 | 1 |   | 9 | 3 | 2 |
| 5 | 1 |   |   | 6 | 4 | 3 | 7 |   |
|   |   | 8 | 3 | 5 |   |   | 2 | 6 |
| 3 | 6 |   |   | 7 | 8 |   | 9 | 1 |
| 6 | 8 | 1 | 5 | 7 |   |   | 4 | 9 |
|   | 2 |   |   | 1 |   | 7 |   | 5 |
|   | 7 | 5 |   |   | 9 | 1 |   |   |

## Sudoku 15

| 6 |   | 2 |   |   |   | 7 | 8 | 1 |
|---|---|---|---|---|---|---|---|---|
| 8 |   | 4 | 3 | 1 | 2 | 9 |   | 5 |
| 5 | 1 | 9 |   | 6 | 7 | 4 |   |   |
|   |   | 6 | 2 |   | 1 | 8 | 3 | 9 |
|   | 8 | 1 | 6 |   | 3 | 5 | 4 | 2 |
| 2 |   |   | 9 |   |   | 6 |   | 7 |
| 1 | 2 |   | 5 |   | 4 |   | 7 | 6 |
|   | 9 |   |   | 3 | 6 |   |   | 8 |
| 3 | 6 | 5 | 7 |   | 8 |   | 9 |   |

## Sudoku 16

| 9 | 7 |   |   | 3 | 6 | 4 | 1 |   |
|---|---|---|---|---|---|---|---|---|
| 5 |   | 2 |   |   | 4 | 6 | 8 |   |
| 6 |   | 4 | 5 |   |   |   | 9 | 7 |
|   | 2 | 9 | 4 | 6 | 3 | 5 |   | 8 |
| 3 |   | 7 |   | 5 | 2 |   | 4 | 6 |
|   | 5 | 6 |   | 7 | 1 | 9 | 3 |   |
| 8 | 4 | 1 | 6 |   | 7 | 3 | 5 |   |
| 7 |   |   |   | 4 | 9 | 8 |   | 1 |
| 2 |   | 3 | 1 |   | 5 |   |   |   |

## Sudoku 17

| 3 |   |   | 2 | 6 | 9 | 1 | 8 |   |
|---|---|---|---|---|---|---|---|---|
| 6 | 8 | 4 | 5 |   | 1 | 9 | 2 | 3 |
| 2 |   | 1 | 4 |   | 8 |   |   | 5 |
| 9 |   | 8 | 3 |   | 5 | 2 |   | 7 |
| 4 | 1 | 2 | 7 | 9 | 6 |   | 3 | 8 |
| 7 | 3 |   | 8 |   |   | 4 |   | 9 |
| 1 | 4 | 9 | 6 | 8 | 7 |   | 5 | 2 |
|   |   | 3 |   | 5 |   |   |   | 6 |
| 5 |   |   |   |   |   | 8 |   |   |

## Sudoku 18

| 6 |   |   | 2 | 7 |   | 5 | 4 | 9 |
|---|---|---|---|---|---|---|---|---|
| 1 | 2 |   |   |   | 9 |   |   | 8 |
|   | 5 | 9 |   | 3 | 6 | 7 | 2 |   |
|   | 7 | 5 | 1 |   | 8 |   | 3 | 4 |
| 2 | 1 | 6 |   |   | 4 | 8 |   |   |
|   | 4 | 3 | 5 |   | 7 |   | 1 | 6 |
| 3 | 9 |   | 6 | 4 | 5 | 1 |   | 7 |
| 5 | 8 |   | 7 | 1 | 2 |   | 9 | 3 |
|   | 6 | 1 |   |   |   | 4 | 5 |   |

## Sudoku 19

| 7 |   |   | 2 |   | 4 | 3 |   | 6 |
|---|---|---|---|---|---|---|---|---|
|   | 4 | 3 | 9 |   | 1 | 7 |   | 5 |
| 6 |   | 9 | 8 | 3 | 7 | 4 | 2 |   |
|   | 7 | 2 | 5 | 9 | 6 | 1 |   | 8 |
|   |   |   | 7 | 1 | 3 | 2 | 5 |   |
| 1 |   |   |   | 2 | 8 |   |   | 7 |
|   | 1 | 4 | 6 | 8 | 2 | 5 | 7 |   |
|   |   | 8 | 1 |   | 5 | 6 |   | 3 |
| 5 | 6 |   | 3 | 4 |   |   | 1 |   |

## Sudoku 20

| 5 |   |   | 2 | 8 | 6 | 9 |   | 4 |
|---|---|---|---|---|---|---|---|---|
| 9 | 6 | 3 | 5 |   | 7 | 2 | 1 | 8 |
| 2 |   |   | 3 |   |   |   | 5 | 6 |
| 8 | 5 | 2 |   | 6 | 9 |   | 7 | 3 |
|   |   | 1 |   |   | 5 |   | 2 | 9 |
| 4 | 3 |   |   |   |   | 5 | 6 | 1 |
| 1 |   |   | 9 |   | 3 | 6 | 8 | 2 |
| 3 |   |   |   | 5 | 2 | 1 | 4 |   |
|   | 2 | 6 | 8 |   |   | 4 | 3 | 9 |

## Sudoku 21

| 9 | 1 |   |   | 7 |   |   | 2 |   |
|---|---|---|---|---|---|---|---|---|
|   |   |   | 1 | 5 | 9 | 6 |   | 3 |
| 4 | 5 | 6 | 8 |   | 3 | 1 |   | 9 |
|   |   |   | 3 | 1 | 7 | 9 |   |   |
| 7 |   | 1 |   | 6 | 5 | 8 | 3 | 2 |
|   | 6 | 5 |   | 8 | 2 | 4 |   |   |
|   | 8 | 9 | 2 |   |   | 7 | 5 | 4 |
| 6 | 3 | 7 | 5 | 4 | 8 | 2 |   |   |
| 5 | 4 |   | 7 | 9 |   | 3 |   | 6 |

## Sudoku 22

|   |   | 8 | 4 |   |   | 9 |   |   |
|---|---|---|---|---|---|---|---|---|
| 6 | 1 | 9 | 8 | 5 | 7 | 4 | 3 | 2 |
|   | 4 | 2 |   | 3 |   |   | 8 |   |
|   |   | 3 | 2 | 4 |   | 6 | 9 | 7 |
|   | 7 | 1 | 6 | 8 | 3 | 2 | 4 | 5 |
|   |   | 6 | 7 |   |   | 3 |   |   |
| 3 | 8 | 7 | 5 | 2 | 4 |   |   | 9 |
| 2 |   |   | 3 |   | 6 | 8 | 7 | 4 |
| 1 |   | 4 |   | 7 |   |   | 2 | 3 |

## Sudoku 23

| 6 | 9 |   |   | 7 | 2 |   | 5 | 1 |
|---|---|---|---|---|---|---|---|---|
|   | 3 | 7 | 1 | 9 |   | 8 |   |   |
| 2 |   | 5 |   | 4 | 6 | 7 |   | 3 |
| 7 |   | 9 |   | 1 | 4 | 3 | 2 |   |
| 1 | 4 | 2 |   |   | 8 | 5 |   |   |
|   | 8 | 6 | 5 |   | 7 |   | 4 | 9 |
| 9 |   | 1 | 2 | 5 | 3 | 6 | 8 | 4 |
| 8 | 2 | 4 | 7 |   | 1 |   | 3 |   |
|   |   |   |   |   | 9 |   | 1 | 7 |

## Sudoku 24

| 7 | 9 | 1 | 2 | 6 | 4 |   |   | 5 |
|---|---|---|---|---|---|---|---|---|
| 8 | 6 | 5 |   | 1 | 3 | 4 | 7 | 2 |
| 4 |   | 2 |   |   |   | 9 |   | 1 |
| 9 | 5 | 7 | 8 | 4 |   | 3 | 1 |   |
| 6 | 2 | 4 | 1 | 3 | 5 | 7 | 9 |   |
|   |   | 8 |   | 9 | 6 | 5 |   | 4 |
|   | 4 |   |   | 2 | 1 |   | 8 |   |
| 1 |   |   |   | 5 |   |   |   |   |
|   | 7 | 6 |   | 8 | 9 | 1 | 5 |   |

## Sudoku 25

| | | | | | | | | |
|---|---|---|---|---|---|---|---|---|
| 8 | 3 | 2 |   | 9 | 5 | 1 |   | 6 |
| 1 | 6 |   |   | 8 | 2 |   | 9 | 3 |
| 7 | 5 | 9 |   | 3 |   |   |   | 2 |
|   |   | 8 |   |   | 9 | 2 | 5 |   |
|   |   | 3 | 1 |   | 4 |   |   | 9 |
| 9 | 1 |   | 2 |   | 8 | 4 | 3 |   |
|   | 9 | 7 | 8 | 4 | 6 | 3 |   | 5 |
| 6 | 8 | 5 |   | 1 | 3 |   |   | 4 |
| 3 | 4 | 1 | 5 | 2 |   |   | 6 |   |

## Sudoku 26

| | | | | | | | | |
|---|---|---|---|---|---|---|---|---|
| 2 |   | 8 | 4 |   | 6 |   |   | 5 |
| 4 |   |   | 5 | 3 | 7 |   |   | 2 |
| 1 |   | 3 |   | 8 |   | 4 | 7 | 6 |
| 7 | 2 | 6 | 8 | 9 |   | 3 |   | 4 |
|   | 9 | 5 | 2 | 7 | 4 | 1 |   | 8 |
|   | 1 | 4 |   |   | 5 | 2 | 9 | 7 |
|   |   | 1 |   | 2 | 9 | 6 | 8 |   |
| 9 | 3 |   |   | 5 | 8 | 7 |   | 1 |
| 6 |   |   |   | 3 |   | 5 | 2 |   |

## Sudoku 27

| | | | | | | | | |
|---|---|---|---|---|---|---|---|---|
|   | 2 | 6 | 7 |   | 8 |   |   | 1 |
|   |   | 1 | 9 |   | 3 | 2 | 6 |   |
| 8 |   | 4 | 2 | 1 | 6 | 5 | 7 | 9 |
| 6 |   | 5 |   | 2 |   |   | 4 |   |
|   | 9 | 7 | 4 | 6 |   |   | 8 |   |
| 1 |   | 2 |   |   | 7 | 9 | 5 | 6 |
|   |   |   | 8 |   |   | 7 | 9 | 5 |
| 4 |   | 8 |   | 9 | 1 |   | 2 | 3 |
| 5 |   | 9 | 3 | 7 | 2 | 8 | 1 | 4 |

## Sudoku 28

| | | | | | | | | |
|---|---|---|---|---|---|---|---|---|
| 8 |   | 7 |   |   | 3 | 2 |   | 6 |
|   |   |   | 4 | 8 |   | 7 | 3 |   |
|   | 4 |   | 7 |   | 6 | 8 | 1 | 5 |
| 1 | 3 |   |   | 5 |   | 6 | 7 |   |
| 4 | 9 | 6 |   | 1 |   |   | 5 | 8 |
| 5 | 7 |   | 3 |   |   | 9 |   | 1 |
|   |   | 3 | 5 | 4 | 9 | 1 | 6 | 2 |
| 2 |   | 4 | 8 | 3 |   | 5 | 9 |   |
| 9 | 1 | 5 | 6 | 7 |   | 4 |   | 3 |

## Sudoku 29

| | | | | | | | | |
|---|---|---|---|---|---|---|---|---|
| 9 |   | 7 | 2 |   |   |   |   |   |
| 8 | 6 | 3 |   | 5 |   |   | 4 | 2 |
|   | 4 | 5 | 1 | 3 |   | 9 | 7 |   |
| 3 |   | 6 | 5 | 2 | 1 | 4 | 8 | 7 |
| 5 | 7 | 2 |   | 4 | 8 | 6 |   | 9 |
| 1 |   | 4 | 6 |   |   | 5 |   |   |
| 7 | 5 | 1 |   | 6 | 3 |   | 9 | 4 |
|   | 3 |   |   | 7 | 2 |   | 5 |   |
| 4 | 2 | 8 | 9 |   | 5 |   |   | 6 |

## Sudoku 30

| | | | | | | | | |
|---|---|---|---|---|---|---|---|---|
|   | 1 |   | 4 |   |   |   | 5 |   |
|   | 5 | 6 | 2 | 7 | 9 | 4 |   |   |
| 4 | 3 |   | 8 |   | 1 | 9 | 6 | 7 |
|   | 9 | 7 | 5 | 1 |   | 2 | 3 | 4 |
|   |   |   | 6 | 4 | 7 | 1 | 9 |   |
| 1 |   |   | 9 |   | 2 |   | 7 | 6 |
|   | 6 | 1 |   | 8 | 4 | 3 |   |   |
| 2 |   | 4 |   |   | 5 | 6 | 8 |   |
|   | 8 | 3 | 1 | 2 | 6 | 7 | 4 | 5 |

## Sudoku 31

| 7 |   |   |   |   | 5 | 6 | 3 |   |
|---|---|---|---|---|---|---|---|---|
| 1 |   | 3 | 9 | 6 | 7 | 5 | 2 | 4 |
| 5 |   | 6 | 8 |   | 2 | 1 | 9 |   |
| 8 | 6 |   |   |   | 4 | 7 | 1 |   |
|   | 1 | 2 | 7 | 8 | 9 |   |   | 5 |
| 9 |   | 7 | 1 |   | 6 | 4 | 8 | 2 |
|   | 9 |   | 5 |   | 8 | 2 |   | 3 |
|   |   | 4 | 2 |   | 1 | 8 | 7 |   |
| 2 |   | 8 |   | 4 |   | 9 |   | 1 |

## Sudoku 32

|   | 4 |   |   |   | 7 | 3 | 5 |   |
|---|---|---|---|---|---|---|---|---|
| 3 | 8 | 7 | 6 |   | 5 |   | 2 |   |
|   | 1 | 5 | 9 | 4 | 3 | 8 | 6 | 7 |
| 5 | 7 | 8 |   |   | 1 |   | 9 |   |
|   |   | 6 | 3 |   | 2 | 1 |   |   |
| 1 | 2 | 3 |   | 9 | 8 | 5 |   |   |
| 7 | 5 | 1 | 8 | 2 |   | 9 | 3 | 4 |
| 9 | 6 | 2 |   |   | 4 |   | 8 | 5 |
| 8 | 3 |   | 5 |   |   | 6 |   |   |

## Sudoku 33

| 2 |   | 5 | 7 | 9 | 1 |   |   | 4 |
|---|---|---|---|---|---|---|---|---|
| 9 | 4 | 1 | 6 |   | 2 |   | 3 | 7 |
|   | 7 |   |   | 4 |   |   | 1 |   |
| 1 | 6 |   | 2 |   | 4 | 9 | 5 |   |
|   | 5 |   | 8 | 7 |   |   |   | 3 |
|   |   | 9 | 1 | 6 | 5 | 7 | 4 |   |
| 6 | 2 | 8 | 4 |   |   | 3 | 9 |   |
| 5 | 1 | 3 | 9 | 2 |   | 4 |   | 6 |
| 7 |   | 4 | 3 |   | 6 |   | 2 | 1 |

## Sudoku 34

| 9 |   | 8 | 5 |   | 3 |   |   |   |
|---|---|---|---|---|---|---|---|---|
| 6 |   | 3 | 1 |   |   |   | 7 | 9 |
|   |   | 4 | 9 |   | 2 |   | 3 |   |
| 4 | 9 | 5 | 8 | 2 |   | 7 | 6 | 3 |
| 1 |   |   | 3 |   | 7 |   | 9 | 4 |
|   |   | 7 | 4 | 9 |   | 1 | 8 | 5 |
|   | 4 | 9 |   | 1 |   | 3 | 2 |   |
| 3 | 6 | 1 | 2 | 4 |   | 9 |   | 7 |
| 7 | 5 |   |   | 3 | 9 | 8 | 4 | 1 |

## Sudoku 35

| 8 |   | 9 | 3 |   | 7 | 4 | 5 | 2 |
|---|---|---|---|---|---|---|---|---|
| 4 | 3 | 1 | 2 |   | 5 | 9 | 7 | 6 |
|   |   |   | 9 |   | 6 | 1 |   |   |
|   | 7 | 3 |   |   | 2 | 6 | 4 | 1 |
| 5 |   | 8 | 1 | 6 |   |   | 2 |   |
| 6 | 1 |   |   | 3 | 4 | 5 | 8 | 9 |
| 7 |   |   | 6 | 9 |   |   |   |   |
|   |   |   | 5 | 2 | 1 | 8 | 6 | 7 |
| 1 |   |   | 4 | 7 | 8 | 3 |   | 5 |

## Sudoku 36

|   |   |   | 9 | 1 | 8 | 5 | 3 | 7 |
|---|---|---|---|---|---|---|---|---|
| 7 | 3 | 9 | 4 | 5 |   |   | 2 | 1 |
|   | 5 |   | 3 | 7 | 2 | 6 | 9 | 4 |
| 3 |   | 1 | 2 |   |   |   | 8 | 9 |
| 9 |   |   |   | 6 | 3 |   |   |   |
|   | 8 |   | 7 |   | 1 | 3 | 4 | 6 |
|   | 9 |   | 1 |   | 4 |   |   |   |
| 5 | 1 |   | 6 |   | 4 |   | 7 | 2 |
| 4 | 2 | 7 | 5 | 3 | 9 | 8 | 6 |   |

## Sudoku 37

| 8 |   | 2 | 9 | 3 | 5 | 4 | 7 | 6 |
|---|---|---|---|---|---|---|---|---|
|   |   | 6 | 2 |   | 7 | 9 |   | 1 |
|   |   |   |   | 1 |   |   |   |   |
|   |   | 8 |   | 5 | 4 | 1 | 9 | 3 |
|   | 3 | 5 | 1 |   | 8 | 7 | 6 |   |
| 1 |   | 4 | 3 |   | 9 |   |   | 8 |
| 5 | 4 |   |   | 6 |   | 8 | 1 |   |
|   | 9 |   | 8 | 4 | 1 | 3 | 2 | 5 |
| 2 |   | 1 | 5 | 9 | 3 | 6 | 4 | 7 |

## Sudoku 38

| 9 |   | 3 | 5 |   | 2 |   | 1 | 4 |
|---|---|---|---|---|---|---|---|---|
| 1 | 2 |   | 4 | 8 | 6 |   | 9 |   |
| 8 | 4 |   |   | 9 |   |   | 2 | 6 |
| 6 |   | 1 | 2 | 3 | 7 | 5 |   |   |
| 3 |   | 8 | 9 | 6 |   |   |   |   |
|   | 7 | 4 |   |   |   | 9 |   | 3 |
| 7 | 3 | 9 | 8 | 4 | 1 |   | 5 |   |
| 4 | 8 |   | 6 |   | 5 | 1 |   | 7 |
| 5 | 1 |   | 7 |   | 3 | 4 | 8 | 9 |

## Sudoku 39

| 3 | 2 | 5 |   | 1 | 4 | 7 | 9 |   |
|---|---|---|---|---|---|---|---|---|
|   | 1 | 6 |   | 5 | 9 |   | 8 | 3 |
|   | 8 | 9 | 2 |   | 3 | 5 | 4 |   |
|   | 5 |   |   | 9 |   | 6 | 1 | 8 |
|   | 7 | 1 |   | 3 |   | 9 | 2 |   |
|   | 9 | 4 | 6 |   | 1 | 3 | 5 | 7 |
|   | 3 | 7 | 1 | 4 | 2 |   |   | 9 |
| 9 | 4 |   |   | 3 |   | 1 | 7 | 5 |
|   |   |   | 9 |   |   | 4 |   | 2 |

## Sudoku 40

|   | 8 |   | 1 | 2 | 9 | 6 | 7 |   |
|---|---|---|---|---|---|---|---|---|
|   | 4 |   | 8 | 3 |   | 1 |   | 9 |
| 6 |   |   | 7 | 5 | 4 |   | 3 |   |
| 1 | 5 |   |   | 8 |   | 7 | 2 | 6 |
|   | 2 |   |   | 6 | 7 | 4 |   | 1 |
| 4 |   |   |   | 1 | 2 | 3 |   |   |
| 2 |   | 8 | 3 | 9 | 1 | 5 | 4 | 7 |
| 9 | 3 | 4 | 6 | 7 |   | 8 | 1 | 2 |
|   | 1 | 7 |   |   |   | 9 |   | 3 |

## Sudoku 41

| 8 | 1 | 9 |   | 5 | 4 | 3 |   |   |
|---|---|---|---|---|---|---|---|---|
|   | 5 |   | 8 | 3 |   | 1 |   | 9 |
| 7 | 2 |   | 6 | 9 | 1 | 5 |   |   |
| 2 | 7 | 6 |   | 8 |   |   | 9 | 3 |
|   |   | 1 | 3 | 2 | 7 | 6 |   | 8 |
|   | 3 | 8 | 4 |   | 9 |   |   | 7 |
| 3 | 9 |   |   | 7 |   | 8 |   | 1 |
| 4 |   | 5 |   | 1 |   | 7 | 3 | 2 |
| 1 |   | 7 | 2 | 4 |   | 9 |   | 5 |

## Sudoku 42

| 7 | 4 | 1 | 8 |   | 5 |   | 9 | 3 |
|---|---|---|---|---|---|---|---|---|
|   | 8 | 2 | 6 |   |   | 4 | 7 |   |
| 5 | 6 |   | 4 |   | 3 | 8 | 1 |   |
| 9 | 5 | 6 |   |   | 7 | 3 |   |   |
| 1 | 3 | 4 | 9 |   | 8 | 7 | 2 | 6 |
| 8 |   | 7 |   | 1 | 6 |   | 4 |   |
|   | 9 | 8 |   | 6 |   | 1 |   | 7 |
| 4 | 1 |   |   | 2 | 9 |   |   |   |
| 6 |   |   | 1 | 8 | 9 | 2 | 5 | 4 |

## Sudoku 43

| | | 3 | 5 | 6 | 4 | 7 | | |
|---|---|---|---|---|---|---|---|---|
| 7 | 6 | 1 | | 8 | 3 | 4 | | 5 |
| 4 | 2 | 5 | 9 | 7 | 1 | 3 | 8 | 6 |
| | | | | | | 5 | 4 | |
| 9 | 8 | 6 | | 5 | 2 | | | 7 |
| 5 | | 4 | 1 | | 8 | | | 9 |
| 2 | 3 | | | | 5 | 9 | 6 | 4 |
| 1 | 4 | 9 | | | 7 | 8 | 5 | 3 |
| 6 | 5 | | | | | | 7 | 1 |

## Sudoku 44

| | 1 | | | 7 | 4 | 9 | | 5 |
|---|---|---|---|---|---|---|---|---|
| 4 | 5 | 9 | | 3 | 6 | | 8 | 7 |
| 3 | 7 | | | 9 | | 4 | | |
| | 6 | 5 | | | 2 | 3 | 7 | 8 |
| | | 9 | | | 3 | 5 | | 4 |
| 8 | | 3 | 7 | 6 | 5 | 2 | 1 | 9 |
| 7 | 8 | | 3 | | | 9 | 6 | |
| 5 | 3 | 4 | | 2 | 7 | 8 | 9 | |
| | | 6 | 4 | | 8 | | 5 | 3 |

## Sudoku 45

| 5 | 6 | | | | | 7 | 4 | |
|---|---|---|---|---|---|---|---|---|
| | 2 | | | | 4 | 3 | | |
| | 4 | 9 | | | 5 | 6 | 2 | |
| 4 | | 3 | 2 | | 8 | | 6 | |
| 8 | 7 | 5 | 6 | 9 | 3 | | 1 | 4 |
| 2 | 9 | | 4 | 5 | 1 | | 3 | 7 |
| 6 | | | 1 | | | 4 | 5 | |
| | 5 | 2 | 3 | 4 | 7 | 1 | 8 | 6 |
| 1 | 3 | 4 | 5 | | 6 | 9 | 7 | |

## Sudoku 46

| 2 | | 5 | 7 | | | | 8 | 3 |
|---|---|---|---|---|---|---|---|---|
| 3 | 1 | | | 8 | 5 | | 9 | 7 |
| 7 | 9 | 8 | 3 | 1 | | 4 | | |
| | 5 | 2 | 6 | 7 | 3 | 8 | | |
| | 3 | | 5 | 4 | 8 | | 1 | |
| 4 | 8 | | 9 | 2 | 1 | | 3 | 6 |
| 9 | 6 | | 1 | 5 | 7 | 3 | 2 | |
| | | 1 | 8 | | | | 7 | |
| 8 | 7 | 3 | 2 | 6 | 4 | | | |

## Sudoku 47

| 3 | 9 | 1 | 5 | 4 | | 2 | | |
|---|---|---|---|---|---|---|---|---|
| | | 6 | 2 | 3 | | 8 | | 1 |
| 2 | 8 | 4 | 1 | 7 | 6 | 9 | | |
| 4 | 3 | 2 | 7 | 8 | 1 | | | 9 |
| 5 | 1 | | 4 | | 2 | | | 8 |
| 6 | | | | | 3 | 1 | | 4 |
| 1 | 4 | | 8 | 2 | 7 | 6 | 9 | |
| | 2 | 5 | 6 | | | 3 | | 7 |
| 9 | 6 | | | 1 | | 4 | 8 | |

## Sudoku 48

| 8 | | | 4 | | | | | 6 |
|---|---|---|---|---|---|---|---|---|
| 5 | 3 | 6 | | 7 | 2 | 9 | 8 | 4 |
| | 9 | 4 | | | 3 | | 1 | 2 |
| 3 | 4 | | | | 6 | 9 | 7 | |
| 1 | 6 | 9 | | | 7 | 8 | 2 | 5 |
| 2 | 7 | 8 | 9 | 5 | 6 | | 4 | 1 |
| | 2 | | | 6 | 4 | | | |
| | | 1 | 7 | 2 | 9 | 4 | | 3 |
| 4 | 5 | | 8 | | 1 | | 6 | 9 |

## Sudoku 49

| | | | | | | | | |
|---|---|---|---|---|---|---|---|---|
| 6 | | | 1 | 3 | 8 | | | 2 |
| 5 | | | 7 | 2 | | 1 | 8 | |
| | 1 | 8 | | 5 | 6 | 9 | 3 | 7 |
| | 8 | 6 | | 7 | 5 | | 1 | 9 |
| 3 | 5 | 1 | | 9 | 2 | | 7 | |
| 9 | 2 | 7 | | 4 | | 3 | 6 | 5 |
| | 9 | 3 | | 6 | 7 | 4 | | |
| 7 | 4 | 2 | | | 3 | | | |
| 8 | | 5 | 9 | 1 | 4 | | 2 | 3 |

## Sudoku 50

| | | | | | | | | |
|---|---|---|---|---|---|---|---|---|
| 3 | 7 | | 2 | 1 | 6 | 9 | 4 | 5 |
| 6 | 1 | 5 | | 9 | | 3 | | 2 |
| 9 | | | 5 | | 3 | 1 | | 7 |
| 7 | 4 | | | 5 | | | | 6 |
| 1 | | 9 | | | 2 | 7 | | 4 |
| | 3 | | | 7 | 9 | 2 | | |
| 4 | 9 | | | 2 | | | 7 | 8 |
| | 8 | | 6 | 3 | 7 | 4 | 2 | 9 |
| | 6 | 7 | 9 | 4 | | 5 | 1 | 3 |

## Sudoku 51

| | | | | | | | | |
|---|---|---|---|---|---|---|---|---|
| 2 | | 1 | 8 | | | 4 | 5 | 7 |
| | | 5 | 4 | 7 | | 9 | 8 | |
| 7 | 4 | 8 | | 9 | | | | 6 |
| 1 | 6 | 3 | 5 | | | 8 | | 9 |
| 4 | | 2 | 1 | | 9 | | | 5 |
| 5 | | 9 | 3 | | 8 | 2 | 6 | 1 |
| 3 | 5 | 4 | | 1 | | | | 8 |
| 9 | 1 | 7 | 6 | 8 | 3 | | 2 | |
| 8 | 2 | | 7 | | 4 | 1 | | |

## Sudoku 52

| | | | | | | | | |
|---|---|---|---|---|---|---|---|---|
| 7 | 8 | 1 | 4 | 6 | 3 | | 9 | 5 |
| | 2 | 6 | | 5 | 7 | 4 | 3 | 8 |
| 3 | | 5 | | 9 | | | | 1 |
| 1 | | 3 | 7 | 4 | 8 | 9 | 2 | |
| | | 8 | 3 | 2 | | 1 | 5 | 7 |
| | | 7 | 9 | | | 8 | 4 | |
| 5 | 1 | | | 7 | | 3 | 8 | |
| 8 | | 9 | 5 | 3 | 4 | | | |
| 6 | 3 | | 8 | 9 | | | 7 | |

## Sudoku 53

| | | | | | | | | |
|---|---|---|---|---|---|---|---|---|
| | 7 | 2 | 1 | 3 | | 8 | | 9 |
| 6 | | 3 | | 2 | 9 | | | |
| | 9 | 4 | 8 | 5 | 7 | 3 | 2 | |
| 8 | 3 | 5 | 2 | | 1 | | 9 | 4 |
| 2 | 1 | | | 8 | | 5 | | 3 |
| 7 | 4 | | 5 | | 3 | | 1 | 8 |
| 4 | | | | 2 | | | 3 | 5 |
| 9 | 5 | 7 | | | 8 | 1 | | 2 |
| 3 | 2 | 1 | 9 | | 5 | | | 7 |

## Sudoku 54

| | | | | | | | | |
|---|---|---|---|---|---|---|---|---|
| 1 | | 2 | 5 | 4 | 6 | 8 | | 9 |
| 5 | 3 | | | | 9 | 1 | | 6 |
| 6 | | | | 1 | 3 | 5 | 2 | 7 |
| | 4 | 6 | 3 | 8 | 5 | 2 | | |
| 3 | 5 | 9 | | 7 | 1 | 4 | 6 | 8 |
| | | | | | | 7 | 5 | 3 |
| 2 | 6 | | | | 7 | 9 | | |
| 9 | | 7 | 4 | | 2 | 3 | | 5 |
| | 1 | 3 | 9 | 5 | | 6 | 7 | 2 |

## Sudoku 55

| | 7 | | | | | 9 | 5 | |
|---|---|---|---|---|---|---|---|---|
| 5 | | 8 | 2 | | 7 | 3 | | 9 |
| | 2 | | | | 5 | 4 | 7 | |
| 2 | 9 | | 1 | 6 | 4 | | 5 | 8 |
| 6 | | 4 | 5 | 7 | 8 | | | |
| 8 | 5 | | 9 | 2 | 3 | 1 | 4 | 6 |
| 4 | 6 | 1 | 7 | | 2 | 8 | 3 | |
| 7 | | 2 | 8 | | 6 | 9 | 1 | 4 |
| | | | 4 | 3 | 1 | | 2 | |

## Sudoku 56

| | | | 4 | 8 | 1 | 3 | 9 | |
|---|---|---|---|---|---|---|---|---|
| 1 | | | 2 | 7 | 9 | 4 | | |
| 4 | 8 | | | 5 | 3 | 7 | | |
| 6 | 3 | 5 | 7 | | 1 | 2 | 9 | 4 |
| | 7 | | 9 | | 6 | | | 1 |
| 9 | 2 | 1 | | 3 | 5 | 6 | | |
| 3 | 9 | | 8 | 1 | 4 | 5 | 2 | 6 |
| 5 | | 6 | 3 | | 2 | 8 | 1 | 7 |
| | 1 | 8 | | | | 9 | | 3 |

## Sudoku 57

| 4 | 7 | 8 | 1 | 2 | | 3 | 9 | |
|---|---|---|---|---|---|---|---|---|
| 2 | | | 7 | 3 | 9 | 1 | | |
| 1 | | | 6 | 4 | 8 | 2 | 5 | 7 |
| | 1 | 6 | | 5 | 2 | | | 3 |
| | 2 | 7 | 8 | 1 | | 4 | 6 | |
| 3 | 5 | | 9 | 6 | | 8 | | 1 |
| 7 | 3 | 1 | | 8 | 6 | 5 | 4 | 9 |
| | 4 | 2 | | 9 | | | | 8 |
| 5 | | | | 7 | 4 | 6 | | |

## Sudoku 58

| | | 7 | 5 | 2 | 8 | 4 | | 3 |
|---|---|---|---|---|---|---|---|---|
| | 3 | 5 | 6 | | | 8 | 7 | 2 |
| 8 | | 2 | 3 | | 7 | | | |
| | 5 | | 2 | | 4 | 9 | 3 | 6 |
| 3 | 2 | 4 | | | | 5 | 1 | 8 |
| 6 | 1 | 9 | | 3 | 2 | 4 | | |
| 5 | 7 | 1 | | 8 | | | 6 | 4 |
| 2 | 9 | | 4 | | 6 | | | 5 |
| 4 | 8 | 6 | 1 | 3 | | | | 9 |

## Sudoku 59

| 9 | 7 | | 8 | 6 | | | 2 | 5 |
|---|---|---|---|---|---|---|---|---|
| | 6 | 4 | 7 | | | 8 | | 9 |
| | 5 | 8 | 9 | 1 | 3 | | | 4 |
| 5 | 8 | 3 | | 9 | | 4 | | 2 |
| 4 | 2 | | 3 | | 7 | | | 1 |
| 1 | 9 | 7 | 2 | 4 | 5 | | | |
| | | 2 | | | 8 | 1 | 9 | 6 |
| | | 9 | | 2 | 6 | 5 | 3 | |
| 6 | 3 | 5 | 1 | 7 | | | 4 | 8 |

## Sudoku 60

| 7 | 9 | | | | | 2 | | |
|---|---|---|---|---|---|---|---|---|
| | 8 | 5 | | 3 | | 9 | 4 | |
| | 6 | 1 | | 2 | 4 | 7 | | 5 |
| 6 | 7 | 9 | | 1 | | 4 | 2 | |
| | 3 | 2 | | 6 | 8 | | | 7 |
| 4 | 5 | 8 | 7 | 9 | 2 | 3 | 1 | 6 |
| 5 | | 6 | 1 | | 9 | 8 | 3 | |
| 9 | 4 | | | 5 | 6 | 1 | 7 | 2 |
| | 1 | | | 4 | 3 | | | 9 |

## Sudoku 61

| 1 | 2 | 3 | 9 | 8 | 7 |   |   | 5 |
|---|---|---|---|---|---|---|---|---|
| 8 | 7 |   | 5 | 4 |   | 9 | 3 | 1 |
| 5 | 4 | 9 | 3 |   | 1 |   | 7 | 8 |
|   |   | 2 |   | 9 |   |   | 5 |   |
|   |   | 8 |   | 7 | 5 | 3 |   | 2 |
| 7 | 5 |   |   | 3 | 4 | 6 |   |   |
|   | 8 |   | 4 | 1 | 3 | 7 |   |   |
|   |   | 7 | 8 | 2 |   |   | 5 | 1 |
| 9 | 1 | 4 | 7 | 5 |   | 8 | 2 |   |

## Sudoku 62

| 9 |   |   | 5 | 2 | 3 | 4 | 1 | 7 |
|---|---|---|---|---|---|---|---|---|
| 3 | 1 | 2 |   |   | 4 |   | 5 |   |
| 7 | 4 |   |   | 1 | 9 |   | 2 | 8 |
| 4 | 9 | 3 | 1 | 8 |   |   | 7 |   |
| 1 |   |   | 3 | 2 |   |   |   | 6 |
| 2 | 8 |   |   | 5 | 7 | 1 | 3 |   |
| 8 | 3 |   |   | 4 | 5 | 9 |   |   |
| 5 | 2 |   | 3 | 6 | 8 | 7 |   | 1 |
| 6 |   |   | 2 | 9 | 1 | 5 |   |   |

## Sudoku 63

| 4 | 1 |   |   | 3 | 7 |   | 8 | 9 |
|---|---|---|---|---|---|---|---|---|
|   | 3 | 8 | 4 |   | 9 | 2 | 7 | 1 |
|   | 9 | 7 | 8 | 1 | 2 |   |   |   |
| 2 | 7 |   | 9 |   |   | 1 |   | 8 |
| 3 | 8 | 5 |   | 6 | 1 |   |   | 7 |
|   | 4 |   | 7 | 8 | 3 |   | 5 | 2 |
|   | 5 | 9 | 3 | 7 | 6 | 8 |   | 4 |
|   | 6 | 4 | 5 | 2 |   | 9 |   | 3 |
|   | 2 | 3 | 1 | 9 |   |   |   |   |

## Sudoku 64

| 1 | 2 | 6 | 3 | 8 | 7 |   | 4 | 5 |
|---|---|---|---|---|---|---|---|---|
| 9 |   | 5 | 2 | 6 | 4 |   |   |   |
|   | 8 | 3 |   | 1 | 9 |   |   | 6 |
| 7 | 5 | 9 | 6 |   |   | 3 | 8 | 2 |
|   | 6 |   | 8 |   | 3 |   |   |   |
|   | 3 | 1 | 9 | 2 | 5 |   | 6 |   |
|   |   | 7 | 4 | 9 | 6 | 2 | 3 |   |
| 3 |   | 8 |   | 5 | 2 | 6 |   | 1 |
|   | 9 | 2 | 1 | 3 | 8 | 5 |   |   |

## Sudoku 65

|   |   | 7 | 1 | 2 |   |   |   | 9 |
|---|---|---|---|---|---|---|---|---|
| 3 | 2 | 9 |   |   | 4 | 8 |   |   |
| 6 | 4 | 1 | 8 | 9 |   |   |   |   |
| 7 | 9 |   |   |   |   | 4 | 2 | 1 |
|   | 1 | 6 | 2 | 8 |   | 7 | 5 |   |
| 2 |   | 5 | 7 | 4 | 1 | 9 |   | 8 |
| 5 |   |   | 9 | 1 | 8 |   | 7 | 2 |
| 1 | 8 | 2 | 4 | 3 |   | 5 | 9 |   |
| 9 |   | 3 | 5 | 6 |   | 1 |   | 4 |

## Sudoku 66

|   | 2 |   | 7 | 1 |   | 4 | 3 | 8 |
|---|---|---|---|---|---|---|---|---|
|   | 1 |   |   | 5 | 8 |   |   | 2 |
|   |   | 3 |   | 9 | 2 | 1 | 6 | 5 |
| 9 | 3 |   |   | 6 | 1 |   | 8 | 4 |
| 6 | 5 | 1 | 8 | 4 | 7 |   | 2 |   |
| 2 | 8 |   | 5 | 3 | 9 |   |   | 7 |
|   | 6 |   | 9 |   | 4 |   | 5 | 1 |
| 1 | 4 | 2 | 6 |   | 5 |   |   | 3 |
|   | 9 |   | 1 | 8 |   | 2 | 4 |   |

## Sudoku 67

| | | | | | | | | |
|---|---|---|---|---|---|---|---|---|
| 9 |   | 7 | 1 | 5 | 4 | 6 | 8 | 2 |
| 6 | 4 | 1 |   | 2 | 8 |   | 7 | 5 |
|   | 8 | 5 | 6 |   | 3 |   | 1 | 9 |
|   |   | 2 |   | 3 |   |   | 9 | 1 |
|   | 9 |   | 5 |   | 1 |   | 4 | 7 |
| 1 | 5 |   | 7 | 9 | 2 |   |   | 6 |
|   |   | 8 |   |   | 7 | 9 | 5 | 3 |
|   |   |   |   | 6 | 9 |   |   |   |
| 7 | 2 |   | 3 | 4 | 5 | 1 | 6 | 8 |

## Sudoku 68

| | | | | | | | | |
|---|---|---|---|---|---|---|---|---|
| 9 | 2 | 5 | 1 |   |   | 4 |   | 6 |
|   | 7 | 4 |   | 3 | 9 | 2 | 1 | 5 |
| 3 | 1 | 6 |   | 4 |   |   | 7 | 8 |
|   | 8 | 7 |   | 5 | 4 | 6 | 2 | 9 |
|   | 5 | 2 |   | 9 | 6 |   | 8 |   |
| 6 | 3 |   | 8 | 2 |   | 5 | 4 | 7 |
|   | 6 |   | 4 |   | 5 |   |   | 3 |
| 5 |   |   |   | 1 | 3 | 7 | 6 |   |
|   |   | 3 |   | 6 |   |   | 5 | 4 |

## Sudoku 69

| | | | | | | | | |
|---|---|---|---|---|---|---|---|---|
|   |   | 7 |   | 9 | 6 | 8 | 5 | 2 |
| 8 | 9 |   | 7 | 2 | 1 | 3 | 4 |   |
|   |   |   |   | 3 |   | 9 |   | 7 |
| 9 |   | 2 |   | 1 | 7 |   |   | 3 |
| 7 | 3 |   |   | 8 | 2 | 4 |   | 5 |
| 6 |   | 8 | 9 | 4 | 3 | 2 | 7 |   |
| 5 |   | 4 |   |   | 9 |   |   |   |
| 1 |   | 3 | 2 | 5 | 4 |   | 6 |   |
|   | 6 | 9 | 1 | 7 | 8 | 5 | 3 | 4 |

## Sudoku 70

| | | | | | | | | |
|---|---|---|---|---|---|---|---|---|
|   |   | 9 |   | 3 | 4 | 6 | 1 |   |
|   | 9 | 6 | 2 | 1 |   | 3 | 7 | 5 |
|   | 4 | 3 |   | 5 |   | 9 | 8 | 2 |
| 6 | 3 | 1 | 4 | 2 | 9 |   | 5 |   |
|   |   | 2 | 5 | 6 |   |   | 9 |   |
| 5 |   |   | 3 |   |   | 6 | 2 |   |
| 2 |   |   |   | 4 |   | 8 | 3 | 9 |
| 9 | 5 | 4 | 8 | 3 | 6 | 2 | 1 | 7 |
| 3 |   | 8 |   |   |   | 5 | 4 | 6 |

## Sudoku 71

| | | | | | | | | |
|---|---|---|---|---|---|---|---|---|
| 6 |   | 5 | 3 | 7 | 1 |   |   |   |
| 3 | 2 |   | 6 |   |   |   | 1 | 5 |
| 1 |   | 8 |   | 4 | 5 |   | 7 | 6 |
| 2 |   |   |   |   | 5 |   |   | 9 |
| 8 | 5 |   |   | 3 |   |   | 4 | 2 |
| 9 |   | 3 |   |   | 2 |   | 6 |   |
| 4 | 6 | 2 | 1 | 9 | 8 | 7 |   |   |
| 5 | 3 | 9 | 7 |   | 4 | 6 | 8 | 1 |
| 7 | 8 | 1 | 5 | 6 | 3 | 9 | 2 |   |

## Sudoku 72

| | | | | | | | | |
|---|---|---|---|---|---|---|---|---|
| 9 |   | 6 | 4 | 1 | 5 |   |   | 2 |
| 8 | 3 |   | 2 |   | 9 |   | 5 | 1 |
| 2 |   | 1 |   | 8 | 3 | 4 |   |   |
| 4 | 9 | 5 |   |   | 2 | 7 |   |   |
| 6 |   | 7 | 8 |   |   | 3 | 9 | 4 |
| 1 |   | 3 | 9 | 4 |   | 2 |   | 5 |
|   |   |   | 1 |   |   | 5 | 4 | 7 |
| 5 |   | 9 | 7 | 2 | 6 | 1 |   | 3 |
| 7 | 1 | 8 | 5 | 3 |   | 9 |   |   |

## Sudoku 73

| | | | | | | | | |
|---|---|---|---|---|---|---|---|---|
| | | 6 | 9 | 8 | 4 | 7 | 2 | |
| | | 3 | 6 | 5 | | 9 | 1 | |
| | 8 | 7 | 2 | 3 | | 5 | | 4 |
| | 6 | 8 | | | 5 | 2 | 3 | 1 |
| 3 | 9 | 4 | 7 | 1 | | 6 | 8 | 5 |
| 5 | | 2 | | 6 | | | 9 | |
| 8 | 4 | 5 | | | 9 | | 7 | |
| | 3 | 9 | 5 | | 8 | 1 | | 2 |
| 2 | 7 | | | 4 | 6 | 8 | | |

## Sudoku 74

| | | | | | | | | |
|---|---|---|---|---|---|---|---|---|
| | 9 | | | 2 | 8 | | 5 | 1 |
| | 4 | 8 | 1 | | 6 | | 2 | 7 |
| | 2 | 1 | 3 | 5 | | 9 | 8 | |
| 1 | 7 | 2 | | 3 | 4 | 5 | 9 | 8 |
| 3 | | | 5 | | | | 7 | 2 |
| | 5 | 9 | 2 | | 1 | 4 | | 6 |
| | | 7 | | 4 | | 8 | | |
| 9 | | 6 | 8 | | 2 | | 4 | 5 |
| | 8 | 5 | 7 | | 3 | 2 | 1 | 9 |

## Sudoku 75

| | | | | | | | | |
|---|---|---|---|---|---|---|---|---|
| 6 | 5 | 9 | | | 1 | 7 | 3 | |
| 2 | 4 | | | | 7 | 5 | 8 | |
| 8 | 7 | 3 | | | 5 | | 1 | 4 |
| 1 | 3 | 7 | 9 | | 8 | 2 | 6 | 5 |
| 5 | | 8 | | 2 | 6 | 3 | 4 | |
| | 6 | 2 | 5 | | 3 | 8 | 9 | |
| 9 | | 6 | 8 | | | | | |
| | 1 | 4 | | 5 | 2 | | | |
| | 8 | 5 | 1 | 3 | 9 | 4 | 2 | |

## Sudoku 76

| | | | | | | | | |
|---|---|---|---|---|---|---|---|---|
| | 1 | 4 | | 9 | 6 | 3 | 7 | |
| | | 7 | | 2 | | 1 | 6 | |
| 6 | 5 | | | | 7 | | 2 | 4 |
| | 7 | | 6 | | | 4 | 1 | |
| 5 | | | 1 | 8 | | 2 | 9 | 7 |
| | 4 | 2 | 9 | 7 | 3 | | 8 | 6 |
| 7 | 3 | 1 | | 4 | 9 | 6 | | 2 |
| 4 | 2 | | | 6 | 1 | | 3 | 9 |
| 9 | | 6 | 2 | | 5 | 7 | 4 | |

## Sudoku 77

| | | | | | | | | |
|---|---|---|---|---|---|---|---|---|
| 7 | | | | | 5 | | 9 | 8 |
| 8 | 3 | 9 | | | 1 | | 5 | 6 |
| | 5 | 1 | 8 | 6 | | 4 | | |
| 6 | | | | 3 | | 5 | 2 | 4 |
| 3 | 1 | | | | | 7 | 8 | 9 |
| | | 4 | | 9 | | | 1 | |
| 1 | 8 | 3 | 5 | 4 | 6 | 9 | 7 | 2 |
| 9 | | 5 | 7 | | 2 | 3 | | 1 |
| 4 | 2 | | 9 | 1 | 3 | 8 | 6 | 5 |

## Sudoku 78

| | | | | | | | | |
|---|---|---|---|---|---|---|---|---|
| 1 | | 8 | 7 | 6 | | 9 | | 2 |
| | 5 | | 3 | 4 | | | | 1 |
| 3 | | 7 | 2 | 1 | 8 | 5 | 6 | |
| 4 | | 2 | 6 | | 3 | | | 7 |
| | 6 | | 8 | 7 | | 2 | | 5 |
| 7 | | | 4 | 9 | 2 | 6 | 8 | 3 |
| 5 | 3 | | | 8 | | 7 | 2 | |
| | 7 | 4 | 1 | | 6 | 3 | 5 | |
| | 2 | 9 | 5 | 3 | | | 1 | 8 |

## Sudoku 79

| | | | | | | | | |
|---|---|---|---|---|---|---|---|---|
| 5 | 7 |   | 8 | 1 | 2 |   | 9 | 3 |
|   | 9 |   | 5 | 4 |   |   | 8 | 7 |
| 3 | 2 | 8 |   |   | 6 |   | 4 | 5 |
| 1 | 8 | 6 | 7 |   |   | 3 | 2 | 4 |
|   | 5 |   | 3 | 8 | 4 |   | 1 |   |
| 9 |   | 3 | 6 |   |   |   | 7 |   |
| 2 | 6 |   | 4 |   |   | 8 |   | 1 |
| 4 | 1 |   |   | 3 | 8 | 7 | 6 | 9 |
| 8 | 3 | 7 |   | 6 |   |   | 5 | 2 |

## Sudoku 80

| | | | | | | | | |
|---|---|---|---|---|---|---|---|---|
| 2 | 1 |   |   | 4 |   | 8 | 6 | 3 |
|   | 9 | 4 | 5 |   |   | 1 | 7 | 2 |
|   | 6 |   |   | 2 |   |   | 9 | 5 |
| 6 |   |   | 3 | 7 |   |   | 1 |   |
| 4 | 3 | 8 | 1 | 5 | 6 | 2 |   | 7 |
| 7 | 5 | 1 | 9 | 2 | 4 | 6 | 3 |   |
| 1 |   |   | 3 | 5 | 7 |   |   |   |
| 9 | 7 |   |   | 1 | 2 |   | 4 | 6 |
|   | 8 |   | 4 |   | 7 | 3 |   | 1 |

## Sudoku 81

| | | | | | | | | |
|---|---|---|---|---|---|---|---|---|
|   | 8 |   |   |   | 5 | 2 | 1 | 6 |
| 5 |   | 6 | 1 | 3 |   | 8 |   | 7 |
|   | 7 |   |   | 2 |   | 3 | 9 |   |
| 1 | 5 |   |   | 7 | 8 | 9 | 2 | 3 |
| 2 |   |   | 3 | 1 | 4 |   | 5 | 8 |
| 7 |   | 8 | 5 | 9 | 2 |   |   |   |
| 3 | 9 | 2 | 4 | 5 |   | 6 | 8 | 1 |
| 8 | 4 | 7 | 9 |   |   | 5 |   | 2 |
| 6 | 1 |   | 2 | 8 |   |   | 7 |   |

## Sudoku 82

| | | | | | | | | |
|---|---|---|---|---|---|---|---|---|
| 9 | 8 |   | 1 | 5 |   |   | 2 | 7 |
|   |   | 2 |   | 8 | 4 |   | 9 | 6 |
| 7 |   |   | 3 |   | 9 | 1 | 8 |   |
| 6 | 7 | 5 | 8 | 9 | 1 |   | 3 | 4 |
|   | 1 | 9 | 2 | 3 |   | 7 | 6 | 8 |
| 3 | 2 |   |   |   |   |   | 5 | 1 |
|   | 9 | 7 | 4 | 6 | 8 | 5 |   | 3 |
|   | 6 | 1 | 9 |   |   | 8 |   |   |
|   |   | 5 |   |   | 2 | 6 | 7 | 9 |

## Sudoku 83

| | | | | | | | | |
|---|---|---|---|---|---|---|---|---|
| 1 | 8 |   |   |   | 9 |   | 6 |   |
| 3 | 6 |   | 7 | 4 | 8 | 1 |   | 2 |
| 7 | 2 | 9 |   | 6 |   |   |   | 4 |
| 4 | 3 |   | 9 |   | 7 |   | 1 | 6 |
|   | 7 | 6 | 5 | 8 | 1 |   |   |   |
| 9 | 5 | 1 | 4 | 3 | 6 |   |   | 8 |
|   | 4 | 2 | 3 | 1 | 5 | 6 | 7 |   |
| 6 | 1 |   | 8 |   | 4 |   | 3 | 5 |
|   | 9 |   | 6 | 7 | 2 |   |   | 1 |

## Sudoku 84

| | | | | | | | | |
|---|---|---|---|---|---|---|---|---|
|   |   |   | 9 | 4 | 2 | 3 | 6 |   |
| 2 | 9 | 3 |   | 1 |   | 4 | 8 |   |
| 4 | 1 |   |   | 3 | 5 |   |   | 9 |
| 7 | 2 |   |   | 3 |   | 1 | 5 | 6 |
|   | 4 | 8 | 1 | 7 |   | 2 | 9 | 3 |
|   |   | 1 | 2 | 5 | 9 | 8 |   |   |
|   | 8 | 5 |   | 6 | 4 | 7 | 1 | 2 |
| 1 |   | 2 |   | 9 |   |   | 4 | 8 |
| 6 | 7 |   |   | 2 | 1 |   | 3 |   |

## Sudoku 85

| | | | | | | | | |
|---|---|---|---|---|---|---|---|---|
| | 7 | | 4 | 2 | 9 | 1 | | |
| | 2 | | 5 | 3 | | 7 | 9 | 4 |
| 9 | 8 | 4 | 7 | 6 | | 3 | 2 | 5 |
| | | 8 | 9 | 4 | | 5 | 6 | 7 |
| 2 | 4 | | 8 | | 7 | | 3 | 1 |
| | | | 6 | | 3 | 2 | 4 | 8 |
| | 5 | | | | 4 | 6 | 7 | 2 |
| 4 | 1 | | 2 | 9 | 6 | 8 | | |
| 8 | 6 | | | | 5 | | 1 | |

## Sudoku 86

| | | | | | | | | |
|---|---|---|---|---|---|---|---|---|
| 1 | | 2 | 8 | 4 | 6 | | 3 | 9 |
| | 5 | | | 3 | | | | 4 |
| 6 | 3 | | 5 | 9 | | | | |
| 2 | 1 | | 9 | | 5 | 4 | 7 | |
| 4 | 9 | 7 | 1 | 2 | 3 | 6 | 8 | 5 |
| | 8 | 3 | 6 | | 4 | | 9 | 1 |
| 8 | | | 1 | 9 | 3 | 2 | | |
| | 2 | 1 | | 6 | 8 | | | 7 |
| 7 | | 9 | | 5 | 2 | 1 | | 8 |

## Sudoku 87

| | | | | | | | | |
|---|---|---|---|---|---|---|---|---|
| | | 5 | 9 | 3 | 2 | 6 | | |
| 6 | 2 | 7 | 1 | | 4 | | 5 | |
| | 4 | 9 | | 6 | | | | 1 |
| 5 | | | 8 | | 6 | 4 | 1 | |
| 4 | 7 | 3 | 2 | | 9 | 5 | 8 | 6 |
| 1 | 8 | | | 7 | | 3 | | 2 |
| 7 | 5 | 8 | 3 | 2 | 1 | | | |
| | 6 | | 9 | 5 | 7 | | 3 | 8 |
| | 3 | 1 | | 4 | | 7 | 2 | 5 |

## Sudoku 88

| | | | | | | | | |
|---|---|---|---|---|---|---|---|---|
| 8 | | 4 | | | | | 9 | 1 |
| 3 | | 1 | | 4 | 9 | 7 | 8 | 6 |
| 9 | 7 | | | 1 | | 5 | 3 | |
| 2 | 9 | 5 | 3 | 8 | 6 | 1 | | 7 |
| 4 | | | 9 | 7 | 5 | 6 | 2 | 3 |
| | | 3 | 4 | 2 | 1 | 9 | 5 | 8 |
| | 8 | 2 | 1 | | 3 | | | 9 |
| 5 | | 9 | | 6 | | | 1 | |
| | 3 | | | 9 | 4 | | 6 | |

## Sudoku 89

| | | | | | | | | |
|---|---|---|---|---|---|---|---|---|
| 2 | 1 | 7 | 8 | 6 | | 9 | 3 | 5 |
| | 8 | 5 | 9 | | | 2 | | 1 |
| 6 | | 9 | | 5 | 2 | 8 | 4 | 7 |
| 9 | 6 | 3 | 5 | | | 1 | | 2 |
| | 4 | | 3 | 1 | 8 | 7 | | 6 |
| 1 | | 8 | | 9 | 6 | 3 | 5 | |
| | 9 | | | 8 | | 5 | 2 | |
| 8 | 2 | | | 3 | 5 | 4 | | |
| | | 4 | | | 9 | 6 | 1 | |

## Sudoku 90

| | | | | | | | | |
|---|---|---|---|---|---|---|---|---|
| | | 5 | 2 | | 7 | 1 | 6 | 3 |
| | | 2 | 3 | 6 | 4 | 7 | 5 | 9 |
| 3 | 6 | | | | 5 | 8 | 2 | |
| | 8 | 1 | 6 | 2 | 9 | 4 | 3 | 7 |
| 6 | | 9 | 4 | 7 | | | | |
| | 7 | | 5 | 1 | | | 9 | 2 |
| 7 | | | 6 | 8 | 4 | 3 | 1 | 5 |
| | | 8 | 7 | 3 | 1 | | 4 | 6 |
| 1 | | 4 | 9 | | | | | |

## Sudoku 91

| 5 | 8 | 9 | 6 | 1 | 4 | 3 | 7 | 2 |
|---|---|---|---|---|---|---|---|---|
|   |   | 6 | 9 | 2 | 8 | 1 | 4 |   |
|   | 2 |   | 7 |   |   | 6 |   | 9 |
| 4 | 1 | 5 |   |   |   | 7 | 9 |   |
|   |   |   |   | 3 |   | 5 | 1 | 7 |
|   | 7 |   |   | 9 | 1 |   | 2 |   |
| 2 | 6 | 7 | 1 |   | 9 |   |   | 3 |
| 9 |   |   | 3 | 7 | 5 |   | 6 |   |
| 3 |   | 1 | 8 | 6 | 2 | 7 | 9 | 4 |

## Sudoku 92

| 5 |   | 9 |   |   |   | 4 | 8 | 1 |
|---|---|---|---|---|---|---|---|---|
| 1 | 4 |   | 3 | 8 | 9 | 6 |   | 5 |
| 7 |   |   |   | 5 | 1 | 3 |   |   |
| 6 | 9 |   | 8 | 7 | 3 | 2 |   | 4 |
| 4 | 8 |   | 1 |   |   | 7 | 9 |   |
| 2 |   | 1 | 6 |   | 4 | 8 | 5 |   |
|   | 1 | 7 | 5 | 3 | 6 | 9 | 4 |   |
|   |   | 6 |   |   | 8 | 1 | 3 | 7 |
| 3 | 2 |   | 9 | 1 |   |   | 6 | 8 |

## Sudoku 93

|   | 3 | 2 |   | 4 | 5 | 6 | 8 | 9 |
|---|---|---|---|---|---|---|---|---|
| 5 | 9 | 1 |   | 8 | 6 | 4 |   | 2 |
|   |   | 8 | 3 | 2 |   | 5 |   |   |
| 3 | 8 | 7 | 5 |   | 1 | 2 | 9 |   |
|   | 2 | 6 |   | 7 |   | 8 |   |   |
| 1 | 4 |   | 8 |   | 2 |   | 6 | 7 |
| 8 |   |   | 2 |   |   |   | 5 | 6 |
| 2 |   | 9 | 6 | 5 | 8 | 7 | 4 |   |
| 6 | 5 |   |   |   | 7 |   | 2 | 8 |

## Sudoku 94

| 2 | 9 | 5 |   | 7 | 6 | 4 | 3 |   |
|---|---|---|---|---|---|---|---|---|
| 6 |   | 4 |   | 3 |   |   | 1 | 5 |
|   | 8 |   | 5 |   |   | 6 | 9 |   |
|   |   | 7 |   | 9 |   | 3 | 5 | 6 |
| 8 | 6 | 2 | 7 | 5 | 3 | 1 | 4 |   |
|   | 5 | 3 |   | 4 | 1 |   | 8 | 2 |
|   |   |   | 4 | 6 |   | 8 |   | 1 |
|   | 1 | 6 | 9 |   |   | 5 | 7 | 3 |
| 5 |   | 8 | 3 | 1 | 7 | 9 |   |   |

## Sudoku 95

|   |   | 9 | 2 | 3 |   |   | 5 |   |
|---|---|---|---|---|---|---|---|---|
| 3 |   | 7 |   | 1 |   | 6 | 8 |   |
|   |   | 8 |   | 6 | 9 | 3 | 4 |   |
|   |   | 6 | 8 | 4 | 3 | 9 | 1 | 5 |
|   |   |   |   | 5 |   | 7 |   | 4 |
| 5 | 3 | 4 | 1 |   | 7 | 2 |   |   |
|   | 1 | 3 | 9 | 8 | 5 | 4 | 2 | 6 |
| 8 | 6 | 2 | 4 | 7 | 1 | 5 | 9 | 3 |
| 4 | 9 |   | 3 |   |   |   | 7 |   |

## Sudoku 96

|   | 8 | 5 | 3 | 9 | 1 | 2 | 4 |   |
|---|---|---|---|---|---|---|---|---|
| 4 | 7 |   | 2 | 6 |   | 8 |   | 1 |
|   | 3 |   | 4 | 7 | 8 | 5 | 9 | 6 |
|   | 6 | 8 |   | 3 | 4 | 7 | 1 | 2 |
|   | 9 | 1 | 8 | 2 |   | 4 | 6 | 5 |
|   | 4 |   | 1 |   | 6 | 9 |   |   |
|   | 2 |   | 7 |   | 3 |   | 5 | 8 |
|   |   | 6 |   | 4 |   | 3 | 7 |   |
| 7 |   |   | 6 | 8 | 9 | 1 |   |   |

## Sudoku 97

| 6 |   | 8 |   | 4 |   | 1 |   | 7 |
|---|---|---|---|---|---|---|---|---|
| 3 | 9 | 1 | 6 | 8 |   | 5 |   | 4 |
| 7 |   | 2 | 3 | 5 |   | 6 |   | 8 |
|   |   |   | 4 | 9 | 8 |   | 1 | 6 |
|   | 2 | 6 | 1 |   | 3 | 4 |   | 5 |
| 8 |   | 4 |   | 2 | 6 |   | 7 | 9 |
| 1 | 7 |   | 8 | 6 | 5 |   |   |   |
|   | 6 |   | 7 | 3 | 4 |   | 5 | 1 |
| 4 | 8 |   | 2 | 1 |   | 7 | 6 |   |

## Sudoku 98

| 1 |   | 6 | 2 |   | 4 | 8 |   | 9 |
|---|---|---|---|---|---|---|---|---|
|   |   |   | 8 |   | 6 | 7 | 5 | 2 |
|   | 8 | 5 | 3 |   |   |   | 4 | 1 |
| 4 | 3 |   |   | 8 |   |   | 2 | 7 |
|   | 2 | 7 | 5 |   | 1 |   | 8 | 4 |
|   | 5 | 8 |   | 7 |   | 1 | 6 | 3 |
| 5 | 6 |   |   | 2 | 3 | 4 | 1 | 8 |
| 7 | 4 |   | 1 |   | 8 |   | 9 | 5 |
|   | 1 | 3 | 9 |   |   | 2 | 7 | 6 |

## Sudoku 99

|   |   | 9 | 4 | 3 | 8 | 2 | 5 |   |
|---|---|---|---|---|---|---|---|---|
| 5 | 8 | 3 |   |   | 1 | 4 | 9 | 6 |
| 4 | 2 | 7 | 9 | 5 |   | 8 |   | 1 |
|   | 1 |   |   | 6 |   |   |   | 4 |
|   |   | 2 |   | 4 |   |   | 6 |   |
| 8 | 4 |   | 3 |   |   |   | 1 | 2 |
| 9 | 7 | 1 | 5 | 8 |   | 6 | 2 | 3 |
|   |   | 8 | 6 |   |   | 7 |   | 9 |
| 6 | 3 | 4 | 7 | 2 |   | 1 | 8 | 5 |

## Sudoku 100

|   |   | 8 | 6 | 2 | 5 | 4 | 1 | 9 |
|---|---|---|---|---|---|---|---|---|
| 1 | 4 |   | 3 | 9 |   | 5 | 2 | 8 |
| 5 | 9 | 2 |   |   |   | 3 | 7 |   |
|   | 1 | 3 |   | 9 | 8 | 6 |   |   |
| 8 |   | 5 | 7 |   |   | 9 |   |   |
| 4 |   | 9 |   | 3 |   | 7 | 5 | 1 |
| 6 | 3 | 4 | 9 | 7 |   |   |   | 5 |
| 9 |   | 7 | 5 |   |   | 1 |   | 4 |
| 2 |   | 1 |   | 4 |   | 6 | 9 | 7 |

## Sudoku 101

| 3 | 9 | 4 |   | 1 |   |   | 8 | 5 |
|---|---|---|---|---|---|---|---|---|
|   | 8 | 2 |   | 6 |   | 4 |   | 9 |
|   |   | 5 | 8 | 4 | 9 |   | 2 |   |
|   | 4 | 8 | 1 | 2 | 6 |   | 5 | 7 |
| 2 |   | 1 | 9 | 7 | 5 | 8 |   | 4 |
| 5 | 7 | 6 | 4 |   | 8 |   | 9 |   |
| 4 |   |   |   | 8 |   |   |   | 1 |
|   | 2 |   | 7 | 9 |   |   | 4 | 6 |
| 6 | 1 | 9 |   | 5 | 4 | 2 |   | 8 |

## Sudoku 102

|   | 2 |   | 5 |   | 6 | 7 |   |   |
|---|---|---|---|---|---|---|---|---|
|   |   | 6 | 4 |   | 9 | 5 | 3 |   |
|   | 9 |   | 7 | 8 |   |   |   | 4 |
| 6 |   | 8 |   | 5 | 2 |   |   | 9 |
| 1 | 7 |   |   |   | 3 |   |   | 2 |
| 3 | 5 | 2 | 9 |   | 8 |   | 1 | 6 |
| 9 | 3 | 7 |   | 1 | 4 |   | 6 | 5 |
| 2 | 8 | 1 |   |   | 5 | 9 | 4 | 7 |
| 4 | 6 |   | 2 | 9 | 7 | 1 | 8 | 3 |

## Sudoku 103

| 5 | 4 | 1 |   | 6 | 9 | 8 |   | 3 |
|---|---|---|---|---|---|---|---|---|
|   | 2 | 3 |   |   | 7 |   | 5 | 6 |
| 7 | 8 | 6 | 5 |   |   | 2 | 4 | 9 |
|   | 3 | 5 |   | 7 |   | 9 |   | 1 |
|   | 1 | 7 | 9 | 8 | 2 | 3 |   | 5 |
| 6 |   |   |   | 1 |   |   |   | 7 |
|   | 7 | 4 |   | 5 | 8 | 6 | 9 | 2 |
| 2 |   |   | 7 |   |   | 5 | 1 | 4 |
| 1 |   |   | 6 |   | 4 | 7 | 3 |   |

## Sudoku 104

| 4 | 2 |   | 6 |   | 9 | 3 | 7 | 1 |
|---|---|---|---|---|---|---|---|---|
| 5 |   |   | 2 | 7 |   | 4 | 9 | 8 |
| 9 |   |   | 4 |   | 8 | 6 | 2 |   |
| 1 | 6 | 5 | 9 | 3 |   |   | 8 | 4 |
| 2 | 3 | 9 | 8 | 4 | 5 |   |   | 6 |
| 8 | 4 |   |   |   |   | 9 | 5 | 3 |
| 6 | 9 | 1 |   | 8 | 4 |   | 3 |   |
|   | 5 | 2 |   |   |   |   | 8 | 4 |
| 3 |   |   | 2 |   | 5 |   |   | 9 |

## Sudoku 105

| 2 | 7 | 3 |   | 9 | 6 |   | 5 | 8 |
|---|---|---|---|---|---|---|---|---|
| 6 | 4 |   |   | 7 | 8 | 2 | 9 | 3 |
| 8 |   | 1 |   | 2 | 3 | 7 | 4 | 6 |
| 1 |   |   |   | 4 |   | 8 |   |   |
|   | 3 | 8 | 2 | 1 | 5 |   | 6 | 7 |
|   | 6 | 4 |   |   |   | 5 |   |   |
| 3 |   | 9 |   | 5 | 4 | 6 |   |   |
| 5 | 1 | 6 | 8 | 3 |   | 9 |   | 4 |
| 4 | 8 | 7 |   | 6 |   |   | 2 |   |

## Sudoku 106

|   | 9 | 4 | 8 | 3 | 5 |   |   | 1 |
|---|---|---|---|---|---|---|---|---|
| 8 | 6 | 5 |   | 9 |   |   | 3 | 7 |
| 3 | 2 | 1 |   | 7 | 6 | 8 |   | 5 |
| 4 | 3 | 2 |   |   | 8 |   |   |   |
|   | 8 | 6 | 2 | 5 |   | 3 |   | 4 |
|   | 7 | 9 | 3 | 4 | 1 |   | 6 |   |
|   | 4 | 7 | 5 |   |   | 9 | 8 | 6 |
| 6 | 1 |   | 9 |   |   |   | 5 | 2 |
| 9 |   | 8 |   | 2 | 7 | 1 |   | 3 |

## Sudoku 107

| 5 |   |   |   | 9 | 2 | 7 | 4 | 1 |
|---|---|---|---|---|---|---|---|---|
|   | 9 | 3 |   | 1 |   |   |   | 2 |
| 7 |   | 1 |   | 8 |   | 6 | 9 | 3 |
| 6 | 1 |   |   | 2 |   | 3 | 8 |   |
|   | 3 |   | 8 | 7 |   | 4 | 1 | 9 |
| 8 | 4 |   |   | 1 | 5 |   | 7 |   |
| 3 |   | 4 | 9 |   |   |   |   | 7 |
| 1 | 5 | 2 | 7 | 3 | 8 | 9 | 6 | 4 |
| 9 |   | 6 |   | 4 | 5 |   | 3 | 8 |

## Sudoku 108

|   | 5 | 9 |   | 6 | 4 |   | 8 | 7 |
|---|---|---|---|---|---|---|---|---|
| 1 | 8 |   |   | 5 | 3 |   |   | 9 |
| 3 |   | 6 | 9 |   | 8 | 5 |   | 1 |
| 4 |   | 8 | 3 | 1 | 2 | 9 | 7 |   |
| 7 |   |   | 5 |   | 6 | 8 | 1 | 4 |
| 5 | 9 | 1 |   | 4 | 7 | 2 |   | 6 |
|   | 2 |   |   | 8 | 9 | 1 |   |   |
| 9 |   | 3 |   |   | 5 |   |   | 8 |
|   | 7 | 5 |   | 3 |   | 6 | 9 | 2 |

## Sudoku 109

| | | 5 | 9 | 2 | | | 7 | 8 |
|---|---|---|---|---|---|---|---|---|
| 9 | 2 | 6 | 7 | 3 | | 1 | 4 | 5 |
| 4 | 7 | 8 | 1 | | | 3 | 9 | 2 |
| 7 | | 9 | 4 | 6 | | | | 1 |
| 2 | | 3 | 8 | 7 | | | 6 | |
| | | 4 | 2 | 9 | 3 | | | 7 |
| | 3 | 7 | | 8 | 2 | | | 9 |
| | 9 | 1 | 3 | 4 | | | | 6 |
| 6 | | 2 | | 1 | 9 | | 8 | 3 |

## Sudoku 110

| | 1 | 4 | 5 | 7 | 2 | 6 | 9 | 8 |
|---|---|---|---|---|---|---|---|---|
| 9 | 5 | 8 | | | 3 | | | 7 |
| | | 7 | | 8 | 1 | 5 | 4 | 3 |
| 7 | 2 | 9 | 3 | | | 4 | | |
| 4 | 8 | | | 2 | | | | 1 |
| 6 | 3 | 1 | 4 | 5 | 8 | | 7 | |
| | 7 | 3 | 2 | | 4 | 1 | | 6 |
| | 9 | 2 | 1 | | 7 | 8 | | |
| | | 6 | 8 | 3 | 5 | | | 9 |

## Sudoku 111

| 1 | 5 | 8 | | 7 | 9 | | | 3 |
|---|---|---|---|---|---|---|---|---|
| | 2 | 7 | 6 | | 1 | 9 | | 8 |
| 6 | 3 | 9 | | 5 | 8 | 1 | 2 | 7 |
| | | | | 6 | 7 | | | |
| 5 | 7 | 2 | 8 | | 3 | 6 | | 4 |
| | 1 | | 5 | 4 | 7 | 8 | 3 | 2 |
| | | 7 | | 5 | 2 | | | 9 |
| | 9 | 1 | 3 | | 5 | | | |
| 7 | 8 | 5 | | 6 | 2 | 3 | 4 | |

## Sudoku 112

| | 6 | 1 | | | | | | |
|---|---|---|---|---|---|---|---|---|
| | 8 | | | | 9 | 3 | 1 | |
| | | 4 | | 8 | | | 6 | |
| | 1 | 9 | 3 | 4 | 2 | 5 | 7 | 6 |
| 2 | | | 1 | 9 | 6 | 3 | 8 | 4 |
| 3 | 4 | 6 | 7 | | | 1 | 2 | 9 |
| 1 | 9 | 8 | 2 | 7 | 5 | 6 | 4 | 3 |
| | 7 | 3 | | 1 | | | | 5 |
| 4 | 2 | 5 | | 3 | 9 | 8 | 1 | |

## Sudoku 113

| 8 | 4 | 1 | 3 | 6 | 9 | | 2 | 5 |
|---|---|---|---|---|---|---|---|---|
| 9 | | 7 | 4 | | 5 | | 3 | |
| | 5 | | 2 | 7 | 1 | 9 | | |
| | 7 | 5 | 1 | 4 | 3 | | | |
| 6 | 3 | 9 | 8 | 2 | 7 | 5 | | |
| | | 8 | | 9 | 6 | 3 | | |
| 7 | | 2 | 6 | | 8 | | 5 | |
| | 6 | | | 3 | 2 | | 1 | 9 |
| 1 | | 3 | 9 | | 4 | 2 | 6 | 7 |

## Sudoku 114

| 5 | | 9 | | | | 3 | | 1 |
|---|---|---|---|---|---|---|---|---|
| 2 | 7 | 3 | | | 6 | 8 | 5 | 9 |
| 4 | | 1 | 5 | 9 | 3 | 6 | | |
| | | | | 7 | 9 | 2 | | |
| 7 | | 2 | 6 | | 4 | | 1 | |
| 6 | 1 | 4 | 2 | 5 | 8 | | | 3 |
| | 2 | 8 | 3 | | 5 | 1 | 7 | |
| 3 | 5 | | | 6 | | 4 | | 2 |
| 1 | 4 | 6 | | 2 | 7 | 9 | 3 | 5 |

## Sudoku 115

| | 2 | | | | | 3 | 1 | 7 |
|---|---|---|---|---|---|---|---|---|
| | 1 | | 3 | 2 | | | | 4 |
| | 4 | 3 | 8 | 7 | 1 | 9 | 5 | |
| 9 | | | 1 | 8 | 4 | 2 | | 5 |
| 4 | | | | 3 | 5 | 1 | 7 | |
| 1 | | | 7 | 6 | 2 | | | 9 |
| | 5 | 1 | 4 | 9 | 8 | 7 | 6 | 3 |
| 7 | 9 | 4 | 6 | | | 5 | 2 | 8 |
| | | | 2 | 5 | 7 | | 9 | 1 |

## Sudoku 116

| | 9 | 4 | | | 8 | 5 | 1 | 3 |
|---|---|---|---|---|---|---|---|---|
| 7 | | 5 | 1 | 3 | | 2 | | 8 |
| 8 | 3 | 1 | 5 | 2 | 9 | | | 6 |
| 5 | | | 7 | | 6 | | | |
| 1 | 4 | 7 | | | | 6 | 8 | |
| 9 | 2 | | 8 | 5 | 1 | 4 | 3 | 7 |
| 4 | 7 | 8 | 3 | | 5 | | | |
| 3 | 1 | 2 | 9 | 6 | 7 | | 5 | 4 |
| | 5 | | 4 | 8 | 2 | | | |

## Sudoku 117

| | 2 | 7 | 5 | 6 | 8 | | 3 | |
|---|---|---|---|---|---|---|---|---|
| 6 | 3 | 8 | 1 | 2 | 4 | | 9 | 7 |
| 5 | | | 3 | | | 6 | 8 | |
| 4 | 9 | | 7 | 8 | 2 | 3 | | 1 |
| | | 2 | 9 | | | 8 | | |
| 3 | 8 | 5 | 6 | | | | 7 | |
| | 5 | | 2 | 1 | 7 | 4 | 6 | 3 |
| 2 | 4 | 3 | 8 | | | 6 | 7 | |
| 7 | | 1 | | | 5 | | 2 | 8 |

## Sudoku 118

| 4 | | 6 | 2 | | 9 | 1 | | 3 |
|---|---|---|---|---|---|---|---|---|
| 8 | | 7 | 6 | | 3 | | 4 | |
| 1 | | | 5 | | | 9 | | 8 |
| 5 | 8 | | 3 | 4 | | 7 | | 6 |
| | 1 | | 9 | 6 | 8 | 2 | 3 | 5 |
| | 6 | | 1 | | 5 | | | |
| 3 | 7 | 5 | 4 | 2 | 6 | | 9 | 1 |
| 9 | 4 | 8 | 5 | | | 6 | | |
| | 2 | 1 | | 9 | 7 | 3 | 5 | 4 |

## Sudoku 119

| 5 | | 8 | 9 | | 2 | | | 7 |
|---|---|---|---|---|---|---|---|---|
| 6 | 4 | 9 | | 8 | | | | 1 |
| | 1 | | 6 | 4 | 3 | 8 | 9 | 5 |
| 1 | | 2 | | 7 | 9 | | | 6 |
| 3 | 7 | 6 | 2 | 5 | | 4 | 1 | |
| | 5 | 4 | | | | | 2 | |
| | 6 | 5 | 3 | 9 | 4 | | 8 | 2 |
| 4 | 2 | 1 | | 6 | 5 | 9 | 7 | |
| 8 | 9 | 3 | | | 1 | | 6 | |

## Sudoku 120

| | 4 | | 6 | 7 | 2 | 8 | 5 | |
|---|---|---|---|---|---|---|---|---|
| | 9 | | 5 | | 8 | 1 | | 4 |
| | 7 | 8 | | 9 | 4 | 2 | | |
| 4 | | 6 | 9 | | 3 | | 1 | |
| | 2 | 7 | 4 | 8 | | | 6 | 5 |
| 8 | | 1 | | 6 | 5 | 9 | 4 | 2 |
| 7 | 8 | 5 | | 4 | 6 | 3 | 9 | 1 |
| | 6 | 4 | 8 | 1 | 9 | 5 | | 7 |
| | | | | | 7 | 4 | | 6 |

## Sudoku 121

| 1 |   | 5 | 4 | 3 | 8 |   | 6 | 2 |
|---|---|---|---|---|---|---|---|---|
| 6 | 4 |   |   | 7 |   | 8 |   | 5 |
|   | 2 |   |   |   |   | 3 | 1 |   |
| 7 | 3 |   |   | 6 | 5 |   | 2 | 8 |
| 9 |   |   | 2 | 4 | 1 | 6 | 3 |   |
| 2 | 1 | 6 |   | 8 | 3 | 4 | 5 |   |
|   | 7 | 1 |   | 9 | 6 | 2 | 8 | 3 |
| 5 |   | 2 | 3 | 1 |   | 9 |   |   |
|   |   | 9 | 8 |   | 4 |   | 7 | 1 |

## Sudoku 122

| 4 |   | 6 | 8 | 5 | 9 | 7 | 3 |   |
|---|---|---|---|---|---|---|---|---|
|   |   |   |   | 3 | 2 | 8 |   |   |
| 5 | 3 | 8 |   | 1 |   | 4 |   | 9 |
| 3 | 9 |   |   | 6 | 8 | 4 |   |   |
| 1 | 4 | 7 |   | 8 | 5 | 6 | 9 |   |
| 8 | 6 |   | 7 |   | 4 | 1 | 5 |   |
| 7 |   | 9 | 6 | 3 | 1 |   |   |   |
| 2 | 5 | 4 | 9 | 7 | 8 |   | 1 |   |
|   |   |   | 5 | 4 | 2 | 9 | 7 |   |

## Sudoku 123

| 4 | 3 | 8 | 9 | 6 |   | 7 |   |   |
|---|---|---|---|---|---|---|---|---|
|   | 5 | 1 |   |   |   |   |   | 9 |
| 7 |   | 9 |   | 5 | 8 | 4 | 3 | 2 |
| 6 | 4 | 2 | 3 |   | 7 | 1 |   |   |
| 5 | 9 |   |   | 4 |   | 3 | 2 |   |
| 1 |   | 3 | 5 | 2 |   |   | 7 |   |
| 8 | 7 | 6 | 2 |   | 9 |   | 4 |   |
| 9 |   | 4 | 7 | 3 | 5 | 6 | 1 | 8 |
|   |   | 5 | 6 | 8 |   | 2 | 9 |   |

## Sudoku 124

| 2 |   | 3 | 8 |   | 6 | 9 |   | 4 |
|---|---|---|---|---|---|---|---|---|
|   |   | 8 |   | 2 |   |   | 7 |   |
| 9 | 4 |   | 3 | 1 |   | 6 |   |   |
| 1 |   | 2 |   |   |   |   | 8 | 5 |
| 7 | 5 | 6 |   |   | 1 |   | 9 | 3 |
| 8 | 3 | 4 | 5 | 9 | 2 | 7 |   |   |
| 4 | 8 |   | 7 | 5 |   |   | 6 | 2 |
|   | 7 | 1 | 2 | 4 | 8 | 5 | 3 | 9 |
|   | 2 | 5 | 1 | 6 |   | 8 | 4 |   |

## Sudoku 125

|   | 4 | 6 | 7 | 3 | 2 |   |   | 1 |
|---|---|---|---|---|---|---|---|---|
| 8 |   | 3 | 6 |   |   | 5 | 7 | 4 |
|   |   | 1 |   | 8 | 4 | 3 |   |   |
| 4 | 3 |   | 1 | 5 |   | 2 | 9 | 7 |
|   | 5 | 9 |   |   | 8 | 1 | 6 | 3 |
| 6 | 1 | 7 | 9 | 2 | 3 | 8 | 4 | 5 |
| 3 | 7 |   |   | 4 |   | 6 |   |   |
|   |   |   | 2 | 6 |   | 7 | 3 |   |
| 9 | 6 |   |   | 1 | 7 |   | 5 |   |

## Sudoku 126

| 6 |   |   | 4 |   | 3 | 1 | 2 |   |
|---|---|---|---|---|---|---|---|---|
| 4 | 8 | 7 |   | 2 |   | 5 | 6 | 3 |
| 3 | 2 |   | 5 | 6 |   |   | 4 |   |
|   |   | 8 |   | 4 |   | 7 |   | 1 |
| 1 | 9 | 3 | 6 |   | 8 |   | 5 |   |
| 5 | 7 |   |   | 1 | 2 |   | 8 | 6 |
| 9 | 3 |   | 7 | 5 | 4 | 6 | 1 |   |
|   | 1 | 5 |   |   | 6 | 2 |   | 4 |
|   | 4 | 6 | 2 | 3 | 1 | 9 |   | 5 |

## Sudoku 127

| | | | | | | | | |
|---|---|---|---|---|---|---|---|---|
| | | | 3 | | 9 | 1 | | 2 |
| 1 | 2 | 3 | 5 | | | 9 | 6 | 7 |
| | 6 | 8 | 1 | 2 | 7 | | 4 | |
| 2 | | 5 | 7 | | | | 3 | 9 |
| 7 | | 1 | 4 | | 8 | 2 | 5 | 6 |
| 6 | 3 | 4 | | 5 | | | 1 | 8 |
| 5 | 1 | 2 | 8 | 7 | | 6 | 9 | 4 |
| | | 9 | | | 5 | 8 | 2 | |
| 8 | 4 | | | 9 | | | | 5 |

## Sudoku 128

| | | | | | | | | |
|---|---|---|---|---|---|---|---|---|
| 5 | 7 | 6 | 9 | 1 | 8 | 4 | | 2 |
| | 4 | 9 | 2 | 3 | 5 | | 7 | |
| 2 | 3 | 8 | 4 | | | 1 | 5 | |
| | 6 | 2 | 3 | | 4 | 7 | 9 | |
| 3 | | | | 7 | | 2 | 8 | 4 |
| 7 | 9 | | 1 | | | 3 | | 5 |
| | 8 | 1 | | 4 | 3 | 6 | 2 | 7 |
| 4 | | 7 | | 2 | | | 1 | |
| 6 | | | | 9 | | 5 | 4 | |

## Sudoku 129

| | | | | | | | | |
|---|---|---|---|---|---|---|---|---|
| 6 | 8 | 2 | 5 | 7 | | 1 | 9 | |
| 4 | | 7 | 8 | | 3 | | 5 | |
| 5 | 3 | 9 | 1 | 2 | 6 | 8 | | 4 |
| | 2 | | 6 | 3 | 5 | 4 | | |
| 1 | 6 | 5 | | 4 | | 3 | 2 | |
| 3 | 7 | | 2 | 1 | | | 8 | 5 |
| | 9 | 6 | 4 | | 7 | | | 1 |
| 7 | 4 | | | | 2 | | 6 | |
| | 5 | 3 | 9 | 6 | 1 | | | |

## Sudoku 130

| | | | | | | | | |
|---|---|---|---|---|---|---|---|---|
| | 6 | | | 9 | | 7 | | 4 |
| 9 | | 4 | 1 | | 2 | | | 5 |
| 3 | 2 | 8 | | 7 | 5 | 1 | 6 | |
| 6 | | 9 | 7 | 2 | | 5 | | |
| | 5 | 1 | 6 | 3 | | | 4 | |
| 2 | 3 | | 5 | 8 | 4 | | 9 | 1 |
| | 8 | | 9 | 1 | 7 | 3 | | |
| 5 | 1 | 2 | | 4 | 8 | 9 | | 6 |
| 7 | 9 | | 2 | 5 | | 4 | | 8 |

## Sudoku 131

| | | | | | | | | |
|---|---|---|---|---|---|---|---|---|
| | 3 | | | 1 | | 7 | 6 | 4 |
| 5 | 7 | 9 | 6 | 8 | 4 | | | 3 |
| | 4 | | 3 | | | 9 | | 8 |
| 9 | 5 | | 1 | 6 | 8 | 4 | 7 | |
| 2 | | | 9 | | 5 | | 8 | 1 |
| | 8 | | 7 | 2 | | 5 | | 6 |
| 7 | | 4 | 8 | 9 | 6 | | 3 | |
| 6 | 9 | 5 | | | 1 | 8 | | 7 |
| | 2 | 8 | | | 7 | 6 | 1 | 9 |

## Sudoku 132

| | | | | | | | | |
|---|---|---|---|---|---|---|---|---|
| 8 | 4 | 9 | 2 | 7 | 5 | | | 1 |
| | | | 3 | 9 | | 8 | 5 | |
| 1 | | 5 | | 8 | 4 | | 7 | 9 |
| 9 | 7 | 8 | 5 | | 3 | 1 | 4 | 2 |
| | 6 | 2 | 1 | | 9 | 7 | | 3 |
| | | | 8 | 2 | 7 | 6 | | 5 |
| | 8 | | 9 | 5 | 2 | 4 | 3 | |
| | 9 | 3 | | | 6 | | 2 | |
| 2 | | | | 3 | 8 | 9 | 1 | 6 |

## Sudoku 133

| 4 |   |   |   | 5 |   | 3 |   | 2 |
|---|---|---|---|---|---|---|---|---|
| 1 | 7 | 5 |   | 2 | 3 | 4 |   |   |
| 3 | 2 |   |   | 8 |   |   | 9 | 1 |
|   |   | 3 | 8 | 1 | 2 | 7 | 6 | 4 |
| 2 | 8 | 7 | 5 | 4 | 6 |   | 3 | 9 |
|   |   | 1 | 3 | 9 |   |   | 5 | 8 |
| 5 |   | 2 | 1 |   |   |   |   | 7 |
| 7 |   | 9 |   | 3 | 8 |   | 2 | 5 |
|   | 6 | 4 |   | 7 |   | 9 | 1 | 3 |

## Sudoku 134

| 9 |   |   |   | 1 |   | 5 | 2 | 3 |
|---|---|---|---|---|---|---|---|---|
|   | 5 | 3 | 6 | 4 | 2 |   | 7 |   |
|   | 8 | 2 |   | 5 | 3 | 1 | 4 | 6 |
|   | 7 | 8 | 2 | 6 | 1 |   |   | 5 |
| 2 |   | 1 | 5 | 7 | 9 | 4 |   | 8 |
| 6 |   |   | 3 | 8 |   |   |   | 2 |
| 8 |   | 7 | 4 |   | 5 |   |   | 1 |
| 3 | 1 |   |   | 9 | 7 | 2 | 5 | 4 |
|   | 4 | 9 | 1 |   |   | 3 |   |   |

## Sudoku 135

|   |   |   | 7 |   |   |   | 3 | 9 |
|---|---|---|---|---|---|---|---|---|
| 1 |   | 4 | 3 | 2 | 5 | 8 |   | 7 |
| 6 |   | 3 |   |   |   | 2 |   | 4 |
|   | 6 | 5 | 9 | 4 | 3 | 7 | 1 | 2 |
|   | 2 | 1 |   | 7 | 8 | 9 |   | 5 |
|   | 4 | 7 | 1 | 5 | 2 | 6 |   | 3 |
|   | 8 | 9 |   |   |   |   | 7 | 6 |
| 5 | 1 | 6 | 4 |   | 7 | 3 | 2 | 8 |
| 7 |   |   |   |   | 6 |   | 9 | 1 |

## Sudoku 136

| 2 | 6 |   | 5 | 3 | 4 |   | 9 |   |
|---|---|---|---|---|---|---|---|---|
| 1 | 7 |   | 8 |   |   |   | 5 | 6 |
| 9 | 5 |   | 1 | 6 |   | 2 |   | 8 |
| 6 | 8 |   | 3 | 2 | 9 |   | 7 | 4 |
| 5 | 4 | 9 |   |   |   | 1 | 2 |   |
| 3 | 2 |   | 4 |   |   |   | 8 |   |
|   | 9 |   |   | 7 | 3 |   | 1 |   |
| 7 | 1 | 2 | 9 | 4 | 8 | 3 | 6 | 5 |
| 8 | 3 | 6 |   |   | 5 | 9 |   | 7 |

## Sudoku 137

|   | 7 |   |   | 5 |   | 6 |   |   |
|---|---|---|---|---|---|---|---|---|
| 4 | 6 |   |   |   | 8 | 2 | 7 |   |
|   | 9 |   | 7 |   | 3 | 5 |   |   |
| 6 | 4 | 7 |   | 1 | 9 | 3 |   |   |
| 3 | 5 | 9 | 2 |   | 7 |   | 8 | 6 |
|   | 2 | 1 | 6 | 3 | 5 | 9 | 4 | 7 |
| 9 |   | 4 | 3 | 7 | 6 |   | 2 | 5 |
| 7 | 3 | 2 | 5 |   |   | 4 |   | 9 |
|   | 8 |   |   | 2 |   | 7 | 3 | 1 |

## Sudoku 138

|   |   | 2 | 3 | 6 | 1 | 8 | 7 |   |
|---|---|---|---|---|---|---|---|---|
| 8 | 5 |   | 9 | 2 | 4 |   | 6 | 1 |
|   | 6 | 3 | 7 |   | 5 |   |   |   |
|   | 9 |   | 8 |   |   | 1 | 2 | 4 |
|   |   | 8 | 1 | 4 | 6 |   | 9 | 7 |
| 4 | 7 | 1 |   |   | 2 | 6 |   | 3 |
|   | 8 |   | 6 | 1 | 9 |   | 3 | 2 |
| 3 |   | 4 | 2 |   | 8 |   |   | 6 |
| 6 |   | 9 |   | 5 |   | 7 | 1 | 8 |

## Sudoku 139

| | 7 | 1 | | 5 | 2 | | | |
|---|---|---|---|---|---|---|---|---|
| | | | 4 | 8 | 6 | 5 | 7 | 1 |
| 8 | 6 | 5 | 3 | 1 | 7 | 4 | 2 | |
| 1 | | | 5 | 9 | 4 | 7 | 3 | |
| | 9 | 6 | | 3 | | 1 | 4 | 5 |
| 3 | | | 7 | | 1 | 2 | 9 | 8 |
| 2 | 8 | 9 | 6 | 7 | | | | 4 |
| 5 | 4 | 3 | 1 | | 9 | | 8 | 7 |
| | 1 | | | 4 | 3 | | 5 | |

## Sudoku 140

| | 6 | | 1 | | 9 | 5 | 3 | 2 |
|---|---|---|---|---|---|---|---|---|
| 2 | 3 | 8 | 5 | 4 | | | 7 | 6 |
| | 1 | 5 | 6 | | 3 | 9 | | 4 |
| | | 2 | 7 | 9 | | | 5 | |
| | 8 | | 3 | 4 | 5 | 2 | | 9 |
| | 5 | | 2 | | 6 | 8 | | |
| 5 | 9 | | 4 | 6 | 2 | 7 | | 3 |
| | 3 | 1 | 9 | | 7 | 6 | | 5 |
| 2 | 7 | | 5 | 3 | 1 | | | 8 |

## Sudoku 141

| 7 | 8 | 6 | 5 | 2 | 9 | | 1 | 3 |
|---|---|---|---|---|---|---|---|---|
| 5 | | 2 | 8 | 4 | | | | 7 |
| 9 | 4 | 3 | | | | 8 | 2 | 5 |
| 3 | | | | | 4 | | 5 | |
| 2 | 5 | 1 | 7 | 3 | 8 | | 6 | |
| 4 | 7 | 9 | | | 2 | | 8 | |
| | 3 | | 2 | 8 | 7 | | 4 | 9 |
| | | 4 | | | 1 | 5 | 3 | 6 |
| | 9 | 4 | 3 | | | 2 | 7 | 8 |

## Sudoku 142

| 7 | 4 | | 8 | 1 | 5 | | | |
|---|---|---|---|---|---|---|---|---|
| 6 | 5 | 2 | | 4 | | | 8 | |
| | 8 | 1 | 6 | 7 | | 5 | 9 | 4 |
| 5 | 9 | 4 | 1 | | | | 6 | |
| | 7 | 3 | 2 | 6 | 8 | 9 | | |
| 8 | | 6 | | 9 | 4 | 3 | 7 | 1 |
| 2 | 1 | 5 | 4 | 8 | 9 | 7 | 3 | |
| 9 | | 8 | | | | | | 2 |
| | 6 | | | 2 | 1 | 8 | | 9 |

## Sudoku 143

| | | 7 | 8 | | 9 | | 6 | |
|---|---|---|---|---|---|---|---|---|
| 9 | | 8 | | | 2 | | 7 | 4 |
| 4 | 6 | 2 | 1 | 5 | 7 | 8 | 9 | |
| | 8 | 3 | | | 1 | | 5 | 2 |
| | | 1 | 5 | 8 | | | | |
| 5 | | | | 6 | 3 | 9 | 1 | 8 |
| 8 | | 9 | 7 | 2 | 5 | 1 | 4 | 6 |
| 7 | 2 | 5 | 4 | 1 | 6 | | 8 | 9 |
| 1 | 4 | | | 9 | | | | 5 |

## Sudoku 144

| 8 | | 5 | 7 | 4 | 9 | 1 | | 2 |
|---|---|---|---|---|---|---|---|---|
| 9 | | 7 | 3 | 2 | 1 | | | 8 |
| | 3 | | | 6 | 5 | 7 | | 4 |
| 7 | | | 5 | | 2 | 9 | | |
| 3 | | 9 | | 1 | 4 | 2 | 7 | 5 |
| | 5 | 2 | | 8 | | | | 3 |
| 5 | 7 | 3 | | 9 | | 8 | 4 | 1 |
| 1 | | | | | | 6 | 2 | 7 |
| 4 | | 6 | 1 | 7 | 8 | 3 | 5 | |

## Sudoku 145

| | | | | | | | | |
|---|---|---|---|---|---|---|---|---|
| 4 |   | 8 |   | 6 | 1 |   | 7 | 3 |
| 9 |   | 5 | 7 | 3 | 4 | 6 |   |   |
| 6 | 3 |   |   | 9 | 2 | 4 | 1 | 5 |
|   |   | 9 | 6 | 7 |   | 5 | 8 | 1 |
|   |   | 3 | 4 |   |   | 7 | 9 | 2 |
|   |   | 1 | 2 | 5 |   |   |   | 6 |
|   |   |   | 3 |   | 5 |   |   | 7 |
| 7 | 5 | 2 |   | 8 | 6 | 1 | 3 | 4 |
|   | 8 | 6 | 1 |   | 7 | 2 | 5 | 9 |

## Sudoku 146

| | | | | | | | | |
|---|---|---|---|---|---|---|---|---|
| 5 | 8 |   |   | 3 | 2 | 6 |   | 1 |
| 1 | 7 |   | 6 | 9 |   | 4 | 5 |   |
| 9 | 6 | 3 | 4 |   | 5 |   | 8 | 7 |
|   | 5 |   |   | 7 | 4 | 8 |   | 2 |
| 8 |   |   | 1 |   | 9 | 5 | 4 |   |
|   |   | 1 |   | 8 | 6 |   |   |   |
| 7 | 1 |   | 2 |   | 3 |   | 6 | 5 |
| 2 | 4 |   |   | 6 | 7 | 1 | 3 | 8 |
|   |   |   | 8 | 5 | 1 | 7 | 2 | 4 |

## Sudoku 147

| | | | | | | | | |
|---|---|---|---|---|---|---|---|---|
| 2 | 5 | 7 |   |   |   | 6 |   |   |
| 3 |   | 9 | 7 | 8 |   |   |   |   |
|   | 8 |   |   | 5 |   | 3 | 7 |   |
| 5 |   | 8 | 1 |   | 3 | 2 | 6 | 7 |
|   | 9 | 6 | 2 | 4 | 5 |   |   | 1 |
|   |   | 2 | 6 |   | 8 | 9 |   | 5 |
| 9 | 1 | 4 |   | 6 | 7 | 5 | 2 | 3 |
| 6 | 2 | 5 |   | 3 | 1 | 7 | 9 | 8 |
|   | 7 |   | 5 | 2 | 9 |   | 1 |   |

## Sudoku 148

| | | | | | | | | |
|---|---|---|---|---|---|---|---|---|
|   | 7 |   | 5 | 3 |   |   |   |   |
|   | 9 | 2 |   | 4 | 8 |   | 5 | 7 |
| 5 | 3 | 4 | 1 | 2 |   | 8 |   | 6 |
| 2 |   |   | 9 |   | 5 | 7 | 6 |   |
| 6 | 4 | 1 |   |   |   | 9 | 8 | 5 |
|   |   | 9 | 8 |   | 4 | 2 |   |   |
| 3 | 1 | 8 | 7 |   | 6 | 5 | 4 | 2 |
| 9 | 6 | 7 | 4 |   | 2 | 1 |   | 8 |
| 4 |   | 5 | 3 | 8 | 1 |   |   |   |

## Sudoku 149

| | | | | | | | | |
|---|---|---|---|---|---|---|---|---|
|   | 5 | 6 | 7 |   |   | 8 | 9 |   |
| 7 | 8 | 1 |   |   | 9 | 6 | 3 | 4 |
|   | 3 | 9 | 8 | 6 | 4 | 5 |   | 1 |
| 1 | 4 |   | 5 | 3 |   | 7 | 6 |   |
|   | 7 |   | 1 | 8 | 6 |   |   |   |
| 5 | 6 | 3 | 9 | 4 |   | 1 |   |   |
|   | 1 | 7 |   | 2 | 8 |   | 4 | 5 |
|   | 2 |   |   | 9 |   |   | 8 |   |
| 8 | 9 | 4 |   | 7 |   | 2 | 1 | 6 |

## Sudoku 150

| | | | | | | | | |
|---|---|---|---|---|---|---|---|---|
|   | 7 | 6 |   | 1 | 8 |   |   | 9 |
| 3 | 5 | 2 | 7 |   | 9 | 8 | 6 | 1 |
|   |   | 1 |   |   |   |   | 4 | 3 |
| 7 | 9 | 8 | 6 |   | 5 | 1 | 2 | 4 |
| 2 |   | 3 | 1 |   | 7 | 5 |   |   |
| 1 |   | 5 |   | 8 |   |   | 9 |   |
| 5 | 3 |   | 9 | 2 | 4 | 6 | 1 | 8 |
|   | 1 | 9 |   |   | 3 | 4 |   | 2 |
|   | 2 |   | 8 |   |   | 9 | 3 | 5 |

## Sudoku 151

| 8 |   | 5 |   |   | 3 | 7 | 6 |   |
|---|---|---|---|---|---|---|---|---|
| 1 |   | 3 |   | 7 |   |   |   |   |
|   | 6 | 2 | 1 | 8 | 4 |   |   |   |
| 6 |   |   |   |   | 8 |   |   | 9 |
| 9 | 3 | 4 | 5 | 1 | 2 |   |   | 6 |
| 5 | 2 | 8 |   |   | 6 | 1 | 3 | 4 |
| 2 | 7 | 1 | 8 |   |   | 6 | 5 | 3 |
| 3 |   | 6 | 2 | 5 | 1 | 9 |   | 7 |
| 4 | 5 |   |   | 6 | 7 | 2 | 1 | 8 |

## Sudoku 152

|   |   | 9 | 1 | 6 |   | 5 | 8 |   |
|---|---|---|---|---|---|---|---|---|
| 8 |   |   | 7 | 4 |   |   | 9 | 6 |
|   |   | 5 | 9 | 8 |   |   | 4 | 3 |
| 4 |   | 8 | 6 | 7 | 1 |   |   | 2 |
| 1 | 3 |   | 5 | 9 |   |   | 7 | 4 |
| 7 |   |   |   |   | 4 | 8 | 5 | 1 |
|   | 1 |   | 2 | 7 | 3 | 6 | 5 |   |
|   | 7 | 3 | 1 | 9 | 4 | 2 | 8 |   |
|   | 2 | 4 |   | 5 | 6 | 7 |   | 9 |

## Sudoku 153

|   | 4 | 2 | 8 | 3 |   | 9 | 1 | 6 |
|---|---|---|---|---|---|---|---|---|
|   | 6 | 5 | 9 | 2 | 7 |   | 4 |   |
| 3 | 8 |   |   |   | 1 | 5 |   |   |
| 9 | 7 | 3 | 2 | 5 |   |   | 8 |   |
| 8 |   | 1 | 4 | 7 | 9 |   | 5 |   |
| 4 |   |   |   | 8 | 3 | 7 | 9 | 2 |
| 5 | 9 | 4 |   |   | 2 | 8 | 7 |   |
| 2 | 3 |   | 5 | 1 |   | 4 | 6 | 9 |
|   |   |   |   |   | 4 | 2 | 3 |   |

## Sudoku 154

|   | 8 | 1 | 9 | 4 | 6 | 3 |   | 7 |
|---|---|---|---|---|---|---|---|---|
| 9 |   | 7 | 3 | 8 |   | 1 | 4 |   |
| 3 |   | 2 |   |   |   | 9 | 6 | 8 |
| 1 |   |   | 8 | 6 |   | 7 | 2 |   |
|   | 9 |   |   |   | 3 | 4 | 8 | 5 |
| 8 | 2 | 4 | 5 | 7 | 9 | 6 |   |   |
| 4 |   | 9 |   | 5 | 2 | 8 | 3 | 6 |
| 6 |   | 4 | 9 | 8 | 5 |   |   |   |
| 5 | 7 |   | 6 |   | 1 |   |   | 4 |

## Sudoku 155

|   | 1 | 7 | 2 | 9 | 5 |   |   |   |
|---|---|---|---|---|---|---|---|---|
| 7 | 5 | 9 |   | 8 |   | 3 | 2 |   |
| 6 | 8 | 2 |   |   |   | 7 |   | 9 |
| 2 | 7 |   | 8 | 1 |   | 9 |   | 6 |
|   |   | 8 |   | 5 | 2 | 4 | 7 |   |
|   | 1 | 6 |   | 9 | 7 |   | 3 |   |
| 1 | 9 | 7 |   | 6 | 8 | 2 | 4 |   |
| 8 |   | 3 | 2 | 7 |   |   |   | 5 |
| 4 | 2 | 5 |   | 9 |   | 1 | 6 | 7 |

## Sudoku 156

| 3 | 6 |   |   | 1 | 8 | 9 |   |   |
|---|---|---|---|---|---|---|---|---|
| 9 | 1 | 4 | 7 | 3 | 2 | 8 |   | 6 |
| 8 | 7 |   | 9 | 6 | 4 | 1 | 3 |   |
| 5 |   | 6 | 8 | 4 | 7 |   | 9 |   |
| 7 | 4 | 8 | 1 | 2 |   |   |   | 3 |
| 1 |   |   |   | 5 |   | 7 | 8 |   |
| 4 |   |   | 2 |   | 3 | 6 | 7 |   |
|   | 9 | 3 | 6 |   | 5 |   |   |   |
|   | 5 | 7 | 4 | 8 |   | 3 | 2 | 9 |

## Sudoku 157

|   |   |   |   |   |   |   |   |   |
|---|---|---|---|---|---|---|---|---|
|   | 5 | 1 |   | 8 | 7 |   | 3 | 6 |
| 4 | 9 | 6 |   |   |   |   |   | 7 |
| 7 | 3 | 8 |   | 6 | 1 | 9 |   | 5 |
|   |   | 4 |   | 1 | 2 | 7 | 6 | 9 |
| 6 | 2 |   |   |   | 5 |   | 4 |   |
|   | 7 |   | 6 | 4 |   | 2 |   | 8 |
|   | 1 |   | 7 | 3 | 6 | 5 | 9 |   |
| 3 |   | 7 |   | 9 |   | 1 | 8 | 2 |
| 9 | 4 | 5 | 1 |   | 8 | 6 | 7 | 3 |

## Sudoku 158

|   |   |   |   |   |   |   |   |   |
|---|---|---|---|---|---|---|---|---|
|   | 9 | 8 | 2 |   |   |   |   |   |
|   | 6 |   |   | 4 | 1 | 5 |   | 8 |
| 4 | 2 | 5 |   | 3 | 7 | 6 | 9 | 1 |
| 7 |   |   |   | 3 | 8 | 4 | 9 |   |
|   | 3 | 9 |   |   | 4 | 1 | 7 | 5 |
| 8 | 5 | 4 |   | 7 | 9 | 3 | 6 | 2 |
| 5 |   | 1 | 7 | 9 | 6 | 2 | 8 |   |
| 6 |   |   |   |   |   | 9 | 5 |   |
| 9 | 7 | 2 | 3 |   | 8 |   | 1 |   |

## Sudoku 159

|   |   |   |   |   |   |   |   |   |
|---|---|---|---|---|---|---|---|---|
| 5 |   | 9 | 4 |   | 3 |   |   | 8 |
| 3 | 2 |   |   | 1 | 6 |   | 4 | 5 |
| 7 | 1 | 4 |   |   | 8 |   | 3 | 2 |
|   | 8 |   | 2 | 7 | 1 | 5 | 9 | 4 |
| 2 | 4 | 5 | 8 |   |   | 1 | 7 | 3 |
| 9 |   |   | 3 |   |   | 8 | 2 | 6 |
| 8 |   |   | 6 | 3 |   | 4 |   |   |
| 4 |   | 6 |   |   | 2 | 3 | 8 |   |
| 1 | 3 | 7 |   |   |   | 2 | 6 | 9 |

## Sudoku 160

|   |   |   |   |   |   |   |   |   |
|---|---|---|---|---|---|---|---|---|
|   | 3 | 2 | 1 | 7 |   | 5 | 9 |   |
|   | 6 | 8 |   | 4 |   | 3 | 7 | 1 |
| 1 |   | 9 | 3 | 5 | 6 | 4 |   | 2 |
| 7 |   |   | 2 | 9 | 6 | 1 | 3 |   |
| 2 | 9 | 6 | 8 |   |   |   | 4 | 5 |
|   |   | 4 | 5 | 6 |   |   |   | 8 |
|   |   |   | 7 |   | 4 |   | 6 |   |
|   |   | 3 | 2 | 9 | 1 | 8 | 5 | 7 |
| 9 |   | 7 | 6 | 8 | 5 |   |   | 4 |

## Sudoku 161

|   |   |   |   |   |   |   |   |   |
|---|---|---|---|---|---|---|---|---|
|   | 5 | 8 |   |   | 3 | 1 |   | 6 |
|   | 1 | 4 |   | 5 | 6 | 7 | 3 | 9 |
| 3 | 9 | 6 |   |   | 1 | 4 | 8 | 5 |
| 9 |   |   |   |   | 7 | 2 | 6 | 3 |
| 5 |   |   |   |   |   | 9 | 4 | 8 |
|   | 3 |   | 6 | 8 |   |   |   | 1 |
|   | 4 |   | 9 |   | 5 |   | 1 | 7 |
| 6 | 7 | 9 | 3 | 1 | 4 |   |   | 2 |
| 1 | 2 |   | 7 | 6 | 8 | 3 |   | 4 |

## Sudoku 162

|   |   |   |   |   |   |   |   |   |
|---|---|---|---|---|---|---|---|---|
| 2 |   | 7 | 8 |   |   | 4 | 9 | 3 |
| 6 | 9 | 3 | 7 | 2 | 4 | 1 |   | 8 |
| 8 |   | 1 | 3 |   | 9 |   |   |   |
|   | 3 | 6 |   | 9 |   | 5 |   |   |
| 5 |   |   | 6 | 4 | 7 | 3 | 8 | 1 |
|   |   |   |   |   |   | 9 | 6 | 4 |
| 9 | 6 |   | 4 | 7 |   | 8 | 1 | 5 |
| 3 |   | 5 | 9 |   | 6 |   |   | 2 |
| 7 | 8 | 4 | 2 |   | 5 | 6 | 3 |   |

## Sudoku 163

| | 3 | 4 | 7 | 6 | 9 | | | 1 |
|---|---|---|---|---|---|---|---|---|
| | | 2 | | 1 | 4 | 6 | 9 | |
| 1 | 6 | | 8 | 2 | | 3 | | 4 |
| 3 | 4 | | | | | 8 | 5 | 6 |
| 8 | 2 | 5 | 1 | 4 | 6 | 7 | | |
| 9 | 7 | 6 | 5 | | | 1 | 4 | 2 |
| | | | | | | 9 | 2 | |
| 2 | 5 | 8 | | 7 | 1 | | | 3 |
| 6 | 9 | 7 | | 3 | 2 | | 1 | 8 |

## Sudoku 164

| 3 | 6 | 2 | | | | | 4 | |
|---|---|---|---|---|---|---|---|---|
| 5 | | | 1 | 7 | 2 | | | 3 |
| 9 | 7 | | 4 | 2 | | | | 6 |
| | | 3 | 7 | | | | 2 | 5 |
| 4 | 5 | | 2 | 6 | 1 | 9 | 3 | 8 |
| | 2 | | 5 | 3 | 4 | 6 | | 7 |
| | 9 | 8 | | | 2 | 1 | 6 | 4 |
| 2 | 3 | 5 | 1 | 4 | 6 | 8 | | 9 |
| 1 | 4 | 6 | 9 | | | | 3 | 5 |

## Sudoku 165

| | | | 1 | 4 | 9 | 5 | | 8 |
|---|---|---|---|---|---|---|---|---|
| 4 | | 8 | 3 | 7 | 5 | 2 | | 6 |
| | 9 | 7 | | 8 | 2 | 3 | | 4 |
| 7 | 6 | | 5 | 1 | 8 | | 4 | 2 |
| | 8 | 5 | 4 | 2 | | | 3 | 1 |
| | 4 | 2 | 9 | 6 | 3 | 7 | 8 | 5 |
| | | 4 | | | | 8 | 6 | |
| | 3 | 9 | 8 | | | 1 | | |
| | 7 | | 2 | | 6 | | 5 | 9 |

## Sudoku 166

| 6 | | 9 | | 1 | 7 | 3 | 2 | |
|---|---|---|---|---|---|---|---|---|
| | 2 | 5 | 3 | 9 | 8 | 4 | 6 | 1 |
| 1 | 3 | 8 | 2 | 6 | 4 | 9 | 7 | |
| | | | 9 | | | | 1 | 7 |
| | | | | 6 | 5 | 3 | 4 | |
| 5 | | | | 3 | 1 | 2 | 9 | |
| 9 | 5 | 6 | | 7 | 2 | | 4 | 3 |
| 3 | | 4 | | | 9 | 6 | 8 | 2 |
| 8 | | | | 4 | | | 5 | 9 |

## Sudoku 167

| 9 | 3 | | 6 | 1 | | | | 8 |
|---|---|---|---|---|---|---|---|---|
| | 8 | | 3 | 5 | 9 | 6 | 1 | 7 |
| | | | | 7 | 8 | | 2 | 3 |
| 7 | 1 | | 2 | 9 | | 8 | | |
| | 2 | 6 | 8 | 4 | | | 3 | 9 |
| | 4 | 9 | | | 6 | 2 | | |
| 1 | 7 | 8 | 9 | | 4 | 3 | | |
| 4 | 9 | 2 | | 6 | | | 7 | 8 |
| 3 | 6 | 5 | | 8 | 1 | 4 | 9 | 2 |

## Sudoku 168

| 7 | 5 | 1 | | 9 | 4 | 6 | 2 | |
|---|---|---|---|---|---|---|---|---|
| 8 | 9 | 4 | | 2 | | 7 | | |
| 2 | | 6 | | 1 | 8 | | 4 | 5 |
| | 4 | 2 | 9 | 8 | 7 | | 5 | 6 |
| 1 | | 7 | 4 | | 3 | 8 | 9 | 2 |
| | 8 | | | 6 | | | 3 | |
| 4 | | 5 | 8 | 7 | 1 | 3 | | 9 |
| 9 | 7 | | | | 6 | | 8 | 1 |
| 6 | | 8 | 5 | 3 | | | | |

## Sudoku 169

| | | 3 | 7 | | 2 | 9 | 8 | |
|---|---|---|---|---|---|---|---|---|
| 2 | 9 | 8 | 4 | | | 7 | 1 | 6 |
| | 5 | | 1 | 8 | 9 | 2 | 3 | |
| 4 | | 9 | 5 | 7 | 1 | | 6 | 2 |
| 5 | 3 | | 2 | 9 | | | 4 | 8 |
| 6 | 2 | | 8 | 3 | | 5 | 7 | |
| 9 | | | | | | 4 | 5 | 7 |
| 8 | 1 | | 9 | | 7 | 6 | | 3 |
| | 7 | 4 | 6 | | | | | 1 |

## Sudoku 170

| 4 | | 3 | 7 | 9 | 5 | | 6 | 8 |
|---|---|---|---|---|---|---|---|---|
| 7 | | 5 | 4 | | 1 | | | 2 |
| 1 | 8 | | 6 | | | | | |
| 9 | 1 | 2 | | | 7 | 5 | 4 | 6 |
| | 4 | 6 | | 1 | 2 | 7 | 3 | 9 |
| | 3 | | | 6 | 4 | | 8 | 1 |
| 3 | 5 | | 1 | 4 | 9 | | | 7 |
| | 9 | 1 | 3 | 7 | 6 | 8 | 5 | 4 |
| | 7 | | | 8 | 9 | | | |

## Sudoku 171

| | 8 | 5 | 9 | | 4 | 6 | 2 | 3 |
|---|---|---|---|---|---|---|---|---|
| | 2 | | 7 | 5 | 3 | 4 | 8 | |
| 4 | | 1 | 8 | 6 | | 7 | 9 | 5 |
| | 1 | | | 5 | 9 | 3 | | |
| 3 | 9 | | 1 | 4 | 8 | | 5 | |
| 2 | 5 | | 3 | | 6 | | | 8 |
| | | 2 | | 3 | 1 | | | |
| 9 | 6 | 8 | | 2 | 7 | 3 | 1 | 4 |
| | 7 | 3 | 4 | | | | 6 | 2 |

## Sudoku 172

| 3 | 1 | 5 | | 4 | 7 | 9 | 6 | 8 |
|---|---|---|---|---|---|---|---|---|
| | 8 | | 5 | 6 | | | 4 | |
| 6 | | | 9 | 8 | 3 | 5 | 1 | 7 |
| 5 | 4 | 8 | | | 9 | 3 | 2 | 6 |
| | | 3 | | | | 7 | 5 | |
| 2 | 7 | | 3 | 5 | 6 | 1 | 8 | 4 |
| | 5 | 1 | 7 | | 4 | 6 | 3 | |
| | 9 | 2 | | 3 | 5 | | 7 | |
| | 3 | | | 1 | | 4 | 9 | |

## Sudoku 173

| 7 | 4 | | | 1 | 3 | | | 2 |
|---|---|---|---|---|---|---|---|---|
| | 6 | 1 | | | | 3 | 4 | 7 |
| 2 | | | | 4 | | 6 | 8 | 1 |
| | | 3 | | | 7 | 5 | 2 | |
| | 7 | 5 | 9 | 2 | 8 | | 3 | 6 |
| 6 | 8 | 2 | 5 | 3 | | 1 | | 9 |
| | 2 | 6 | | 5 | | | 1 | 4 |
| | 5 | 7 | | | 1 | 2 | 6 | 3 |
| | 1 | 4 | 2 | 7 | 6 | 8 | 9 | |

## Sudoku 174

| 4 | | 1 | | 8 | | 6 | 2 | |
|---|---|---|---|---|---|---|---|---|
| 2 | | | 1 | 5 | | | 9 | 3 |
| 8 | 9 | 3 | | | 2 | 5 | 4 | |
| | 3 | 7 | | 6 | | | 5 | 2 |
| 5 | 8 | 4 | 2 | | 9 | | 7 | 6 |
| 1 | 6 | 2 | 7 | 3 | | 4 | 8 | |
| | 4 | 5 | 3 | 2 | 6 | 9 | 1 | 8 |
| | 1 | | 5 | 9 | 7 | 2 | | |
| | 2 | 9 | | | | 6 | | |

## Sudoku 175

| 4 |   |   | 9 | 6 |   | 7 |   |   |
|---|---|---|---|---|---|---|---|---|
| 3 | 9 | 8 |   |   |   |   | 6 | 2 |
| 7 | 1 | 6 |   |   | 8 | 3 |   | 9 |
| 5 | 3 |   | 6 | 2 |   | 8 | 7 | 4 |
| 9 | 8 | 7 | 4 | 3 |   |   |   |   |
|   |   | 2 | 7 |   | 1 | 5 | 9 | 3 |
| 1 | 7 |   | 8 | 5 |   | 9 | 4 |   |
|   | 5 | 4 | 3 | 9 |   | 1 | 8 |   |
| 8 | 6 |   |   | 7 | 4 | 2 |   | 5 |

## Sudoku 176

|   |   | 3 |   |   | 8 |   |   | 9 |
|---|---|---|---|---|---|---|---|---|
| 9 | 7 |   |   | 6 |   |   | 4 | 1 |
| 8 | 6 | 1 |   | 9 | 4 | 5 |   | 3 |
| 1 | 9 |   | 4 | 2 | 3 |   | 8 |   |
|   | 4 | 6 | 8 |   | 7 | 9 | 1 | 2 |
| 2 |   |   | 6 | 1 |   |   | 5 | 4 |
|   | 3 | 8 |   | 4 | 5 |   | 2 | 7 |
| 5 |   | 9 |   | 6 | 2 | 4 | 3 | 8 |
|   | 2 | 4 | 3 |   | 1 |   |   | 5 |

## Sudoku 177

|   | 8 | 6 | 5 | 1 |   | 3 | 9 |   |
|---|---|---|---|---|---|---|---|---|
| 3 |   | 1 | 9 | 8 | 4 | 2 | 6 |   |
| 9 |   | 4 | 7 | 3 | 6 | 5 | 8 | 1 |
|   |   |   | 6 |   | 5 | 7 | 2 | 3 |
|   | 6 |   | 8 |   | 3 |   | 1 |   |
|   | 3 | 2 |   |   |   | 8 | 5 | 6 |
| 6 |   |   |   | 9 |   | 1 |   |   |
| 8 |   |   |   | 5 | 7 | 6 | 4 | 2 |
| 2 | 7 | 5 | 4 |   | 1 |   | 3 | 8 |

## Sudoku 178

|   | 5 |   | 6 | 9 |   |   | 4 | 2 |
|---|---|---|---|---|---|---|---|---|
|   | 2 | 7 |   | 3 | 4 |   | 6 |   |
|   | 9 |   | 5 |   |   | 8 |   | 1 |
| 7 | 6 | 1 |   |   | 2 | 3 | 8 | 5 |
| 3 | 4 | 2 |   | 5 |   |   | 1 | 9 |
|   |   |   | 1 | 6 | 3 | 2 | 7 |   |
| 6 |   |   | 3 | 7 | 5 | 9 | 2 |   |
| 9 | 7 | 8 | 2 | 1 | 6 |   |   |   |
| 2 | 3 | 5 | 4 | 8 | 9 |   | 1 |   |

## Sudoku 179

| 6 |   | 9 | 3 |   |   | 5 |   |   |
|---|---|---|---|---|---|---|---|---|
| 3 | 7 |   |   | 6 | 5 | 2 | 4 | 8 |
|   | 8 | 2 |   |   |   |   |   |   |
| 7 | 3 | 4 | 1 | 8 |   | 9 | 5 | 6 |
|   | 6 | 8 |   | 5 | 9 | 3 | 2 | 4 |
| 9 |   |   |   | 3 | 4 | 7 | 8 | 1 |
| 8 | 9 | 3 | 5 | 4 |   | 1 | 7 | 2 |
|   |   | 7 | 2 | 1 | 3 | 8 | 6 | 9 |
| 2 |   |   |   |   | 7 |   |   |   |

## Sudoku 180

| 7 | 8 | 5 | 9 | 2 |   | 1 | 4 | 3 |
|---|---|---|---|---|---|---|---|---|
|   | 6 | 1 |   |   | 3 |   |   | 2 |
| 3 |   | 2 |   | 1 |   | 6 |   |   |
| 8 | 5 |   |   | 6 |   | 2 | 7 | 9 |
| 9 |   | 7 | 4 | 5 | 8 | 3 | 1 |   |
| 6 | 1 | 3 | 7 | 9 | 2 | 5 | 8 | 4 |
|   | 7 | 6 |   | 3 |   | 4 |   | 8 |
| 2 | 4 |   | 6 | 8 |   | 7 |   |   |
| 1 | 3 | 8 |   |   | 7 |   |   |   |

## Sudoku 181

| 9 | 1 |   | 6 | 8 |   | 3 | 2 | 7 |
|---|---|---|---|---|---|---|---|---|
| 3 | 8 | 4 | 1 | 2 | 7 | 6 |   | 9 |
|   |   | 2 | 5 |   |   | 1 | 8 | 4 |
| 5 | 2 |   |   | 1 |   |   | 7 |   |
| 8 | 4 | 7 | 9 |   |   | 5 | 3 |   |
|   | 9 | 3 | 8 |   | 5 |   | 6 |   |
| 2 | 5 |   |   |   | 8 | 7 | 9 | 6 |
|   | 7 |   |   | 5 |   | 8 | 4 | 3 |
|   | 3 | 8 |   | 9 | 6 |   | 1 |   |

## Sudoku 182

| 7 | 3 | 8 |   | 6 |   |   | 4 | 5 |
|---|---|---|---|---|---|---|---|---|
| 9 | 2 |   | 4 | 8 |   |   | 3 |   |
|   | 4 | 1 |   | 3 | 2 | 8 | 9 | 6 |
| 8 |   |   | 5 |   |   |   | 2 |   |
| 6 |   | 4 | 2 | 9 | 3 | 1 | 8 | 5 |
| 1 |   | 2 | 6 | 4 | 8 |   | 7 |   |
|   |   |   |   |   | 6 | 9 | 4 | 7 |
| 2 | 6 | 9 | 8 | 7 |   |   |   |   |
| 4 | 1 |   | 3 |   | 9 | 2 | 6 | 8 |

## Sudoku 183

| 5 |   | 2 |   | 9 |   |   | 4 |   |
|---|---|---|---|---|---|---|---|---|
| 9 | 7 |   | 2 |   | 6 | 8 |   | 3 |
| 3 |   |   |   | 4 |   |   | 9 | 6 |
| 6 |   | 9 | 3 | 5 | 1 | 7 | 8 | 4 |
|   |   | 7 |   |   |   | 5 |   | 9 |
| 1 |   | 5 | 4 | 7 | 9 | 6 | 3 |   |
| 8 |   |   | 5 |   | 7 |   | 6 | 1 |
| 7 | 4 |   | 9 | 6 | 8 | 3 | 2 | 5 |
|   | 5 | 6 |   | 3 |   | 9 | 7 | 8 |

## Sudoku 184

|   | 3 |   |   | 7 | 2 | 9 | 8 | 4 |
|---|---|---|---|---|---|---|---|---|
|   | 1 | 8 | 6 | 4 |   |   | 2 |   |
| 9 | 4 |   |   | 5 | 3 | 7 |   | 1 |
|   |   | 3 |   | 9 | 5 |   |   | 7 |
| 1 | 8 | 5 | 7 |   | 6 | 4 | 9 |   |
| 4 | 9 | 7 | 2 | 8 |   |   | 5 | 3 |
|   |   | 9 |   | 1 | 7 | 6 | 4 |   |
|   | 7 |   | 9 | 6 | 4 | 2 | 5 | 8 |
| 6 |   | 4 |   | 2 | 8 |   |   |   |

## Sudoku 185

| 1 |   | 5 | 8 | 4 | 3 | 7 | 2 |   |
|---|---|---|---|---|---|---|---|---|
|   |   | 7 |   | 6 |   | 1 |   |   |
|   | 2 | 6 |   | 1 | 5 |   |   | 8 |
| 6 | 3 |   | 4 | 5 | 2 | 9 |   |   |
|   | 4 | 9 | 3 | 8 |   | 6 | 5 | 2 |
| 2 |   | 1 |   | 9 | 7 |   |   | 3 |
| 5 |   |   |   | 3 |   | 8 |   | 9 |
| 9 | 6 | 4 | 5 | 7 | 8 | 2 |   | 1 |
| 8 |   |   | 9 | 2 |   | 5 | 7 | 4 |

## Sudoku 186

| 8 | 4 | 6 | 1 | 3 |   |   | 7 | 2 |
|---|---|---|---|---|---|---|---|---|
|   | 7 | 3 |   | 5 |   |   | 6 |   |
| 5 |   | 2 | 7 |   | 6 |   | 4 |   |
|   |   | 5 | 8 |   | 3 | 2 | 9 | 1 |
|   | 2 |   | 6 | 9 |   | 3 |   | 4 |
| 9 |   | 8 | 2 | 4 |   | 7 |   |   |
| 3 | 8 | 4 | 9 | 2 |   | 6 | 1 | 5 |
| 6 | 5 | 9 |   | 1 |   | 2 |   |   |
| 2 | 1 | 7 | 5 | 6 |   | 9 |   |   |

## Sudoku 187

| | | | | 4 | 1 | 3 | | 7 |
|---|---|---|---|---|---|---|---|---|
| 2 | | 5 | | 7 | | 9 | 6 | |
| 7 | 3 | | 6 | 9 | | 5 | | 8 |
| | 6 | 3 | 2 | | 8 | 7 | | |
| 1 | 5 | | 9 | 3 | 6 | 4 | 8 | 2 |
| | 2 | | 4 | | | | 3 | 6 |
| | 4 | 2 | 1 | 8 | 9 | 6 | 7 | |
| 3 | 8 | 1 | | 6 | 4 | 2 | | 9 |
| 6 | | | | 2 | 5 | 8 | 4 | 1 |

## Sudoku 188

| 5 | 2 | | 6 | | | 8 | 4 | |
|---|---|---|---|---|---|---|---|---|
| 1 | 4 | 6 | 5 | | 9 | 2 | | 7 |
| 7 | 8 | | 3 | 2 | | 6 | 1 | 5 |
| | | | 1 | 9 | 3 | | | 2 |
| 9 | 3 | | 8 | 7 | 2 | 5 | 6 | 1 |
| | 7 | 1 | | 5 | 6 | | | 8 |
| | | 8 | 7 | | | | 2 | 6 |
| 3 | | | | 6 | 8 | 9 | 5 | |
| 6 | | 2 | 9 | 4 | 1 | | 8 | 3 |

## Sudoku 189

| 1 | | 6 | | | 9 | | | 7 |
|---|---|---|---|---|---|---|---|---|
| 8 | | 7 | 6 | 4 | 2 | 9 | 5 | 1 |
| | 5 | | | | 3 | 8 | 6 | 4 |
| | 2 | 9 | 3 | 7 | | | 1 | 8 |
| | 6 | | | 2 | 4 | 5 | | 9 |
| 7 | 1 | | 9 | 8 | | 3 | 4 | 2 |
| | | 3 | 4 | 9 | 7 | 1 | 2 | 6 |
| 6 | 7 | | | | 8 | 4 | | 5 |
| | | 9 | 4 | 5 | 6 | | | |

## Sudoku 190

| 5 | 9 | | 3 | 8 | | | 6 | 1 |
|---|---|---|---|---|---|---|---|---|
| 3 | | 6 | | | 5 | | | |
| | 2 | | | | 9 | | | 3 |
| | 4 | 3 | 7 | | 6 | 1 | 5 | 8 |
| 7 | 1 | 2 | | | 8 | 6 | 4 | 9 |
| | | 5 | 9 | 4 | 1 | | 3 | 2 |
| | 3 | 4 | 8 | 6 | | 9 | 1 | 5 |
| | 5 | | | 9 | 4 | 3 | 7 | 6 |
| 6 | | 9 | 1 | 5 | 3 | | | 4 |

## Sudoku 191

| 9 | 3 | | 5 | 4 | 6 | 8 | 1 | 7 |
|---|---|---|---|---|---|---|---|---|
| | | 7 | 3 | 1 | 8 | | | 9 |
| 1 | | | 2 | 7 | 9 | 4 | 3 | 6 |
| 5 | | | | 2 | 1 | | | 4 |
| | 1 | 9 | 4 | | | 5 | 8 | |
| 4 | 2 | 6 | 8 | | 5 | 1 | 7 | |
| | 6 | 4 | | | 7 | | 2 | 5 |
| 2 | 7 | 1 | | 5 | 4 | 3 | | |
| | | | 6 | 3 | | | 4 | 1 |

## Sudoku 192

| 3 | 6 | 9 | 4 | | 7 | 8 | 1 | 5 |
|---|---|---|---|---|---|---|---|---|
| 4 | 2 | 5 | | 8 | | | 7 | 6 |
| | | 1 | 5 | | | 4 | 2 | |
| | 9 | 2 | 6 | 5 | 3 | 7 | 8 | |
| | 3 | 7 | 8 | | 9 | | | 2 |
| 6 | 4 | 8 | 1 | | 2 | | 5 | |
| 8 | | | 3 | 6 | | | 9 | 7 |
| 9 | 7 | 6 | | | 4 | 5 | 3 | |
| | 5 | | 7 | 9 | | | 4 | |

## Sudoku 193

| | 8 | | 3 | 6 | 7 | | 4 | 5 |
|---|---|---|---|---|---|---|---|---|
| 9 | 5 | 7 | 4 | | 8 | 6 | | |
| | | 3 | | | 5 | 7 | 8 | 1 |
| 4 | 1 | | | | | 3 | 2 | 7 |
| 8 | | | 3 | 9 | 5 | 1 | | 4 |
| 3 | 7 | 5 | | | 2 | 8 | 6 | 9 |
| | | 4 | 8 | 7 | | 1 | 9 | 6 |
| 7 | | | | 2 | 1 | | | 3 |
| 1 | 3 | 6 | 9 | | | 2 | | 8 |

## Sudoku 194

| 6 | 5 | | 8 | 9 | 2 | 3 | 7 | |
|---|---|---|---|---|---|---|---|---|
| | 1 | 2 | | | 7 | 6 | | 4 |
| 7 | 8 | 3 | | | | 9 | 2 | 5 |
| | | 9 | | 3 | 4 | 8 | | |
| 3 | | 5 | 1 | | | 4 | | 7 |
| 4 | 6 | 8 | | 7 | 9 | 5 | 1 | 3 |
| 5 | | 6 | 7 | 1 | 8 | 2 | 4 | |
| 8 | | 1 | | | | | 5 | 6 |
| | 9 | | 4 | 6 | 5 | 1 | | 8 |

## Sudoku 195

| 8 | | | 4 | 5 | 1 | 6 | 3 | 7 |
|---|---|---|---|---|---|---|---|---|
| 5 | | 1 | | | | 4 | | |
| 7 | | 4 | 3 | 8 | | 5 | | |
| 1 | 7 | | | 3 | 4 | 9 | 6 | 2 |
| 2 | 8 | | 7 | | | | 4 | 3 |
| 9 | 4 | 3 | 1 | 6 | 2 | | | 5 |
| | 1 | | | 2 | 3 | 7 | | |
| 4 | | | 9 | 1 | 8 | 3 | | 6 |
| | | 9 | 6 | 4 | 7 | 2 | 1 | 8 |

## Sudoku 196

| | | 7 | 4 | 8 | | 9 | 2 | |
|---|---|---|---|---|---|---|---|---|
| | | | 3 | 9 | | | 6 | 8 |
| 3 | | | 6 | 2 | 1 | 4 | | |
| 2 | 8 | 9 | | 4 | | 6 | | 1 |
| 1 | | 4 | 9 | 7 | | | 5 | 2 |
| | 5 | 6 | 1 | 2 | | 3 | 9 | 4 |
| | 7 | 2 | 8 | 1 | 4 | | | 6 |
| 5 | | 1 | | 3 | | 4 | 8 | |
| 8 | 4 | 3 | 6 | 5 | 7 | | 1 | |

## Sudoku 197

| 5 | | | 9 | | 4 | 2 | 1 | 8 |
|---|---|---|---|---|---|---|---|---|
| 8 | 4 | | 1 | 6 | 7 | | 3 | |
| 1 | | | | 2 | | 6 | | 4 |
| | | 5 | 6 | 1 | 9 | | | 7 |
| | 6 | 3 | | 8 | | 1 | 9 | 2 |
| 9 | | 1 | 2 | 7 | 3 | 4 | 5 | |
| 2 | | | 3 | 9 | 6 | | | 1 |
| 6 | 9 | 7 | 8 | | 1 | 5 | 2 | 3 |
| | | | 7 | | 2 | | 6 | 9 |

## Sudoku 198

| 2 | 8 | | 7 | 1 | | | 6 | |
|---|---|---|---|---|---|---|---|---|
| | 3 | 7 | 6 | 4 | | | 2 | 1 |
| 4 | 6 | 1 | | | | 8 | 7 | |
| | 9 | 8 | 1 | | 4 | | 5 | 2 |
| 1 | 7 | | 3 | 5 | | | 9 | |
| 3 | | | | | 2 | 6 | | 7 |
| | 1 | 3 | 4 | | 9 | 2 | | 5 |
| 9 | 4 | 5 | 2 | | 7 | 1 | | 6 |
| | 2 | 6 | 5 | 3 | 1 | | 4 | 9 |

## Sudoku 199

| 6 | 1 |   |   |   | 2 | 4 |   |   |
|---|---|---|---|---|---|---|---|---|
| 9 | 5 |   | 8 | 3 |   | 1 | 7 |   |
| 3 | 4 |   | 9 | 7 | 1 | 6 |   |   |
|   | 8 | 6 | 7 | 9 | 5 | 4 | 3 | 2 |
| 7 |   |   | 1 | 4 | 3 | 8 |   | 6 |
|   |   | 5 | 2 | 6 | 8 | 9 | 1 | 7 |
|   |   | 3 | 4 | 1 | 9 | 5 |   |   |
|   |   | 4 | 3 | 8 |   |   |   | 1 |
|   | 9 | 1 |   |   |   | 2 | 4 | 3 |

## Sudoku 200

| 2 |   | 9 |   | 1 | 6 | 5 | 4 | 7 |
|---|---|---|---|---|---|---|---|---|
| 5 |   |   | 4 | 2 |   | 9 |   | 1 |
| 1 | 4 | 3 | 9 |   | 5 | 6 |   | 8 |
|   |   | 1 | 6 | 8 | 3 |   |   | 5 |
| 8 |   | 5 |   |   | 9 |   | 6 | 2 |
| 6 | 7 | 4 | 2 | 5 | 1 |   |   | 3 |
| 4 | 1 | 6 | 5 |   |   |   |   |   |
| 3 |   | 2 | 8 |   | 4 |   |   | 6 |
| 7 | 9 |   |   | 6 | 2 | 3 | 5 |   |

## Sudoku 201

| 4 | 3 | 5 | 6 |   |   |   | 7 | 1 |
|---|---|---|---|---|---|---|---|---|
| 2 |   | 1 |   |   | 7 |   | 9 | 4 |
| 8 |   | 7 |   | 1 | 4 |   | 3 |   |
|   |   | 8 |   |   |   |   | 6 | 2 |
| 6 | 1 | 9 |   |   | 2 | 7 |   | 5 |
| 7 | 2 | 4 |   | 6 | 5 |   | 1 |   |
| 9 |   | 3 | 2 | 7 | 6 |   | 5 | 8 |
|   | 7 | 2 |   | 5 | 8 | 6 | 4 | 3 |
| 5 |   | 6 | 1 | 4 | 3 |   |   | 7 |

## Sudoku 202

| 3 |   |   | 1 | 8 | 5 | 9 |   | 4 |
|---|---|---|---|---|---|---|---|---|
| 8 |   | 1 | 9 | 4 | 3 | 2 |   | 5 |
| 9 | 4 | 5 | 6 | 2 |   |   | 1 | 3 |
|   |   |   | 7 | 9 |   | 6 | 3 | 1 |
| 4 |   | 9 |   | 3 | 1 |   | 5 | 2 |
|   |   | 3 | 2 | 5 |   |   | 8 |   |
|   | 9 |   | 5 |   | 2 | 3 | 4 | 8 |
| 1 |   | 2 | 4 |   | 8 |   | 9 | 7 |
| 5 | 8 |   | 3 | 7 |   |   |   |   |

## Sudoku 203

| 8 |   | 2 | 5 | 7 |   | 9 |   | 4 |
|---|---|---|---|---|---|---|---|---|
| 1 | 7 | 6 |   | 2 | 4 |   |   |   |
| 5 |   | 4 |   | 6 | 8 |   | 2 |   |
| 9 | 1 | 3 | 2 | 4 | 5 | 8 |   | 6 |
|   | 6 | 8 | 1 | 9 | 7 | 2 |   |   |
| 7 | 2 | 5 |   | 3 | 6 |   | 1 | 9 |
|   |   | 1 |   | 5 | 2 | 3 |   |   |
| 2 | 5 |   | 6 |   | 3 |   | 4 | 1 |
|   |   | 7 | 4 |   |   | 6 | 5 |   |

## Sudoku 204

| 1 |   | 6 | 8 | 4 | 5 |   | 3 | 2 |
|---|---|---|---|---|---|---|---|---|
| 5 | 2 | 8 |   | 3 | 7 | 4 | 9 | 6 |
| 7 | 4 | 3 |   | 9 |   | 8 | 5 |   |
| 2 |   | 9 |   | 1 |   | 5 |   | 8 |
|   |   | 4 |   | 7 | 9 |   | 1 |   |
|   |   |   | 5 | 8 |   | 9 | 2 | 7 |
|   |   |   | 9 | 2 |   | 1 |   | 4 |
| 9 |   |   | 4 | 6 | 1 |   | 8 | 5 |
| 4 |   | 2 | 7 | 5 | 8 | 3 |   | 9 |

## Sudoku 205

| 1 | 6 | 8 | 7 |   |   | 2 |   | 4 |
|---|---|---|---|---|---|---|---|---|
| 4 | 3 |   | 2 | 6 | 1 |   | 8 | 9 |
|   | 2 | 5 | 8 | 3 | 4 | 7 | 6 |   |
|   | 4 | 2 | 3 |   | 7 |   | 9 |   |
|   |   |   | 4 | 5 |   | 3 |   |   |
| 3 | 7 | 6 | 9 |   |   | 4 | 5 | 8 |
| 2 |   | 9 | 1 | 7 |   | 6 | 4 |   |
|   | 1 | 3 | 5 |   |   | 8 | 7 | 2 |
|   | 5 |   |   |   | 8 | 9 | 1 |   |

## Sudoku 206

|   |   | 5 | 7 | 1 | 4 | 8 | 3 |   |
|---|---|---|---|---|---|---|---|---|
|   | 4 | 7 | 2 | 3 | 6 | 5 | 1 |   |
| 6 | 1 |   |   |   | 9 | 7 |   |   |
|   | 5 | 9 |   | 2 |   | 4 | 8 |   |
| 3 | 2 | 1 | 4 | 8 |   | 9 |   | 7 |
|   | 6 | 8 |   | 9 |   |   | 5 | 2 |
|   | 3 | 6 | 5 | 7 |   | 2 |   | 8 |
| 1 |   | 2 |   | 4 |   | 6 |   | 5 |
| 5 |   | 4 |   | 6 | 2 |   | 7 | 3 |

## Sudoku 207

|   | 4 |   |   | 2 | 5 | 1 | 9 | 6 |
|---|---|---|---|---|---|---|---|---|
|   |   | 1 | 3 |   |   | 4 |   | 5 |
|   | 5 |   |   | 7 | 1 | 8 | 3 | 2 |
| 3 |   |   | 7 | 5 | 9 | 2 | 4 | 1 |
| 9 | 7 | 4 | 1 |   |   |   | 6 |   |
|   | 1 | 2 | 6 |   | 3 | 9 | 8 | 7 |
| 1 | 8 |   | 9 |   | 7 |   |   | 4 |
| 2 | 9 |   |   | 3 | 4 | 7 |   | 8 |
|   |   | 7 | 2 | 1 | 8 | 6 |   |   |

## Sudoku 208

|   | 8 |   | 6 |   | 3 | 2 |   | 5 |
|---|---|---|---|---|---|---|---|---|
|   | 7 | 2 | 1 |   |   | 4 |   | 8 |
| 9 | 5 |   |   | 4 |   |   |   | 7 |
| 8 |   | 7 | 4 |   |   |   |   | 9 |
| 1 | 3 |   | 2 | 8 |   |   |   |   |
| 5 | 4 | 6 | 3 |   | 9 | 7 | 8 |   |
| 2 |   | 8 | 5 | 6 | 4 | 9 | 7 | 3 |
|   | 9 | 5 |   | 2 | 1 | 8 | 4 | 6 |
| 7 |   | 4 | 9 |   | 8 | 5 | 2 | 1 |

## Sudoku 209

| 6 |   | 7 | 9 | 8 |   | 4 | 1 | 2 |
|---|---|---|---|---|---|---|---|---|
| 4 | 1 | 9 | 7 | 2 |   | 5 | 8 |   |
| 5 | 2 |   | 4 |   |   |   | 6 | 9 |
| 2 |   | 6 | 3 |   | 4 |   | 5 |   |
|   | 5 |   | 1 | 7 | 2 | 9 | 3 | 6 |
| 1 | 9 | 3 |   | 5 |   |   | 4 |   |
| 3 | 8 | 1 |   |   | 9 | 6 | 7 |   |
| 7 | 4 |   |   | 6 |   | 3 |   |   |
|   |   | 6 | 5 | 8 |   | 7 | 1 |   |

## Sudoku 210

|   |   |   | 5 |   |   | 2 | 3 | 7 |
|---|---|---|---|---|---|---|---|---|
|   | 3 | 8 | 4 |   | 1 |   | 6 | 5 |
| 7 | 9 | 5 |   |   | 3 | 1 |   | 8 |
|   |   | 3 |   |   |   | 7 | 5 | 1 |
| 8 | 7 | 9 |   |   |   |   | 2 |   |
| 1 |   | 2 | 6 | 4 |   | 3 |   |   |
| 5 |   | 7 | 3 | 1 |   | 8 | 9 | 2 |
| 3 | 2 | 1 | 5 | 9 | 8 | 6 | 7 | 4 |
| 9 |   | 6 |   | 2 |   | 5 | 1 | 3 |

## Sudoku 211

| | | | | | | | | |
|---|---|---|---|---|---|---|---|---|
| 5 | 7 | 1 | 3 |   |   |   | 4 |   |
|   | 4 | 8 |   | 7 |   | 9 | 6 | 5 |
| 6 | 9 | 2 | 5 | 4 | 8 | 3 |   | 7 |
| 2 | 1 |   | 4 |   |   |   |   | 6 |
| 9 | 8 |   | 6 | 1 | 2 |   | 5 |   |
|   | 3 |   | 9 |   |   | 2 | 8 |   |
|   | 2 |   | 8 | 3 | 6 |   | 7 |   |
|   | 5 | 9 |   | 2 | 4 | 6 | 3 | 8 |
|   | 6 |   | 7 | 9 | 5 | 1 |   | 4 |

## Sudoku 212

| | | | | | | | | |
|---|---|---|---|---|---|---|---|---|
|   | 7 | 3 | 1 |   | 4 | 8 | 2 |   |
| 6 | 2 |   |   | 9 | 7 | 4 |   |   |
| 8 | 4 | 1 |   | 2 |   | 9 | 7 | 5 |
| 4 |   | 6 | 9 | 3 |   | 2 |   |   |
| 5 | 9 |   | 7 |   | 2 | 3 | 6 |   |
| 7 | 3 |   |   | 6 | 8 | 1 | 5 |   |
| 2 | 5 |   |   |   | 6 | 7 |   |   |
| 3 | 6 | 4 |   | 7 | 1 | 5 |   |   |
|   | 8 | 7 |   | 4 | 9 | 6 |   | 2 |

## Sudoku 213

| | | | | | | | | |
|---|---|---|---|---|---|---|---|---|
|   |   | 3 | 9 | 7 | 6 |   | 4 | 5 |
|   | 6 |   | 3 | 2 |   | 7 | 8 | 9 |
| 9 |   | 7 | 4 |   | 8 |   | 6 | 3 |
| 6 | 4 | 2 |   |   | 1 | 8 |   | 7 |
| 5 |   | 8 |   | 9 | 4 |   |   |   |
|   |   | 9 | 8 |   | 2 |   | 5 | 4 |
| 7 | 2 |   | 1 | 4 | 9 |   | 3 | 8 |
| 8 | 1 | 4 |   | 5 |   |   | 9 | 7 |
|   |   | 9 |   | 6 |   | 7 | 4 | 2 |

## Sudoku 214

| | | | | | | | | |
|---|---|---|---|---|---|---|---|---|
|   | 2 | 8 |   | 7 | 9 |   | 4 | 6 |
| 1 | 6 |   | 5 | 8 | 4 | 7 | 9 | 2 |
|   |   | 9 |   | 3 | 2 |   | 8 | 1 |
|   |   |   | 2 | 5 | 7 | 6 | 3 | 8 |
| 2 |   |   | 4 |   |   | 9 |   | 5 |
|   | 3 | 5 | 8 | 9 | 1 | 2 |   | 4 |
|   |   | 6 | 3 | 4 | 8 |   |   | 7 |
| 3 |   |   |   |   |   |   | 6 | 9 |
| 8 | 7 | 2 | 9 |   |   | 4 | 5 | 3 |

## Sudoku 215

| | | | | | | | | |
|---|---|---|---|---|---|---|---|---|
| 3 |   |   | 4 | 1 | 7 |   |   |   |
| 1 |   |   |   | 8 | 6 |   | 9 |   |
| 5 | 8 |   | 2 |   |   |   | 6 | 7 |
| 2 | 1 | 6 | 7 |   |   |   |   |   |
| 9 | 3 |   |   | 6 | 5 | 4 |   |   |
| 4 | 7 | 5 |   | 3 | 2 | 6 | 8 | 1 |
| 6 | 9 | 2 | 3 | 7 |   | 8 | 4 |   |
| 7 | 4 | 3 | 8 | 5 | 9 |   | 1 |   |
|   | 5 | 1 | 6 | 2 | 4 | 7 | 3 |   |

## Sudoku 216

| | | | | | | | | |
|---|---|---|---|---|---|---|---|---|
| 6 |   |   |   |   |   | 9 |   | 1 |
|   | 1 | 2 | 8 | 9 |   | 6 | 7 | 3 |
| 9 |   |   |   | 7 | 1 | 5 |   | 8 |
| 2 |   | 1 | 7 | 6 |   |   | 9 | 4 |
| 4 |   | 9 | 5 | 2 | 8 | 7 | 1 | 6 |
|   |   |   | 4 | 1 | 9 |   |   | 2 |
| 1 | 6 | 8 |   | 4 | 7 |   | 3 | 5 |
|   | 2 | 4 |   |   | 6 |   | 8 |   |
| 3 | 9 | 5 | 1 | 8 | 2 | 4 | 6 |   |

## Sudoku 217

| | 7 | 3 | | | | | | 9 |
|---|---|---|---|---|---|---|---|---|
| | 8 | | 7 | 5 | 9 | 3 | 4 | 2 |
| | 2 | | | 1 | | 7 | 6 | |
| 8 | | | | 4 | 9 | 7 | | |
| 1 | 3 | | 2 | 9 | 7 | 5 | 8 | 4 |
| | 4 | 7 | | | 5 | 2 | 3 | 1 |
| 3 | 6 | | 9 | 7 | 1 | | 2 | 5 |
| | 9 | 5 | 3 | 4 | 8 | 6 | | 7 |
| 7 | | | 5 | | 2 | 8 | 9 | |

## Sudoku 218

| 2 | 7 | 1 | 6 | 9 | 4 | 3 | | 5 |
|---|---|---|---|---|---|---|---|---|
| 3 | 9 | | 7 | 8 | 5 | 1 | | |
| 4 | | 5 | | 1 | 3 | | 9 | |
| 5 | | | 4 | 3 | | 8 | | 1 |
| | 3 | | 9 | | 2 | 4 | 6 | 7 |
| 7 | 4 | 2 | 1 | | | | | 3 |
| 9 | | | | 1 | 6 | | | 4 |
| 8 | 1 | 4 | | | 6 | 2 | | |
| | 2 | 7 | | 4 | 9 | 5 | 1 | 8 |

## Sudoku 219

| 1 | 6 | | 5 | | | | 3 | 9 |
|---|---|---|---|---|---|---|---|---|
| 5 | 2 | | 9 | 1 | 3 | | 8 | 6 |
| | 4 | | 8 | | | | 2 | 5 |
| 7 | | | | | | 5 | | 8 |
| 2 | 8 | | 7 | 4 | 5 | 9 | | 3 |
| 4 | 3 | 5 | 6 | | 9 | 2 | 1 | 7 |
| | | 3 | 2 | 9 | | | 7 | |
| | 7 | 2 | 4 | | | | 5 | 1 |
| 8 | 1 | 4 | 3 | 5 | 7 | 6 | | 2 |

## Sudoku 220

| | | 1 | 3 | | 8 | 5 | | 2 |
|---|---|---|---|---|---|---|---|---|
| 3 | | 4 | | | 6 | 8 | 1 | |
| 5 | | 8 | 1 | | 4 | 6 | | 7 |
| 9 | 8 | 6 | 2 | | | 3 | 5 | 1 |
| | | | 5 | 6 | | 9 | 2 | 8 |
| | 3 | 5 | 8 | | | 7 | | |
| 7 | 6 | | 4 | | 1 | | 8 | 5 |
| 4 | 5 | 3 | | 8 | 2 | 1 | | 6 |
| 8 | | 2 | | 7 | 5 | 4 | 9 | |

## Sudoku 221

| | 8 | 7 | | 9 | | | 6 | |
|---|---|---|---|---|---|---|---|---|
| 9 | 5 | | | | 8 | 1 | 7 | 4 |
| 1 | | 6 | | 7 | | 8 | 9 | 2 |
| 3 | 7 | 1 | | 2 | | 5 | | 8 |
| 8 | 6 | 5 | 4 | 1 | 7 | | 2 | |
| 4 | 2 | | 8 | | | 7 | 1 | |
| 6 | 1 | | | | | 4 | 3 | 7 |
| 7 | | 4 | | | | | 5 | 1 |
| 5 | | 2 | 7 | 4 | 1 | 6 | 8 | 9 |

## Sudoku 222

| 6 | | | | 3 | 2 | | 7 | |
|---|---|---|---|---|---|---|---|---|
| 3 | | 7 | | | | | 8 | 6 |
| | 1 | 5 | 6 | | 8 | 3 | 4 | 9 |
| | | 2 | 7 | | 9 | | 1 | 4 |
| | 6 | | 4 | | 3 | 8 | | 7 |
| | 7 | 9 | | 6 | 1 | 5 | | 2 |
| 7 | 5 | | 1 | | 6 | 4 | | |
| 1 | | | 2 | 8 | 7 | 9 | 5 | 3 |
| 9 | 2 | | 3 | 4 | 5 | 7 | 6 | 1 |

## Sudoku 223

| | | | | | | | | |
|---|---|---|---|---|---|---|---|---|
| 5 | 3 | 6 | 8 | 2 |   | 7 |   |   |
| 7 | 4 | 9 | 6 | 5 |   | 2 |   | 1 |
|   |   |   | 9 |   | 7 |   | 6 | 3 |
|   | 5 | 2 |   | 9 |   | 6 |   | 7 |
| 3 | 1 |   | 7 |   |   | 9 |   |   |
| 6 | 9 |   | 2 | 3 | 5 | 4 |   |   |
|   | 8 | 4 |   | 7 | 6 |   |   | 9 |
|   | 7 | 5 | 3 | 8 |   | 1 | 4 | 6 |
| 9 |   | 3 | 4 | 1 |   | 8 | 7 | 5 |

## Sudoku 224

| | | | | | | | | |
|---|---|---|---|---|---|---|---|---|
|   | 8 | 9 | 1 |   | 4 | 6 |   |   |
| 1 | 4 |   | 5 | 9 |   |   |   |   |
|   |   | 6 |   |   |   | 4 |   | 9 |
|   | 3 | 4 | 2 |   |   |   | 8 | 5 |
| 6 | 2 | 8 | 7 | 4 | 5 | 3 | 9 | 1 |
| 5 | 7 |   |   | 8 |   | 2 | 6 | 4 |
|   | 6 | 3 |   |   | 8 | 5 | 7 | 2 |
|   | 1 | 2 | 4 | 5 |   |   | 3 |   |
| 7 | 9 | 5 | 6 | 3 | 2 | 1 |   | 8 |

## Sudoku 225

| | | | | | | | | |
|---|---|---|---|---|---|---|---|---|
| 4 | 3 | 5 |   | 6 | 1 | 7 | 8 | 9 |
|   |   |   |   |   | 4 | 3 |   |   |
| 6 | 9 | 8 |   | 3 |   |   |   |   |
| 9 | 5 | 6 | 4 |   | 8 |   | 3 |   |
|   |   | 1 | 6 | 2 | 3 | 9 | 5 | 8 |
| 2 | 8 | 3 |   |   | 9 |   | 4 |   |
| 8 | 6 |   | 9 |   | 2 |   | 7 | 3 |
| 3 | 1 |   | 7 | 4 |   | 8 | 9 | 6 |
| 5 |   |   | 3 | 8 | 6 | 2 | 1 | 4 |

## Sudoku 226

| | | | | | | | | |
|---|---|---|---|---|---|---|---|---|
| 6 | 1 |   | 2 | 5 |   | 9 |   | 7 |
|   |   |   | 1 |   |   | 8 | 5 | 2 |
| 8 |   | 2 | 7 | 3 | 9 |   |   | 4 |
|   |   | 8 |   | 7 |   | 3 | 1 | 9 |
| 1 | 4 |   |   | 2 | 3 | 5 | 7 |   |
| 3 |   | 5 | 6 | 9 |   | 4 | 2 |   |
|   | 2 | 1 | 5 | 6 |   | 7 | 8 | 3 |
| 4 | 8 | 7 |   | 1 | 2 |   | 9 |   |
| 5 |   | 6 | 9 |   | 7 |   | 4 |   |

## Sudoku 227

| | | | | | | | | |
|---|---|---|---|---|---|---|---|---|
| 3 | 9 |   | 5 | 2 | 8 | 7 | 1 | 4 |
|   |   | 7 | 9 | 1 |   | 2 |   |   |
| 2 |   |   |   | 7 | 3 | 9 |   |   |
| 8 | 7 | 4 | 2 |   | 5 |   | 3 |   |
|   | 2 | 9 |   | 3 | 4 |   | 7 | 5 |
| 6 |   |   |   | 9 |   | 4 | 2 | 8 |
| 7 |   | 2 | 3 | 4 | 9 |   |   | 1 |
| 4 | 5 |   | 6 |   |   | 3 | 9 | 7 |
|   |   | 3 |   | 5 | 1 | 8 | 4 | 2 |

## Sudoku 228

| | | | | | | | | |
|---|---|---|---|---|---|---|---|---|
| 3 | 4 | 7 |   | 1 |   | 6 | 5 |   |
| 8 | 1 |   | 3 | 4 | 5 |   |   |   |
| 5 | 2 | 9 | 6 |   | 8 | 4 | 3 | 1 |
| 6 | 3 | 2 |   |   | 4 |   |   | 5 |
|   |   |   | 2 | 6 |   |   | 9 | 7 |
| 7 | 9 | 8 |   |   |   | 2 | 4 | 6 |
| 9 |   |   |   |   | 2 | 7 | 1 | 3 |
| 2 | 7 | 4 | 1 |   |   | 8 |   | 9 |
| 1 |   | 3 | 9 | 6 | 7 |   | 2 | 4 |

## Sudoku 229

| | 4 | 2 | 6 | 1 | | 3 | | 5 |
|---|---|---|---|---|---|---|---|---|
| 5 | | 9 | | | 3 | 1 | 4 | 6 |
| 3 | 1 | 6 | 4 | | | 7 | 9 | |
| | 5 | | 8 | | 4 | 2 | 7 | 3 |
| | 7 | 4 | | | 2 | | 5 | 9 |
| 6 | | | | | | 4 | 1 | 8 |
| 4 | 9 | 5 | 2 | | 6 | | | |
| 2 | 3 | | 9 | 4 | 1 | 5 | | 7 |
| 1 | 6 | 7 | 3 | | 5 | | 2 | 4 |

## Sudoku 230

| 4 | 8 | | 6 | 2 | 1 | | 3 | 7 |
|---|---|---|---|---|---|---|---|---|
| 9 | | | | 4 | | | | |
| 3 | | 6 | 9 | 5 | 7 | | 4 | 8 |
| | 5 | 3 | 2 | 6 | | | | 4 |
| | 4 | 8 | 3 | 1 | 9 | 5 | 2 | |
| | 9 | 2 | 4 | | | 3 | 8 | |
| 8 | 3 | 4 | | 9 | 6 | | | 5 |
| | 7 | | 5 | 4 | | 8 | 6 | 9 |
| 5 | 6 | | 1 | 8 | | 4 | | 3 |

## Sudoku 231

| 7 | | 6 | 2 | 3 | 1 | 4 | | 8 |
|---|---|---|---|---|---|---|---|---|
| | 4 | 1 | 9 | 6 | 8 | | 3 | |
| 3 | | | 5 | | 7 | | 1 | |
| 9 | 6 | 5 | 1 | | | 7 | | 4 |
| 4 | | 3 | 8 | | | 1 | 6 | 9 |
| | 7 | | | 9 | 4 | | | |
| 2 | 5 | | 4 | 1 | 6 | 8 | | 3 |
| 6 | | | 7 | 8 | 2 | | | 1 |
| 8 | 1 | 4 | | 5 | 9 | 6 | 7 | |

## Sudoku 232

| | 6 | | 1 | | 3 | | 2 | 9 |
|---|---|---|---|---|---|---|---|---|
| 4 | | | 9 | | | | | 7 |
| | 3 | 1 | | 4 | | 5 | 8 | |
| | 8 | 4 | 3 | 6 | 9 | 7 | 5 | 1 |
| 6 | 5 | 9 | 7 | 1 | 8 | | 4 | 3 |
| 1 | 7 | | 4 | 2 | | 9 | | |
| 3 | 9 | | 6 | 7 | | | 1 | 2 |
| | | | | | 1 | 3 | 6 | |
| 8 | 1 | 6 | 5 | 3 | 2 | 9 | 7 | |

## Sudoku 233

| 1 | 7 | | | 8 | | 3 | | 6 |
|---|---|---|---|---|---|---|---|---|
| | 4 | | 5 | | 7 | | 8 | 9 |
| 9 | 5 | 8 | 6 | | 2 | | 4 | 1 |
| | | 6 | 3 | 5 | | | 1 | |
| 8 | | 4 | 9 | 7 | | 5 | 6 | |
| 5 | | 7 | | 2 | | | 3 | 4 |
| | 2 | 9 | 1 | 6 | 8 | 4 | | 5 |
| | 6 | | 2 | 4 | | 1 | 9 | |
| 4 | | 1 | 7 | | 5 | 6 | 2 | 3 |

## Sudoku 234

| | | 8 | 9 | 4 | 6 | 5 | 7 | 3 |
|---|---|---|---|---|---|---|---|---|
| | 7 | 9 | | 5 | | 6 | 8 | 1 |
| 3 | | 6 | | 8 | | 2 | | 9 |
| | 4 | 3 | | 7 | 8 | | | |
| 9 | | 7 | | 3 | | 8 | 1 | |
| 8 | | 5 | | | 9 | 7 | 3 | 4 |
| 7 | 3 | 1 | | | | 4 | 2 | 6 |
| | 9 | 4 | | 2 | 1 | 3 | 5 | 8 |
| | | 2 | | 6 | 4 | 1 | 9 | |

## Sudoku 235

| 5 |   |   |   | 7 | 6 |   | 4 |   |
|---|---|---|---|---|---|---|---|---|
| 7 | 8 |   |   |   |   |   |   |   |
| 1 | 3 |   | 5 | 2 | 8 | 9 |   |   |
| 2 | 7 | 3 |   | 1 | 9 | 6 | 5 | 4 |
| 6 |   | 9 |   |   |   | 8 | 2 |   |
| 4 | 5 | 8 |   | 3 | 2 | 7 |   | 1 |
|   | 4 | 5 | 7 | 6 |   |   | 8 | 2 |
| 3 |   | 1 |   |   | 5 |   | 7 | 9 |
| 8 | 2 | 7 | 9 | 4 | 1 | 5 | 3 | 6 |

## Sudoku 236

| 5 | 2 | 9 | 8 | 3 |   |   | 7 | 6 |
|---|---|---|---|---|---|---|---|---|
| 1 |   | 8 | 9 | 7 | 6 | 3 |   |   |
| 3 | 6 | 7 | 4 |   | 2 | 1 | 9 | 8 |
| 8 |   | 3 |   | 4 | 7 |   |   | 6 |
|   | 2 | 5 | 6 | 3 | 8 |   |   | 9 |
|   | 5 |   |   | 8 |   | 4 |   |   |
|   | 3 | 4 | 6 | 9 | 8 | 2 | 1 |   |
| 9 | 5 |   |   | 2 |   |   | 8 |   |
| 2 | 8 |   | 3 | 1 | 5 |   |   |   |

## Sudoku 237

|   | 7 |   | 2 | 9 | 5 | 8 | 4 | 6 |
|---|---|---|---|---|---|---|---|---|
|   |   | 2 | 3 | 1 |   | 7 | 5 | 9 |
| 9 | 6 | 5 | 7 | 8 | 4 |   | 2 | 1 |
|   |   |   | 9 | 2 | 7 |   | 8 |   |
|   |   | 9 |   |   | 8 | 2 | 6 |   |
| 2 |   |   | 1 |   |   | 5 |   | 3 |
| 3 | 5 |   | 4 | 6 |   | 9 | 7 | 8 |
|   | 2 | 4 | 8 | 1 | 9 |   | 3 | 5 |
| 6 | 9 | 8 |   |   |   | 3 |   | 1 |

## Sudoku 238

| 5 | 7 | 6 | 2 |   |   | 3 | 4 | 8 |
|---|---|---|---|---|---|---|---|---|
|   | 9 | 2 |   | 5 | 3 | 6 | 1 |   |
|   | 1 | 4 | 8 | 7 |   | 2 |   |   |
| 7 |   | 9 | 5 | 8 |   |   | 3 | 6 |
| 4 | 6 | 3 | 7 | 1 |   | 8 | 5 | 2 |
|   | 8 |   | 3 | 6 |   |   |   | 4 |
|   | 5 |   | 6 | 2 |   | 4 | 8 |   |
| 6 | 3 |   | 9 |   |   |   |   | 1 |
|   | 4 | 7 | 1 | 3 | 8 | 5 | 6 |   |

## Sudoku 239

|   |   |   | 1 |   | 9 |   |   |   |
|---|---|---|---|---|---|---|---|---|
| 6 |   | 2 | 5 | 8 |   | 9 | 7 |   |
| 8 |   | 9 | 6 | 2 |   | 3 |   | 5 |
| 1 | 8 | 7 |   | 4 | 6 | 2 | 5 |   |
| 4 | 9 |   | 2 | 3 |   | 7 | 6 |   |
| 3 | 2 |   | 8 |   | 7 | 4 |   |   |
| 2 | 3 | 1 | 7 | 6 |   | 8 | 4 |   |
| 7 |   |   | 4 |   |   | 1 | 3 | 6 |
| 9 | 6 | 4 |   | 1 | 8 |   | 2 | 7 |

## Sudoku 240

|   |   | 5 |   | 2 | 8 | 1 | 7 | 4 |
|---|---|---|---|---|---|---|---|---|
| 1 | 4 |   | 3 | 9 | 5 | 2 | 6 | 8 |
| 8 |   | 2 | 7 | 4 | 1 |   |   | 3 |
| 6 | 1 | 3 | 9 | 5 |   |   |   |   |
| 7 | 8 | 4 |   | 3 |   |   | 9 | 6 |
| 5 |   |   | 8 | 6 | 7 |   |   | 1 |
| 2 |   | 6 | 4 |   |   |   | 1 | 9 |
| 3 | 9 | 1 |   |   |   | 2 |   |   |
|   | 7 |   | 2 | 1 | 9 |   | 3 | 5 |

## Sudoku 241

| 3 | 8 | 2 | 4 |   | 9 | 7 | 6 | 1 |
|---|---|---|---|---|---|---|---|---|
| 5 | 1 | 6 | 3 | 2 | 7 | 9 | 8 | 4 |
| 9 |   | 4 | 1 | 8 | 6 |   |   |   |
| 2 | 3 | 7 | 8 |   |   | 6 |   |   |
|   | 9 |   | 7 | 6 |   |   | 4 |   |
|   | 6 | 5 |   | 1 |   | 8 | 3 | 7 |
| 1 |   |   | 2 |   | 8 |   |   | 6 |
|   | 5 |   | 6 | 3 |   | 1 | 2 |   |
| 6 | 2 | 8 |   | 9 |   | 4 |   | 3 |

## Sudoku 242

| 7 | 1 | 6 | 2 | 4 | 9 | 8 | 5 | 3 |
|---|---|---|---|---|---|---|---|---|
| 5 |   |   |   | 8 |   |   |   | 6 |
| 8 | 3 | 4 | 1 | 6 |   | 9 |   | 7 |
|   |   | 1 | 8 | 3 | 4 | 6 |   |   |
| 4 | 6 |   | 7 | 2 |   |   | 8 | 9 |
|   |   | 7 |   |   | 6 | 4 |   | 1 |
| 6 | 2 | 9 | 4 | 5 | 3 |   | 1 | 8 |
| 3 |   | 8 |   |   |   | 2 |   | 5 |
| 1 |   | 5 | 6 |   |   | 3 | 9 | 4 |

## Sudoku 243

|   |   | 9 | 5 | 8 | 6 | 1 |   |   |
|---|---|---|---|---|---|---|---|---|
| 6 |   |   |   | 1 |   |   |   | 3 |
| 2 | 1 |   | 7 | 4 | 3 | 5 | 6 | 9 |
| 8 | 2 |   | 9 | 5 |   | 3 | 1 |   |
| 1 | 9 | 6 | 4 | 3 | 8 | 7 | 2 |   |
|   | 5 | 3 | 6 |   | 1 | 4 |   | 8 |
| 3 | 8 | 2 |   |   |   |   |   |   |
| 9 | 4 | 7 |   | 6 | 5 | 2 | 3 | 1 |
| 5 |   | 1 | 3 | 7 |   |   |   | 4 |

## Sudoku 244

|   |   | 1 | 2 | 4 | 3 |   | 9 | 5 |
|---|---|---|---|---|---|---|---|---|
| 2 | 4 | 8 |   |   | 9 | 6 | 7 | 3 |
| 9 | 3 | 5 |   | 8 | 6 | 2 |   | 1 |
| 5 |   |   | 6 | 9 | 8 |   | 2 | 4 |
|   |   |   | 1 |   | 2 | 7 | 3 | 6 |
| 6 | 1 |   | 4 | 3 | 7 | 9 | 5 | 8 |
|   | 2 |   |   | 6 | 5 |   |   |   |
|   | 9 | 6 | 8 |   | 4 |   |   | 2 |
|   |   |   | 3 |   | 1 | 4 |   | 9 |

## Sudoku 245

|   |   | 5 | 3 |   | 4 | 9 |   | 7 |
|---|---|---|---|---|---|---|---|---|
|   | 8 |   | 1 | 7 | 9 | 5 |   |   |
|   | 7 | 4 | 2 | 5 | 6 |   | 1 | 3 |
|   |   |   |   |   |   | 7 | 3 |   |
| 8 | 4 |   | 9 |   | 7 | 6 | 5 | 2 |
|   | 2 |   | 5 | 6 | 8 | 4 |   | 1 |
|   | 5 |   | 6 | 1 |   | 2 | 8 | 4 |
|   |   | 2 | 8 | 4 | 5 | 1 | 7 | 9 |
| 4 |   | 8 | 7 | 9 |   | 3 |   | 5 |

## Sudoku 246

| 5 |   |   | 6 | 3 |   |   |   | 7 |
|---|---|---|---|---|---|---|---|---|
| 4 | 2 | 9 | 8 |   |   | 3 | 5 | 6 |
|   |   | 3 | 9 | 4 |   | 8 | 1 | 2 |
| 3 |   | 4 |   |   | 6 | 5 | 8 | 1 |
|   |   |   | 3 |   | 9 | 7 | 6 |   |
|   | 8 | 7 | 1 | 5 | 4 |   | 3 | 9 |
|   | 7 | 1 | 2 | 6 |   | 9 |   |   |
|   | 3 | 5 | 4 | 9 | 1 |   | 7 |   |
| 9 |   | 6 | 5 |   | 8 |   | 2 | 3 |

## Sudoku 247

| | | 3 | 6 | | 8 | | 4 | 9 |
|---|---|---|---|---|---|---|---|---|
| | 9 | 2 | 3 | 5 | | | 1 | 7 |
| 6 | 4 | 5 | | | 1 | 3 | 2 | 8 |
| 5 | 1 | | | 4 | 6 | | | 3 |
| 4 | 6 | 8 | | 7 | 3 | 9 | 5 | |
| 3 | 2 | 9 | | 8 | 1 | 7 | 6 | |
| 7 | 8 | 4 | 1 | | 2 | | | |
| 2 | | | | 9 | | 8 | | 7 |
| 9 | | | 8 | | | 4 | 3 | 2 |

## Sudoku 248

| 3 | | | 4 | | 5 | 7 | 1 | |
|---|---|---|---|---|---|---|---|---|
| | 7 | 6 | 2 | 1 | 3 | | 5 | 8 |
| 5 | 4 | 1 | 8 | 6 | 7 | | 9 | 3 |
| 6 | | 3 | 5 | 8 | 1 | 9 | 4 | |
| | 1 | 9 | | 3 | | 6 | | 5 |
| | 5 | 7 | 9 | | | | 3 | 2 |
| 2 | 9 | 4 | 3 | | | | | |
| | 6 | | | 1 | | 4 | 3 | 9 |
| 1 | | | 6 | 2 | 9 | | | 4 |

## Sudoku 249

| 3 | 8 | 1 | 2 | 9 | 4 | 6 | 5 | 7 |
|---|---|---|---|---|---|---|---|---|
| | 2 | 4 | 5 | | | 3 | | |
| | | 5 | | | 8 | 9 | 2 | 4 |
| | | 1 | 7 | | 5 | 8 | 4 | |
| 6 | | | | | 1 | 5 | 8 | 2 |
| | | 5 | 3 | 6 | | 7 | 9 | 1 |
| 5 | 7 | 8 | 4 | 1 | | 2 | | 6 |
| 1 | 9 | | 6 | | 7 | 8 | 4 | |
| | | 6 | 2 | | | 1 | 7 | 9 |

## Sudoku 250

| 3 | 7 | 4 | | | | 6 | 1 | |
|---|---|---|---|---|---|---|---|---|
| 8 | 1 | | | 7 | 6 | | 3 | 4 |
| | 2 | 6 | 3 | 1 | | 7 | 5 | |
| | 3 | 9 | | 8 | | 1 | 4 | 5 |
| | 4 | | 9 | 5 | | | 7 | |
| | | 1 | 4 | 2 | 3 | 8 | 6 | |
| | 8 | 3 | 1 | 6 | | 5 | 9 | |
| | 9 | 7 | 5 | 3 | 8 | | 2 | |
| 5 | 6 | 2 | | | | 9 | 3 | 8 |

## Sudoku 251

| | 9 | | 1 | 7 | 8 | | 3 | |
|---|---|---|---|---|---|---|---|---|
| 2 | 1 | | | | | 5 | 7 | 6 |
| | 7 | 3 | | 6 | | 1 | | |
| 3 | 8 | | 6 | | | 7 | 2 | 5 |
| | | | 4 | | 7 | 3 | 6 | 9 |
| 7 | 6 | 9 | | 3 | 5 | | 1 | 4 |
| | 2 | | 3 | 5 | 6 | 9 | 4 | 7 |
| 9 | 4 | 5 | | 2 | 1 | 6 | | |
| 6 | | 7 | 8 | 9 | 4 | | 5 | |

## Sudoku 252

| 5 | 8 | 2 | 6 | | | | | 1 |
|---|---|---|---|---|---|---|---|---|
| 7 | 9 | 4 | 1 | 2 | 5 | 3 | 8 | 6 |
| | 1 | 3 | 9 | 4 | 8 | | 5 | 2 |
| 4 | | | 5 | 9 | 6 | | 3 | 8 |
| | 5 | | | 8 | 7 | 4 | 2 | 9 |
| 8 | | 9 | 2 | | 4 | | | |
| | 4 | 6 | 7 | 5 | | 8 | | |
| 3 | | | 8 | 6 | | 5 | 9 | 4 |
| 9 | | | | 3 | | 2 | 6 | |

## Sudoku 253

| 3 | 9 |   | 4 |   | 7 | 1 | 8 | 2 |
|---|---|---|---|---|---|---|---|---|
|   | 8 |   | 3 |   |   |   | 7 |   |
|   | 7 | 4 | 2 | 6 | 8 | 3 | 5 |   |
| 4 |   | 9 | 6 |   | 1 | 7 | 2 |   |
|   |   | 5 |   | 4 |   | 8 |   | 3 |
|   | 1 |   | 7 | 3 | 5 |   | 9 | 6 |
| 6 |   | 1 | 8 | 9 | 3 |   | 4 |   |
| 8 | 4 |   |   | 2 | 6 | 9 | 3 | 1 |
|   | 5 |   | 1 | 7 |   | 2 | 6 |   |

## Sudoku 254

| 3 | 4 |   | 8 | 1 | 9 |   | 6 | 2 |
|---|---|---|---|---|---|---|---|---|
|   |   | 9 |   |   | 2 | 7 |   |   |
|   | 5 | 6 | 7 |   | 4 |   |   |   |
| 6 | 8 | 3 | 1 | 4 |   | 9 |   | 7 |
| 5 | 7 | 2 |   | 9 | 8 | 3 | 1 | 4 |
| 4 |   | 1 |   | 7 | 3 | 6 |   |   |
| 9 | 3 |   | 4 | 2 | 6 | 8 | 7 |   |
| 7 |   |   | 3 | 5 |   |   | 9 |   |
|   |   | 4 | 9 |   | 7 | 2 | 3 | 5 |

## Sudoku 255

| 6 | 1 |   | 2 |   |   | 8 | 5 | 7 |
|---|---|---|---|---|---|---|---|---|
| 4 |   |   | 8 | 1 | 9 | 2 |   | 3 |
|   |   |   | 5 |   |   |   | 9 | 1 |
|   |   | 8 | 1 | 5 | 2 | 9 | 7 |   |
| 1 | 2 | 5 | 9 | 6 |   | 3 | 8 | 4 |
|   |   | 6 |   | 3 |   | 5 | 1 | 2 |
|   |   |   | 7 | 9 | 4 | 6 |   | 8 |
|   | 6 |   |   | 8 | 5 | 1 | 4 |   |
| 8 | 9 | 4 | 6 | 2 | 1 |   | 3 | 5 |

## Sudoku 256

|   | 7 |   | 2 | 6 | 1 | 8 | 5 | 4 |
|---|---|---|---|---|---|---|---|---|
| 5 |   | 8 |   |   | 4 | 9 | 6 | 1 |
|   | 6 | 4 |   | 5 |   | 7 |   | 3 |
| 2 |   | 6 | 1 | 8 |   | 4 |   | 7 |
|   |   | 5 | 4 | 7 | 3 | 2 | 9 | 6 |
| 4 |   |   | 9 | 2 | 6 |   |   | 5 |
| 7 | 5 |   | 6 | 9 |   | 3 | 4 |   |
| 6 |   |   | 3 | 1 |   | 5 | 7 |   |
| 3 | 8 | 9 |   |   |   | 6 | 1 |   |

## Sudoku 257

| 1 |   |   | 6 | 4 |   | 9 |   |   |
|---|---|---|---|---|---|---|---|---|
|   |   | 6 |   | 2 |   | 8 | 1 | 5 |
| 2 |   | 9 | 8 | 5 | 1 |   | 6 | 4 |
| 6 |   | 2 |   | 1 |   | 5 | 3 | 7 |
| 8 |   |   |   | 7 | 6 | 4 |   |   |
| 4 | 5 | 7 |   |   | 3 | 1 | 8 | 6 |
|   | 2 | 8 |   | 3 | 5 | 6 | 4 | 1 |
| 7 |   | 3 |   | 4 |   | 9 | 5 | 8 |
|   | 6 |   | 1 |   |   | 2 | 7 | 3 |

## Sudoku 258

| 4 | 5 | 3 | 9 | 7 | 6 | 2 | 1 |   |
|---|---|---|---|---|---|---|---|---|
| 2 | 1 | 8 | 3 | 5 |   | 6 |   | 7 |
| 7 |   |   |   | 8 | 1 |   | 5 | 4 |
|   | 8 | 4 |   | 9 |   | 1 | 6 | 2 |
|   |   | 5 | 4 |   |   | 9 | 8 |   |
| 9 | 2 | 6 |   |   | 1 | 4 | 7 | 5 |
|   |   | 2 | 6 |   |   | 7 | 3 | 1 |
| 6 | 3 |   |   |   | 5 | 8 | 4 |   |
| 8 |   | 7 |   |   | 9 |   |   | 6 |

## Sudoku 259

| 6 | 1 |   |   |   |   | 2 | 8 |   |
|---|---|---|---|---|---|---|---|---|
| 7 | 8 | 3 | 2 |   |   | 6 | 4 |   |
| 5 | 9 | 2 |   |   |   | 6 | 3 |   |
| 2 | 4 | 5 |   | 7 | 1 |   | 6 | 8 |
| 8 |   |   | 9 | 6 |   | 1 |   | 2 |
| 9 |   | 1 | 8 | 5 | 2 | 3 |   | 4 |
|   | 7 | 8 | 6 |   |   | 5 | 1 | 3 |
|   |   | 9 | 7 |   | 5 |   | 4 | 6 |
|   | 5 | 6 | 1 | 4 |   | 7 |   | 9 |

## Sudoku 260

| 3 |   | 6 |   | 4 |   | 9 | 8 |   |
|---|---|---|---|---|---|---|---|---|
|   | 4 | 1 |   |   | 5 | 6 | 3 |   |
|   |   | 9 | 6 | 3 | 4 |   | 2 |   |
| 9 |   | 2 | 3 | 1 |   | 8 |   | 6 |
| 1 |   | 7 |   | 5 | 4 |   | 2 |   |
|   | 8 |   | 2 | 9 | 6 | 1 | 7 | 4 |
|   | 7 |   | 6 | 3 |   | 2 | 4 | 1 |
| 4 | 3 | 1 | 7 |   |   | 9 | 8 |   |
| 6 |   |   | 4 | 8 | 1 | 7 |   | 5 |

## Sudoku 261

|   |   |   | 8 | 7 |   | 2 | 5 |   |
|---|---|---|---|---|---|---|---|---|
| 4 | 8 | 7 | 5 | 3 | 2 | 1 |   |   |
| 5 |   | 2 | 1 | 6 |   | 4 | 7 |   |
|   |   |   | 2 | 5 | 1 |   | 9 | 7 |
| 2 | 7 | 8 | 4 | 9 | 3 | 6 |   | 5 |
| 9 | 1 |   |   | 8 | 7 | 3 | 2 |   |
| 1 | 5 | 3 |   | 2 | 8 |   | 4 | 6 |
|   | 4 | 6 |   | 1 | 5 |   | 8 |   |
|   |   | 9 |   | 4 |   |   |   | 1 |

## Sudoku 262

| 3 | 7 | 5 | 8 |   | 6 | 1 |   | 4 |
|---|---|---|---|---|---|---|---|---|
| 9 | 8 |   | 2 |   | 3 |   |   |   |
|   |   | 6 | 5 | 1 | 7 | 8 |   |   |
| 5 | 3 |   | 7 |   | 1 | 4 | 9 | 6 |
| 6 |   |   | 3 | 8 |   |   | 1 | 5 |
| 1 | 4 | 7 | 6 | 5 |   | 2 | 8 | 3 |
|   | 1 | 3 | 4 |   |   | 9 |   | 2 |
|   |   | 9 | 1 | 7 | 5 | 3 |   | 8 |
|   |   |   |   | 3 | 2 | 6 |   | 1 |

## Sudoku 263

|   |   | 2 |   |   | 5 |   | 3 | 8 |
|---|---|---|---|---|---|---|---|---|
|   | 9 |   | 4 | 8 | 2 |   | 5 |   |
|   | 8 | 6 |   | 3 | 1 | 4 | 9 | 2 |
| 8 | 2 |   | 9 |   |   | 3 |   |   |
|   | 3 |   |   |   |   |   | 1 | 5 |
| 1 |   | 4 |   | 5 | 3 | 2 | 7 | 9 |
| 2 | 5 | 3 | 1 | 6 | 4 | 9 |   | 7 |
| 9 |   | 1 | 3 |   |   | 5 | 2 | 6 |
| 6 |   | 8 | 5 | 2 | 9 | 1 |   | 3 |

## Sudoku 264

| 4 |   | 5 | 3 |   | 9 | 1 | 2 | 7 |
|---|---|---|---|---|---|---|---|---|
| 7 | 9 |   | 1 | 5 | 4 |   | 8 |   |
| 6 |   | 1 | 7 |   | 2 |   | 4 |   |
|   | 1 |   | 5 | 3 |   | 8 |   | 4 |
| 9 | 6 | 3 |   | 4 | 7 | 2 |   |   |
| 8 |   | 4 |   | 9 | 1 |   |   | 3 |
| 3 |   |   | 4 |   | 8 | 5 |   | 2 |
|   | 4 | 6 | 9 |   |   | 7 | 1 | 8 |
| 1 | 2 |   |   | 7 | 5 | 4 | 3 |   |

## Sudoku 265

| 2 | 9 |   |   |   | 3 | 5 | 4 |   |
|---|---|---|---|---|---|---|---|---|
| 3 |   | 4 |   | 9 | 5 | 8 | 2 |   |
| 1 | 5 | 7 |   |   |   | 9 | 3 | 6 |
| 7 | 3 | 5 | 4 |   |   | 2 | 8 | 9 |
| 4 | 2 | 1 | 8 | 5 | 9 |   | 6 |   |
| 6 | 8 |   |   | 3 | 2 |   | 1 | 5 |
| 5 |   | 3 | 9 |   | 8 |   | 7 | 4 |
| 9 | 7 |   | 3 |   | 6 |   |   | 8 |
|   |   |   | 5 | 1 | 7 |   |   |   |

## Sudoku 266

| 6 |   | 5 |   | 7 | 9 |   | 2 | 1 |
|---|---|---|---|---|---|---|---|---|
| 2 |   | 3 | 6 |   | 1 | 4 |   | 8 |
| 7 | 4 | 1 | 3 | 2 |   |   | 5 |   |
| 9 | 6 | 7 | 5 | 4 |   | 8 |   |   |
| 4 |   | 2 | 1 | 8 | 7 | 9 |   | 5 |
|   |   | 8 |   | 6 | 2 |   |   |   |
|   |   | 4 | 8 |   | 5 | 2 |   |   |
| 5 | 2 | 9 | 7 |   | 6 |   | 8 |   |
| 8 | 1 |   | 2 | 9 |   | 5 | 3 | 7 |

## Sudoku 267

|   | 9 |   | 4 |   |   | 2 | 3 | 6 |
|---|---|---|---|---|---|---|---|---|
| 7 | 2 |   | 1 | 5 | 3 | 4 | 9 | 8 |
| 4 |   | 3 | 6 | 9 |   | 5 | 7 | 1 |
| 3 | 6 |   | 5 |   |   |   | 4 | 9 |
| 2 |   |   |   | 6 | 9 | 7 | 1 | 5 |
|   | 5 | 1 | 8 | 4 |   |   | 6 | 2 |
|   | 3 | 4 |   | 8 | 6 | 1 |   | 7 |
|   | 1 |   |   | 3 |   | 9 |   | 4 |
|   | 7 |   | 2 | 1 |   | 6 |   | 3 |

## Sudoku 268

| 8 | 4 |   | 2 |   | 6 |   | 1 | 3 |
|---|---|---|---|---|---|---|---|---|
| 3 | 2 | 1 |   | 7 | 9 | 5 |   | 6 |
| 9 |   | 6 | 3 | 1 | 8 | 7 | 2 |   |
|   | 7 | 4 | 5 |   | 3 | 1 | 6 |   |
|   | 8 | 3 |   | 9 | 7 |   | 5 |   |
| 5 |   |   | 6 |   |   | 3 |   | 8 |
| 7 | 6 | 8 |   | 3 |   | 2 |   |   |
| 4 |   |   | 7 |   | 1 | 8 |   |   |
| 1 |   | 5 | 8 |   | 4 | 6 | 3 | 7 |

## Sudoku 269

| 8 | 1 | 5 |   | 2 | 6 | 7 |   |   |
|---|---|---|---|---|---|---|---|---|
|   | 6 | 3 | 8 | 9 |   | 4 |   | 2 |
| 9 |   |   | 7 |   |   | 1 | 8 | 6 |
| 4 | 9 |   |   |   | 3 |   |   |   |
|   |   | 6 | 5 |   |   |   | 4 | 7 |
| 1 |   | 7 | 2 | 4 | 9 | 6 | 3 | 8 |
| 5 | 8 | 4 | 9 | 6 |   | 3 | 2 |   |
| 6 |   |   | 1 | 5 | 2 | 8 | 7 | 4 |
| 2 | 7 | 1 | 3 |   |   | 5 |   |   |

## Sudoku 270

| 4 | 1 | 3 | 8 |   | 7 |   | 5 | 9 |
|---|---|---|---|---|---|---|---|---|
| 9 | 8 |   |   | 6 | 4 | 2 | 7 | 3 |
| 6 |   | 7 |   |   |   | 4 |   |   |
| 8 |   |   | 9 |   | 6 | 7 | 3 |   |
|   | 3 |   | 5 | 8 |   | 1 | 9 |   |
| 1 |   | 9 |   | 4 |   | 8 | 6 |   |
|   |   |   | 3 | 1 | 9 | 2 |   | 7 |
| 2 | 9 |   | 6 |   | 5 | 3 | 8 |   |
| 3 | 7 | 1 | 2 | 9 | 8 | 5 | 4 |   |

## Sudoku 271

| | 7 | 3 | 5 | 6 | | 4 | 1 | |
|---|---|---|---|---|---|---|---|---|
| | 4 | | | 3 | 9 | 5 | | |
| 5 | 1 | 9 | 4 | 7 | 2 | 8 | | 3 |
| | 9 | 7 | 8 | | 1 | 3 | 5 | 6 |
| 1 | 2 | | 3 | 9 | 5 | | | 8 |
| 3 | | 5 | 7 | | | | 9 | 2 |
| | | 2 | 6 | | 4 | | 8 | |
| 8 | 6 | | 9 | | 3 | | | 1 |
| | 5 | 1 | | 8 | 7 | 6 | 3 | |

## Sudoku 272

| 3 | 9 | 7 | 6 | 5 | 2 | 1 | 4 | 8 |
|---|---|---|---|---|---|---|---|---|
| 2 | | 1 | 9 | | 8 | | 5 | 3 |
| | | 8 | | 1 | | 9 | 6 | 2 |
| 1 | | | 3 | | 8 | | | 6 |
| 9 | 7 | | | 8 | 5 | 4 | | |
| | 8 | | | 7 | 6 | | 9 | |
| 6 | 1 | 9 | 5 | | 4 | 3 | | 7 |
| | 3 | | 7 | | 1 | 6 | 2 | 4 |
| 7 | | 4 | 8 | 6 | 3 | | 1 | |

## Sudoku 273

| | | 5 | | 4 | | 1 | | |
|---|---|---|---|---|---|---|---|---|
| | | 7 | 5 | | 1 | 9 | 3 | 4 |
| 9 | 1 | 4 | | | | 6 | 5 | 7 |
| | 9 | 1 | 6 | 8 | 2 | 3 | | 5 |
| 3 | | 8 | 4 | 1 | 5 | 2 | | 9 |
| | 6 | 2 | 7 | | | | | 1 |
| 8 | 2 | | | | 3 | | 4 | 6 |
| 7 | 5 | 6 | 2 | 9 | 4 | 8 | 1 | |
| | 4 | 3 | | 7 | 6 | | 9 | 2 |

## Sudoku 274

| | | 2 | | 4 | 6 | 5 | 8 | 7 |
|---|---|---|---|---|---|---|---|---|
| 1 | 5 | 8 | 3 | | 9 | 4 | 6 | |
| | | 4 | 8 | 5 | | 1 | 3 | |
| | 3 | 1 | 7 | 6 | 8 | 9 | | |
| | 6 | 5 | | 2 | 4 | | 7 | |
| | | 7 | | 1 | 3 | | 4 | 6 |
| 7 | | | | 8 | 1 | 6 | 5 | |
| | 1 | 6 | 4 | | | 2 | 9 | |
| 2 | 8 | 3 | 6 | | 5 | | 1 | 4 |

## Sudoku 275

| | | 8 | 9 | 3 | | 4 | 5 | |
|---|---|---|---|---|---|---|---|---|
| 3 | 7 | 6 | | 8 | | | 1 | |
| 5 | | 4 | 1 | | 7 | 3 | | |
| 7 | 2 | 9 | | | 1 | | 3 | 4 |
| 8 | 4 | | | 5 | | | 2 | 6 |
| 6 | 5 | | | | 2 | 8 | 7 | 9 |
| 1 | 3 | | 6 | 9 | | 7 | 8 | 5 |
| 4 | 6 | | 5 | 1 | 8 | 2 | 9 | 3 |
| | | 5 | 2 | | | | 4 | 1 |

## Sudoku 276

| | 1 | | 9 | 2 | | 7 | 8 | 4 |
|---|---|---|---|---|---|---|---|---|
| 9 | | | 4 | 3 | 1 | | | |
| | 5 | 2 | | | | 1 | 3 | 9 |
| 6 | | | | 4 | | 3 | | 2 |
| | | 9 | 5 | 7 | 3 | 6 | 1 | 8 |
| 1 | 3 | 7 | | | 8 | 9 | 4 | 5 |
| 8 | 2 | 4 | 3 | | 7 | | 6 | |
| | 9 | | | 6 | 5 | 4 | 8 | 3 |
| | 6 | 3 | 8 | | | 4 | 9 | 7 |

## Sudoku 277

| | 1 | | 7 | 2 | 9 | 5 | 3 | 6 |
|---|---|---|---|---|---|---|---|---|
| 7 | 9 | 6 | | 5 | 4 | 8 | 2 | 1 |
| 2 | 3 | | 1 | 8 | 6 | | | 4 |
| | 4 | 3 | 5 | 7 | | | 1 | |
| 1 | | 7 | | 9 | | | 5 | |
| | 8 | | | | 1 | | 6 | |
| | | 1 | | | 2 | 7 | 9 | |
| 3 | 7 | 4 | 9 | 1 | 5 | 6 | 8 | 2 |
| 9 | | | 8 | 3 | 7 | | 4 | |

## Sudoku 278

| | 1 | | 4 | 2 | 6 | 5 | | 3 |
|---|---|---|---|---|---|---|---|---|
| 3 | 2 | | | 9 | | | 6 | |
| 8 | | | 7 | 3 | 2 | 4 | 9 | |
| 5 | 8 | | 9 | | 2 | 7 | 1 | 4 |
| | 3 | 9 | 5 | 1 | 4 | | 2 | |
| | 4 | 1 | 6 | | | | 3 | 5 |
| | 9 | 3 | 2 | | 8 | | | 1 |
| 1 | | 2 | 3 | 6 | 9 | | 5 | 8 |
| 6 | 5 | | 7 | 4 | | 3 | | 2 |

## Sudoku 279

| | 6 | 5 | | | 1 | | 9 | |
|---|---|---|---|---|---|---|---|---|
| 9 | | 3 | | 6 | | 1 | 7 | 5 |
| 8 | 7 | 1 | 5 | 4 | | | 3 | 6 |
| | 9 | | 4 | 1 | 6 | | | 3 |
| 4 | 3 | | | 8 | 5 | 6 | 2 | 1 |
| 6 | 1 | 8 | 2 | 7 | 3 | 9 | | 4 |
| 1 | 5 | 4 | 3 | | | 8 | | |
| 7 | 8 | 9 | | | 4 | 3 | | |
| 3 | 2 | | | | | 5 | | 7 |

## Sudoku 280

| 6 | 7 | 3 | 1 | | | 2 | | |
|---|---|---|---|---|---|---|---|---|
| | | 8 | 7 | 3 | 4 | 6 | | 5 |
| 5 | 1 | 4 | 6 | 2 | | 3 | 7 | 8 |
| | 5 | | | 1 | 7 | 6 | 3 | |
| | | 7 | 5 | | 3 | 1 | | |
| | | | 8 | 7 | 2 | 4 | 5 | 9 |
| 7 | 3 | 5 | 4 | | | | 2 | 6 |
| 1 | | 9 | 2 | | 6 | | 3 | |
| 2 | | 6 | | 9 | | 5 | 4 | 1 |

## Sudoku 281

| 7 | 4 | 5 | 2 | 9 | 6 | 8 | 3 | 1 |
|---|---|---|---|---|---|---|---|---|
| 1 | 8 | | 4 | 5 | | 9 | 6 | 2 |
| | | 9 | | | 1 | | | |
| 8 | | 2 | 9 | | | 4 | | 6 |
| | 9 | 6 | | | | | | 8 |
| | 3 | 7 | 6 | 8 | 4 | 2 | 1 | 9 |
| 2 | | | 7 | 1 | 9 | 6 | 8 | 3 |
| | 7 | | 3 | | 8 | | 2 | |
| 3 | | 8 | | 4 | | 1 | 9 | 7 |

## Sudoku 282

| 2 | 9 | 5 | 4 | | 7 | | 1 | 8 |
|---|---|---|---|---|---|---|---|---|
| | 3 | | | 5 | | | | |
| 4 | 6 | | 2 | 3 | | | 7 | 5 |
| 3 | 1 | 2 | | 7 | | | 8 | 6 |
| | 4 | 6 | 3 | 1 | 2 | 7 | 5 | |
| 9 | | 7 | 6 | 8 | | | | 2 |
| | 8 | 9 | 7 | | 1 | | 6 | |
| | 7 | | 5 | | 3 | 8 | 9 | 1 |
| 1 | | 3 | 8 | 9 | | 5 | 4 | 7 |

## Sudoku 283

| 5 | 9 |   | 2 |   |   | 8 | 7 |   |
|---|---|---|---|---|---|---|---|---|
| 6 |   | 8 | 3 |   |   | 5 | 2 |   |
| 3 | 7 | 2 |   |   |   | 6 | 8 |   |
| 9 | 5 |   |   | 8 | 7 | 4 | 2 | 1 |
|   | 6 | 7 |   | 4 | 3 |   | 5 |   |
| 4 | 8 | 1 | 5 | 2 | 9 |   | 7 | 6 |
| 1 | 2 | 5 | 4 |   |   | 8 | 3 |   |
|   |   | 6 | 8 | 5 |   | 1 | 4 |   |
| 8 | 4 | 9 | 7 | 3 | 1 | 5 | 6 |   |

## Sudoku 284

| 1 |   | 6 | 9 |   | 3 | 7 | 5 | 4 |
|---|---|---|---|---|---|---|---|---|
|   | 4 |   |   | 1 |   |   | 2 | 3 |
| 3 |   | 7 |   | 5 | 4 | 9 | 6 | 1 |
|   | 9 |   | 7 | 4 | 6 | 3 |   |   |
| 6 | 4 | 1 |   | 3 | 9 | 2 | 8 |   |
| 7 |   |   | 8 |   | 2 | 6 | 4 |   |
|   |   |   |   |   |   | 4 |   | 2 |
| 4 |   |   | 3 | 6 | 7 | 5 | 9 |   |
|   | 7 | 9 | 4 | 2 | 5 | 1 | 3 | 6 |

## Sudoku 285

| 6 | 2 | 7 | 4 | 5 |   | 9 | 8 | 3 |
|---|---|---|---|---|---|---|---|---|
| 5 | 4 |   | 8 | 6 | 3 | 1 |   |   |
|   | 8 | 1 | 2 |   | 7 |   | 5 |   |
| 2 | 3 | 4 |   | 8 | 6 | 7 |   |   |
| 9 | 1 |   |   |   | 2 | 3 | 6 | 8 |
| 8 | 7 |   |   | 1 | 9 |   |   |   |
| 7 |   |   |   | 2 | 4 | 8 | 9 | 6 |
|   |   |   |   | 7 |   |   |   | 1 |
| 1 | 9 |   | 6 | 3 | 8 | 5 | 4 | 7 |

## Sudoku 286

| 2 | 8 | 7 | 5 | 4 | 6 | 9 |   | 1 |
|---|---|---|---|---|---|---|---|---|
|   | 6 |   | 8 | 7 | 3 |   | 2 | 5 |
|   | 3 |   |   | 9 | 8 |   |   | 7 |
| 3 | 1 | 6 | 7 | 8 |   | 2 |   | 9 |
|   |   |   | 1 | 3 |   | 5 | 7 |   |
|   | 5 | 4 |   | 9 | 2 |   | 1 | 8 |
|   |   | 8 |   | 2 |   | 6 | 5 | 3 |
| 5 | 2 |   |   | 6 | 8 | 7 | 9 |   |
| 6 | 4 |   |   |   | 7 | 1 |   | 2 |

## Sudoku 287

| 2 |   |   | 1 | 8 | 3 |   |   | 7 |
|---|---|---|---|---|---|---|---|---|
| 8 |   |   | 5 | 4 |   |   | 3 | 6 |
|   | 4 | 7 | 6 |   |   | 1 | 5 |   |
|   |   | 6 |   |   |   |   | 8 |   |
|   | 2 | 8 | 9 | 4 | 1 | 5 | 6 | 3 |
| 4 | 1 | 3 | 5 |   | 8 | 7 | 9 |   |
| 5 | 3 | 9 |   | 1 |   | 6 | 7 |   |
| 6 | 8 | 2 |   |   | 5 | 3 | 1 | 9 |
| 1 | 7 | 4 | 3 | 9 | 6 | 8 |   |   |

## Sudoku 288

|   | 9 | 2 |   | 1 | 7 |   | 8 | 3 |
|---|---|---|---|---|---|---|---|---|
| 8 | 1 | 6 | 5 | 9 | 3 |   |   | 4 |
| 7 |   | 4 |   |   |   | 1 | 9 | 5 |
|   | 8 | 3 |   |   | 1 |   |   |   |
|   | 7 |   |   | 3 |   | 8 |   | 6 |
|   |   | 5 | 6 | 7 |   |   | 3 |   |
| 3 | 6 | 8 | 1 |   | 2 | 4 | 7 | 9 |
| 4 | 5 | 1 | 7 | 8 | 9 |   | 6 | 2 |
| 9 | 2 |   | 3 |   | 4 | 5 | 1 | 8 |

## Sudoku 289

| | | | | | | | | |
|---|---|---|---|---|---|---|---|---|
| 6 | 4 |   | 9 | 8 |   | 7 | 2 | 1 |
|   | 1 |   | 3 | 7 | 6 |   |   |   |
| 7 | 5 | 9 | 2 |   |   |   | 3 |   |
|   | 6 |   | 7 | 2 |   | 3 |   | 5 |
|   |   | 4 | 5 | 9 | 3 | 6 |   |   |
| 5 | 3 | 7 | 1 | 6 |   | 2 | 8 | 9 |
|   |   | 5 | 8 |   | 9 | 4 |   | 2 |
| 1 | 9 | 6 | 4 |   | 2 |   |   |   |
| 4 | 8 |   | 6 |   | 7 | 1 | 9 | 3 |

## Sudoku 290

| | | | | | | | | |
|---|---|---|---|---|---|---|---|---|
| 5 |   | 7 | 3 | 9 | 8 | 1 | 4 |   |
|   |   |   |   | 5 | 9 | 6 | 3 |   |
| 2 |   | 9 | 6 |   | 4 | 7 | 8 | 5 |
| 1 |   |   |   | 9 | 3 |   |   | 8 |
|   | 6 | 5 |   | 3 | 4 |   | 1 |   |
|   | 2 | 4 | 1 |   | 7 |   |   | 6 |
| 6 | 4 | 2 | 9 | 5 | 1 |   | 3 | 7 |
| 8 |   | 1 | 7 | 3 | 6 |   | 5 |   |
|   | 5 | 3 |   | 4 | 2 |   |   | 9 |

## Sudoku 291

| | | | | | | | | |
|---|---|---|---|---|---|---|---|---|
| 9 | 5 | 7 |   | 4 | 6 | 3 | 1 | 2 |
| 4 | 2 |   |   |   | 1 |   |   | 8 |
| 8 | 6 | 1 | 5 |   | 3 |   | 7 | 4 |
|   | 9 | 5 | 3 |   |   |   | 4 |   |
|   | 8 | 2 |   | 9 |   | 5 | 3 | 6 |
| 7 | 3 | 4 | 2 | 6 | 5 | 8 |   | 1 |
|   |   | 6 |   | 5 |   | 7 | 8 |   |
|   | 4 | 9 | 6 |   | 7 | 1 | 2 |   |
| 2 |   | 8 | 1 |   | 9 | 4 |   |   |

## Sudoku 292

| | | | | | | | | |
|---|---|---|---|---|---|---|---|---|
| 2 |   | 7 |   | 1 | 8 |   | 6 |   |
| 6 | 8 | 1 | 3 | 5 | 9 |   | 4 | 7 |
| 3 |   | 4 | 7 | 6 |   | 1 | 9 | 8 |
| 8 |   |   | 5 | 9 | 4 |   |   |   |
|   |   | 6 |   | 2 | 7 |   | 5 |   |
|   | 7 | 5 |   | 3 | 6 | 8 | 2 |   |
| 5 |   | 8 |   |   |   | 7 | 3 | 2 |
| 7 |   | 3 | 6 | 8 | 5 | 9 |   | 4 |
| 1 | 4 |   |   | 7 | 3 |   | 8 | 5 |

## Sudoku 293

| | | | | | | | | |
|---|---|---|---|---|---|---|---|---|
| 1 | 5 |   | 6 | 2 | 8 |   | 9 | 7 |
| 8 | 4 | 2 | 7 | 1 | 9 |   |   | 3 |
| 9 | 6 | 7 |   |   |   | 1 | 8 |   |
| 4 |   | 9 |   |   |   |   |   |   |
| 5 |   |   | 9 | 7 | 2 | 6 | 3 |   |
| 2 |   | 6 |   |   |   |   | 5 | 1 |
| 6 | 9 | 1 | 8 | 3 | 4 | 7 | 2 |   |
|   | 2 | 4 | 5 |   |   | 7 | 8 |   |
|   | 8 | 5 | 2 | 6 | 1 |   | 4 | 9 |

## Sudoku 294

| | | | | | | | | |
|---|---|---|---|---|---|---|---|---|
| 2 | 4 |   | 1 |   | 3 | 8 | 5 | 6 |
| 1 | 6 |   | 5 | 2 |   | 7 | 3 |   |
| 5 |   | 9 |   |   | 7 |   | 2 | 1 |
| 7 | 8 | 1 | 9 |   | 2 | 3 | 6 |   |
| 9 |   |   | 6 |   | 5 | 1 | 7 |   |
| 6 | 5 |   |   |   | 1 | 9 | 4 | 2 |
|   | 7 | 6 | 3 | 5 |   | 2 | 1 | 4 |
|   |   |   | 4 | 1 | 6 | 5 | 8 |   |
|   |   | 2 |   |   |   | 6 |   | 3 |

## Sudoku 295

| | | 8 | | 7 | 3 | | 1 | 2 |
|---|---|---|---|---|---|---|---|---|
| 6 | 9 | | 4 | | | 2 | 5 | |
| 2 | | | 1 | 5 | | | 9 | 4 |
| 9 | 8 | 5 | 7 | | | 1 | | |
| | 1 | | | 9 | 5 | 7 | 4 | 8 |
| | 6 | 7 | 8 | 3 | 1 | 9 | 2 | 5 |
| 7 | 5 | 9 | 2 | | | 3 | | |
| | | 4 | | 6 | 7 | 2 | 8 | 9 |
| | | 6 | | 1 | 9 | 4 | 5 | 7 |

## Sudoku 296

| 6 | | 1 | 4 | | 5 | | | |
|---|---|---|---|---|---|---|---|---|
| 8 | | | 6 | 7 | 3 | 1 | 5 | 4 |
| 3 | | 4 | | 1 | 8 | 2 | | |
| 4 | 8 | 2 | 7 | | 6 | | 1 | 3 |
| 1 | 3 | | 8 | 9 | 5 | | | |
| | 6 | 5 | | 3 | 4 | | 8 | |
| 2 | 9 | 3 | 8 | | | 1 | 4 | 7 |
| 7 | 4 | 8 | | | 2 | 6 | 3 | 1 |
| | 1 | | 3 | | 7 | | 2 | 9 |

## Sudoku 297

| 7 | | | 5 | | | 1 | 3 | 6 |
|---|---|---|---|---|---|---|---|---|
| 6 | 4 | | | 9 | 8 | 1 | 2 | 7 |
| | | | 7 | 6 | 2 | 5 | | |
| 9 | | | 8 | | 5 | | 4 | |
| 5 | 1 | 8 | 4 | 2 | 6 | 7 | 9 | |
| 4 | 2 | | 9 | 3 | 7 | | | 5 |
| | 7 | | | 8 | | 9 | 5 | 2 |
| 8 | 6 | 3 | 2 | | | 4 | 7 | |
| 2 | | 9 | 1 | 7 | | 6 | 3 | 8 |

## Sudoku 298

| 9 | 2 | 1 | | 5 | 7 | | | 8 |
|---|---|---|---|---|---|---|---|---|
| | 6 | 5 | 4 | 9 | | | 2 | 1 |
| 8 | | | 2 | | 1 | | | |
| | 5 | 6 | 9 | 8 | 7 | 1 | 3 | 2 |
| 2 | | 8 | 5 | | 3 | | 9 | 4 |
| 3 | 1 | | 6 | 4 | | 5 | 8 | 7 |
| 5 | | 7 | 8 | 2 | | 4 | | |
| | 9 | | 7 | | 4 | | 6 | |
| 6 | 8 | | | | 9 | 2 | 7 | 5 |

## Sudoku 299

| 2 | 3 | 1 | | 6 | | 9 | 7 | 8 |
|---|---|---|---|---|---|---|---|---|
| | 8 | 6 | 9 | | 2 | | 5 | |
| 4 | 5 | 9 | 8 | | 3 | | 1 | 2 |
| 6 | | 7 | 3 | 2 | 9 | 5 | | 1 |
| 5 | 2 | | | | 6 | 7 | 3 | 9 |
| 1 | | 3 | | 8 | 5 | 2 | | 4 |
| | 7 | | 2 | 3 | | | 4 | |
| | | 4 | 6 | 9 | | 3 | | |
| 3 | 6 | | 4 | | | 1 | | 7 |

## Sudoku 300

| 4 | | 1 | 5 | | 9 | 7 | 8 | |
|---|---|---|---|---|---|---|---|---|
| 7 | 3 | 8 | 2 | 4 | | 6 | 9 | 5 |
| 2 | 9 | 5 | 7 | | 8 | 3 | 1 | 4 |
| 8 | | | 1 | | 3 | | | 9 |
| | 1 | 9 | | | 5 | | 7 | |
| 3 | 7 | 4 | | 9 | | 2 | 5 | 1 |
| 1 | | 7 | 6 | | | | 3 | 8 |
| | 2 | | 9 | | | | 4 | 6 |
| 9 | 8 | 6 | | 1 | 4 | | | 7 |

## Sudoku 301

| | | | | | | | | |
|---|---|---|---|---|---|---|---|---|
| 9 | 5 | 7 | 3 | 8 | 2 | 6 |   | 1 |
|   | 3 |   |   | 5 | 7 |   | 8 | 9 |
| 8 | 1 | 2 | 9 | 6 | 4 | 3 |   | 5 |
|   | 4 | 8 | 2 | 1 | 5 | 9 | 6 | 3 |
| 2 |   |   | 4 |   | 6 | 7 | 5 | 8 |
|   |   | 5 |   | 9 | 8 | 1 |   | 4 |
|   | 7 |   |   | 2 |   | 4 | 3 | 6 |
|   |   |   | 5 |   | 9 |   |   |   |
| 1 |   |   |   | 7 |   | 5 | 9 |   |

## Sudoku 302

| | | | | | | | | |
|---|---|---|---|---|---|---|---|---|
| 8 |   | 7 |   |   | 9 |   | 3 | 4 |
|   | 3 | 1 |   |   | 2 | 9 | 6 | 7 |
| 9 |   | 4 | 1 |   | 3 |   |   | 8 |
| 7 | 1 |   |   | 5 |   | 6 | 4 | 9 |
| 2 |   |   |   | 6 | 7 | 3 |   |   |
| 6 |   |   | 3 | 1 |   |   | 5 | 2 |
| 1 |   | 6 |   |   | 5 | 4 | 7 |   |
| 4 | 7 | 2 | 6 | 3 |   |   | 9 |   |
| 3 | 5 | 8 | 7 | 4 | 9 | 2 | 1 | 6 |

## Sudoku 303

| | | | | | | | | |
|---|---|---|---|---|---|---|---|---|
| 7 | 9 | 3 | 2 | 4 |   |   | 1 | 6 |
| 6 |   | 2 | 7 | 5 | 1 |   | 9 | 8 |
| 5 | 8 |   | 3 | 9 | 6 | 2 |   | 4 |
| 2 | 5 | 7 |   |   | 3 | 1 | 4 | 9 |
|   | 3 |   | 5 | 1 |   | 7 |   |   |
|   | 6 | 9 | 4 |   | 2 |   | 5 |   |
|   | 7 | 6 |   | 3 | 5 |   | 2 |   |
| 3 |   |   | 1 | 6 |   |   | 9 | 8 |
|   |   | 8 |   | 2 | 7 | 6 | 3 |   |

## Sudoku 304

| | | | | | | | | |
|---|---|---|---|---|---|---|---|---|
| 3 | 7 | 9 | 5 | 6 |   |   | 1 |   |
| 1 |   | 2 |   |   | 3 | 6 | 8 | 9 |
| 4 | 8 | 6 | 1 |   |   | 7 | 5 |   |
| 2 | 6 | 5 | 9 | 4 |   | 8 |   |   |
|   | 3 | 7 | 2 | 8 |   |   | 4 | 6 |
|   | 1 |   | 6 |   |   | 9 | 7 | 2 |
| 6 | 9 | 1 | 7 | 5 |   | 3 | 2 |   |
| 5 |   | 8 | 3 | 9 |   |   | 6 |   |
|   |   | 3 | 8 | 1 | 6 |   | 9 |   |

## Sudoku 305

| | | | | | | | | |
|---|---|---|---|---|---|---|---|---|
| 4 | 5 | 9 |   | 6 |   |   |   | 7 |
| 1 |   |   | 9 | 4 | 7 | 5 | 2 | 6 |
| 7 | 6 | 2 |   |   |   | 1 | 4 |   | 9 |
|   |   | 6 | 5 | 2 |   | 7 |   | 3 |
| 9 |   | 5 | 1 | 7 | 3 | 6 | 8 | 2 |
| 2 |   |   |   | 8 | 4 |   | 5 |   |
| 3 |   |   | 7 |   | 8 |   |   |   |
| 6 | 7 | 8 | 2 |   | 5 | 3 | 9 |   |
|   | 9 | 1 | 4 | 3 | 6 | 2 | 7 | 8 |

## Sudoku 306

| | | | | | | | | |
|---|---|---|---|---|---|---|---|---|
| 2 |   | 6 | 8 | 5 | 7 | 9 | 1 |   |
|   |   | 4 |   |   | 1 | 8 | 7 |   |
| 1 | 8 | 7 | 9 | 4 | 2 |   | 3 | 6 |
|   |   | 2 |   | 7 | 4 |   | 9 |   |
|   |   |   | 6 |   | 3 | 7 |   | 5 |
|   | 9 | 5 |   | 2 | 8 | 4 | 6 | 3 |
|   |   | 1 | 7 | 8 |   | 3 |   |   |
| 8 | 4 | 3 | 2 | 1 | 9 |   | 5 | 7 |
| 6 | 7 |   |   | 4 | 3 |   | 2 |   |

## Sudoku 307

| 1 |   | 5 |   |   | 3 |   | 6 | 9 |
|---|---|---|---|---|---|---|---|---|
|   | 8 | 4 |   | 7 |   |   | 2 |   |
|   | 2 | 3 | 1 | 6 | 8 |   | 5 |   |
| 2 | 5 | 6 |   | 8 |   |   |   | 3 |
| 8 | 9 |   |   |   | 5 |   |   |   |
|   | 3 | 7 |   | 5 | 1 |   | 9 | 8 |
|   | 6 | 8 | 5 | 1 | 7 | 9 | 4 | 2 |
|   | 4 | 2 | 3 | 9 |   | 1 | 8 | 7 |
| 7 | 1 |   | 8 | 4 |   | 6 | 3 | 5 |

## Sudoku 308

| 3 | 4 |   | 9 | 5 |   |   | 2 | 1 |
|---|---|---|---|---|---|---|---|---|
|   | 5 |   |   |   | 7 | 3 |   | 8 |
| 8 |   | 1 |   |   |   | 7 | 9 | 5 |
|   | 2 | 9 | 6 | 7 |   | 5 | 8 | 3 |
| 6 |   | 8 |   | 2 |   |   | 1 | 4 |
| 5 | 1 |   |   | 9 | 4 |   | 7 | 6 |
|   | 8 | 6 |   | 3 | 9 | 4 | 5 | 7 |
|   |   | 7 | 1 | 5 | 8 | 6 |   |   |
| 7 | 9 | 5 |   | 8 | 6 |   | 3 |   |

## Sudoku 309

|   | 6 |   | 3 | 4 | 1 | 2 | 7 | 9 |
|---|---|---|---|---|---|---|---|---|
| 1 |   | 3 |   | 2 |   | 8 |   | 6 |
| 7 | 2 |   | 8 |   | 6 | 3 | 4 |   |
| 2 | 1 | 8 |   | 9 |   | 7 | 6 |   |
| 3 | 5 | 4 |   |   | 7 | 9 |   | 2 |
|   | 9 | 7 |   | 1 | 2 | 4 | 8 | 3 |
| 4 | 3 | 2 | 1 |   |   | 6 |   |   |
|   | 7 | 1 | 2 | 6 |   | 5 | 3 |   |
| 5 |   |   |   |   | 4 |   | 2 |   |

## Sudoku 310

| 1 |   |   | 2 | 6 | 7 | 8 |   | 3 |
|---|---|---|---|---|---|---|---|---|
| 3 | 7 |   | 8 |   |   | 2 | 4 |   |
|   | 6 | 2 | 3 |   | 5 |   | 9 | 7 |
| 4 |   |   | 1 | 5 | 2 |   |   | 9 |
| 6 |   | 7 | 4 |   | 3 | 5 |   | 1 |
| 5 | 9 |   | 6 | 7 |   | 3 | 2 | 4 |
| 9 | 1 | 3 |   |   | 4 | 6 | 7 |   |
| 2 | 8 |   |   |   | 6 | 9 |   | 5 |
| 7 | 5 | 6 |   |   |   | 4 | 3 | 8 |

## Sudoku 311

|   | 9 | 3 | 7 | 6 |   | 4 | 8 |   |
|---|---|---|---|---|---|---|---|---|
| 6 | 4 |   | 5 |   |   | 3 | 2 |   |
|   |   | 2 | 1 |   | 3 |   |   | 9 |
|   | 6 |   | 2 | 5 | 9 | 1 |   | 4 |
| 4 | 5 | 7 | 6 |   | 1 | 8 |   |   |
| 1 | 2 |   |   | 8 | 7 | 6 |   | 3 |
| 2 | 3 | 5 |   |   |   |   | 4 | 8 |
| 9 |   | 6 | 3 | 7 |   | 2 | 1 | 5 |
|   |   | 1 |   | 2 | 5 | 9 | 3 | 6 |

## Sudoku 312

|   | 2 | 4 |   | 9 | 5 | 3 | 1 | 6 |
|---|---|---|---|---|---|---|---|---|
| 1 | 3 | 7 | 2 |   | 4 |   | 8 |   |
| 6 | 5 | 9 | 3 | 8 |   | 7 |   | 4 |
| 9 | 4 | 1 | 5 | 7 |   |   | 6 | 3 |
|   | 8 | 3 | 9 |   | 6 |   | 5 | 7 |
| 5 | 7 | 6 |   |   |   |   | 9 |   |
| 7 |   |   | 8 | 3 |   |   |   |   |
|   | 6 |   | 1 | 5 | 7 |   | 3 | 9 |
| 3 | 9 |   |   | 4 | 2 |   | 7 |   |

## Sudoku 313

| 2 |   |   | 6 | 9 | 3 |   |   | 1 |
|---|---|---|---|---|---|---|---|---|
| 7 | 5 | 9 | 1 | 2 |   |   | 3 | 8 |
|   |   |   | 8 | 5 | 7 | 9 |   |   |
| 4 |   |   |   | 3 |   | 8 | 1 | 5 |
| 5 | 3 | 1 | 2 | 8 | 6 |   |   | 7 |
| 8 | 9 |   | 5 |   |   |   | 6 | 3 |
| 3 | 6 | 2 | 9 | 7 | 5 |   | 8 |   |
| 1 | 7 | 4 | 3 |   |   | 5 | 2 |   |
|   |   | 5 |   | 1 | 2 | 3 |   | 6 |

## Sudoku 314

| 2 |   | 6 | 7 | 1 | 3 |   | 9 | 5 |
|---|---|---|---|---|---|---|---|---|
| 5 | 7 |   | 4 | 6 | 8 |   |   | 2 |
|   | 8 |   | 9 | 2 | 5 | 4 | 6 | 7 |
| 4 | 9 |   | 2 |   | 1 |   | 8 | 6 |
|   | 3 |   |   |   | 5 | 2 | 1 |   |
|   | 2 |   |   | 5 |   | 3 | 4 | 9 |
|   | 4 |   | 7 | 2 | 9 |   |   | 3 |
| 9 |   | 7 |   | 6 | 2 |   |   | 4 |
| 3 | 1 |   | 5 | 9 |   | 6 | 7 |   |

## Sudoku 315

| 2 | 1 |   |   |   |   | 8 | 4 |   |
|---|---|---|---|---|---|---|---|---|
| 7 |   |   |   | 8 |   |   | 3 | 9 |
| 5 | 3 | 8 | 4 | 2 | 9 |   | 1 |   |
|   | 8 | 6 | 7 | 1 |   | 3 |   | 2 |
| 4 | 7 | 2 |   | 9 | 8 | 1 |   | 5 |
| 3 |   | 1 | 2 |   | 4 | 9 | 7 | 8 |
| 6 | 9 | 5 |   |   | 7 | 4 | 2 | 1 |
| 8 |   | 7 | 1 | 5 | 2 | 6 |   |   |
| 1 |   |   | 9 | 4 |   |   | 5 |   |

## Sudoku 316

| 8 |   | 2 | 7 | 5 | 3 | 9 |   |   |
|---|---|---|---|---|---|---|---|---|
| 5 |   | 4 |   | 1 |   | 6 | 3 | 2 |
| 9 |   | 3 | 6 |   |   | 8 | 5 |   |
|   |   | 7 | 5 | 4 | 8 | 1 | 2 |   |
| 2 | 5 |   | 9 |   | 1 |   | 7 |   |
| 1 |   | 6 | 2 | 3 | 7 |   |   | 9 |
| 6 | 3 | 9 | 4 | 7 | 5 | 2 | 1 | 8 |
| 4 | 8 |   | 1 |   |   |   |   |   |
| 7 | 2 |   | 3 |   | 6 | 4 | 9 |   |

## Sudoku 317

| 3 |   | 5 |   | 7 |   | 8 |   |   |
|---|---|---|---|---|---|---|---|---|
| 2 | 7 | 1 |   | 5 | 8 | 6 |   |   |
| 4 | 8 | 6 |   | 3 |   | 7 | 9 | 5 |
| 8 | 3 | 9 | 5 |   | 7 | 1 |   |   |
|   | 1 |   |   | 2 | 3 |   | 7 | 6 |
| 7 | 6 | 2 |   | 4 |   | 5 |   | 3 |
| 1 | 4 |   | 7 | 8 |   | 2 |   | 9 |
|   | 2 | 8 | 3 |   | 6 | 4 | 5 | 7 |
| 6 |   |   | 4 |   | 2 |   |   | 8 |

## Sudoku 318

| 1 | 4 |   | 3 | 7 | 8 | 9 |   |   |
|---|---|---|---|---|---|---|---|---|
| 6 | 9 | 7 | 4 | 5 |   | 8 |   | 3 |
|   | 5 |   |   |   |   | 1 |   | 4 |
|   | 8 | 4 |   |   |   |   |   | 1 |
| 5 |   | 6 | 1 |   | 9 | 4 | 8 | 2 |
| 2 | 1 |   |   |   | 6 |   |   |   |
| 8 | 6 |   | 7 | 4 | 5 |   | 3 | 9 |
| 4 | 2 | 5 | 8 | 9 | 3 | 7 | 1 |   |
|   | 3 | 9 |   | 1 | 2 | 5 | 4 | 8 |

## Sudoku 319

| 9 | 7 | 2 | 8 | 6 | 3 |   | 1 |   |
|---|---|---|---|---|---|---|---|---|
| 6 |   |   | 2 | 4 |   |   | 9 |   |
|   | 8 | 4 | 9 | 7 | 5 | 3 |   | 2 |
|   | 3 | 1 | 6 |   | 9 | 4 |   |   |
| 7 | 4 |   | 1 | 2 |   | 6 | 5 |   |
| 8 |   |   | 7 | 3 | 4 | 1 |   | 9 |
| 3 | 9 |   | 4 |   | 7 | 2 | 8 |   |
| 4 | 1 |   |   | 8 | 2 | 9 |   |   |
| 5 |   |   |   | 9 | 6 | 7 |   | 1 |

## Sudoku 320

| 3 | 2 |   | 9 | 8 | 6 |   |   | 4 |
|---|---|---|---|---|---|---|---|---|
|   | 1 | 9 |   | 5 |   | 6 |   |   |
|   |   | 4 | 1 | 2 | 3 |   | 8 |   |
| 9 | 3 |   | 8 |   | 7 | 5 | 4 |   |
| 5 | 8 | 6 |   | 4 | 2 |   | 9 | 1 |
| 1 | 4 |   | 5 |   |   |   | 3 |   |
| 4 | 9 |   | 6 |   | 8 | 3 |   | 2 |
| 6 |   |   | 2 | 3 | 5 | 4 | 1 | 9 |
|   | 5 | 3 |   | 9 | 1 |   | 6 | 7 |

## Sudoku 321

|   | 2 |   | 8 |   | 5 | 3 | 4 |   |
|---|---|---|---|---|---|---|---|---|
| 3 | 9 | 4 |   | 1 |   |   | 8 | 7 |
| 8 | 5 | 6 | 4 |   |   | 1 | 9 | 2 |
| 6 |   |   | 9 | 7 |   |   |   | 1 |
| 2 | 4 |   |   | 6 | 1 | 8 | 7 |   |
| 9 |   |   | 2 |   | 4 | 6 | 3 | 5 |
|   | 1 | 9 |   |   | 8 | 2 | 6 | 3 |
| 5 |   | 8 | 3 | 2 | 9 |   | 1 | 4 |
|   |   |   | 1 | 4 | 6 |   | 5 | 8 |

## Sudoku 322

| 4 | 2 |   | 3 | 5 |   | 6 | 8 |   |
|---|---|---|---|---|---|---|---|---|
| 3 | 5 | 8 |   | 7 | 2 |   | 9 |   |
|   | 6 | 1 |   | 9 |   | 5 | 3 |   |
| 5 | 9 |   | 8 | 6 | 4 |   |   |   |
| 8 | 1 |   | 9 |   | 5 | 3 | 4 | 6 |
| 2 | 4 |   |   | 7 | 9 |   |   | 8 |
| 9 | 3 | 4 | 2 |   | 6 | 7 | 1 |   |
|   | 8 |   | 7 |   | 9 |   | 2 |   |
| 1 | 7 |   | 5 | 4 | 3 | 8 |   |   |

## Sudoku 323

|   |   | 8 |   |   |   |   | 4 | 7 |
|---|---|---|---|---|---|---|---|---|
| 5 | 9 | 1 | 8 | 7 | 4 |   | 3 |   |
| 7 | 2 | 4 |   | 3 | 6 | 1 | 8 |   |
| 3 |   |   |   | 4 |   | 9 |   | 8 |
| 4 |   | 7 | 1 |   | 8 | 3 | 6 | 2 |
|   |   | 9 | 3 |   |   |   | 7 | 5 |
| 8 | 4 | 6 | 9 | 5 | 1 | 7 | 2 |   |
| 9 |   | 3 |   | 2 | 7 | 8 | 5 |   |
|   |   |   | 4 | 8 | 3 | 6 | 9 | 1 |

## Sudoku 324

| 4 | 5 |   | 2 | 7 | 1 | 9 | 6 | 3 |
|---|---|---|---|---|---|---|---|---|
| 1 |   | 2 | 9 |   | 4 |   |   | 5 |
| 7 | 3 | 9 |   | 6 | 8 | 1 | 4 | 2 |
|   | 4 |   |   | 1 | 5 | 3 | 9 |   |
| 5 |   |   | 3 |   |   | 6 |   |   |
| 8 | 1 | 3 |   |   |   | 5 |   |   |
| 3 | 7 | 4 | 1 | 2 | 9 | 8 |   |   |
| 6 | 2 | 1 |   | 5 | 3 | 4 | 7 | 9 |
| 9 |   | 5 |   |   |   | 2 |   |   |

## Sudoku 325

| | 6 | | 2 | | 4 | 9 | 8 | 3 |
|---|---|---|---|---|---|---|---|---|
| | 5 | 4 | 9 | 3 | 1 | | 6 | |
| | | | | | | 4 | | |
| 4 | 7 | 5 | 3 | | 8 | 1 | | 6 |
| | 8 | 6 | 5 | | 2 | 3 | 9 | 4 |
| 3 | 2 | 9 | 1 | 4 | 6 | 5 | | |
| | 4 | 2 | 6 | | 5 | 7 | | 1 |
| 6 | 1 | 7 | | | 3 | | 5 | |
| | 3 | 8 | 7 | | 9 | 6 | | 2 |

## Sudoku 326

| | 5 | 6 | 8 | | | | 4 | |
|---|---|---|---|---|---|---|---|---|
| 2 | 9 | | 7 | 6 | 5 | 1 | 8 | 3 |
| | 7 | 1 | 4 | 3 | 2 | | 6 | 9 |
| | | | 6 | 7 | 4 | 8 | | 2 |
| 7 | | 9 | | 2 | | 6 | 5 | 1 |
| 6 | | 8 | 5 | 1 | | | 3 | 4 |
| | 8 | 2 | 9 | | 7 | | 1 | 6 |
| | | | 1 | | 3 | | | 5 |
| 4 | 1 | 3 | 2 | 5 | | | 7 | 8 |

## Sudoku 327

| 1 | 9 | | 4 | 3 | | 8 | | 7 |
|---|---|---|---|---|---|---|---|---|
| 7 | | 6 | 1 | 2 | 9 | 3 | 5 | 4 |
| | | 3 | 6 | 8 | | 2 | 9 | 1 |
| 3 | | | 5 | | 2 | | 7 | |
| 8 | | 5 | 3 | 7 | 6 | 4 | 2 | 9 |
| | 7 | | 9 | 1 | | | | 6 |
| 9 | | | 2 | 6 | | 7 | | |
| 5 | | | | 9 | 4 | | 1 | 2 |
| 6 | | 8 | 7 | | | 9 | 4 | 3 |

## Sudoku 328

| | | 4 | 5 | | | | 1 | |
|---|---|---|---|---|---|---|---|---|
| | 5 | 9 | 6 | 7 | 2 | 8 | 3 | |
| 7 | 8 | 2 | 1 | | | 5 | 6 | 9 |
| 9 | 3 | | 2 | 4 | 1 | 6 | | 8 |
| 5 | 1 | 6 | 9 | 8 | 7 | 3 | | |
| | | | | 5 | | | 9 | |
| | 9 | 1 | | 2 | 5 | 4 | 8 | 3 |
| | | 3 | 4 | 6 | 9 | 1 | | 5 |
| 2 | 4 | 5 | | | | 9 | 7 | 6 |

## Sudoku 329

| 3 | | 8 | 9 | | | | 5 | 7 |
|---|---|---|---|---|---|---|---|---|
| 1 | 4 | | 3 | 7 | 5 | | 9 | |
| 7 | 9 | | 8 | 4 | | 3 | | 1 |
| 2 | | 7 | | | 3 | | 4 | 5 |
| | | 3 | 4 | | 1 | 7 | 2 | 8 |
| 5 | | | 7 | 2 | 8 | 9 | | |
| 6 | 7 | | 5 | | | 2 | 8 | 9 |
| | 3 | | 1 | 6 | | 5 | 7 | |
| | 5 | 9 | 2 | 8 | 7 | 6 | 1 | |

## Sudoku 330

| 9 | 4 | 1 | | | 6 | 7 | 2 | |
|---|---|---|---|---|---|---|---|---|
| | 8 | | 2 | 5 | 4 | | | 1 |
| 5 | 2 | 7 | 9 | 1 | 4 | 3 | | |
| 2 | 9 | 8 | | | | 6 | | 7 |
| | | 6 | | | | | 5 | 3 |
| 3 | 5 | | 2 | 6 | 7 | | 1 | 8 |
| 4 | 6 | 5 | | 7 | | 1 | | 2 |
| | 3 | 2 | | 4 | 1 | 6 | | |
| 8 | | 9 | 6 | 3 | 2 | | 7 | 4 |

## Sudoku 331

| 8 |   | 3 | 7 | 9 |   |   | 5 | 2 |
|---|---|---|---|---|---|---|---|---|
|   | 2 | 5 |   | 4 | 3 | 7 | 9 | 6 |
| 6 | 9 | 7 | 5 |   | 2 | 8 | 3 | 4 |
|   |   | 2 |   |   |   |   |   | 9 |
| 4 |   |   | 1 |   | 7 | 5 |   |   |
|   |   | 1 | 2 | 8 | 9 |   | 6 | 7 |
| 3 |   | 6 |   | 2 | 8 |   | 7 |   |
| 2 | 1 | 4 | 9 | 7 | 5 |   |   | 3 |
|   | 7 |   | 3 | 6 | 1 | 2 | 4 |   |

## Sudoku 332

| 2 | 6 |   |   |   | 3 | 1 | 9 | 4 |
|---|---|---|---|---|---|---|---|---|
| 7 |   |   | 6 |   |   |   | 3 | 5 |
| 8 | 1 | 3 |   | 9 | 5 | 6 |   | 7 |
|   |   | 7 |   |   |   | 4 | 8 | 9 |
|   | 8 |   | 9 | 6 | 7 |   | 5 |   |
|   | 3 | 2 | 5 | 4 | 8 | 7 | 6 | 1 |
| 1 |   |   | 5 | 4 | 9 |   | 7 | 6 |
| 5 | 4 |   | 2 |   |   | 3 | 1 |   |
|   |   | 9 | 8 | 1 | 6 | 5 | 4 |   |

## Sudoku 333

| 8 | 9 |   | 7 | 5 | 4 | 2 |   | 6 |
|---|---|---|---|---|---|---|---|---|
|   |   | 3 |   | 9 | 1 | 8 | 5 | 4 |
|   |   | 2 | 6 | 3 | 8 | 1 | 7 |   |
| 7 |   | 9 |   | 8 |   |   | 2 | 3 |
|   | 4 |   | 1 | 6 | 2 | 9 | 8 |   |
| 2 | 8 | 6 | 3 |   | 9 | 4 |   |   |
|   |   | 4 | 8 |   | 7 |   | 6 | 1 |
| 1 |   | 8 | 5 | 4 |   | 7 |   | 2 |
|   | 2 |   | 9 |   | 6 |   |   | 8 |

## Sudoku 334

|   | 4 | 2 | 1 | 7 |   | 9 | 5 | 6 |
|---|---|---|---|---|---|---|---|---|
| 5 | 9 |   |   | 6 | 8 |   |   | 1 |
| 1 | 7 |   | 9 | 5 |   | 3 | 8 | 2 |
| 2 |   |   | 4 | 9 | 5 | 6 | 1 |   |
| 9 |   | 5 | 8 |   | 6 | 2 |   |   |
| 6 | 1 | 4 |   | 3 |   |   | 9 | 8 |
|   |   | 6 |   | 9 |   |   | 3 | 5 |
| 3 |   | 8 | 5 |   | 7 |   |   | 9 |
| 7 | 5 |   | 3 |   | 1 | 8 | 6 |   |

## Sudoku 335

| 9 | 3 |   | 7 | 8 |   | 2 | 6 | 1 |
|---|---|---|---|---|---|---|---|---|
|   | 7 | 8 | 6 | 2 |   |   | 3 |   |
| 2 |   |   | 9 | 3 | 1 | 8 | 7 |   |
|   |   | 9 | 4 | 6 |   |   | 5 |   |
| 8 | 2 | 6 |   | 1 | 3 | 9 | 4 | 7 |
| 4 | 5 | 3 |   |   |   | 6 |   | 2 |
| 6 |   | 2 |   |   | 7 | 1 |   | 5 |
|   | 4 | 1 | 2 |   | 6 | 7 | 8 |   |
| 3 |   |   |   | 1 |   | 4 | 2 | 6 |

## Sudoku 336

| 3 |   | 8 |   |   | 1 |   | 2 | 7 |
|---|---|---|---|---|---|---|---|---|
| 1 | 9 | 4 | 8 | 7 | 2 | 5 | 6 | 3 |
| 7 |   |   | 6 |   |   |   | 1 | 8 |
| 6 | 4 |   |   | 9 | 5 | 1 |   | 2 |
|   | 7 | 2 | 3 |   |   | 6 |   |   |
| 9 | 8 | 1 |   |   |   |   |   |   |
| 8 | 3 | 6 | 4 | 2 |   | 7 | 5 | 1 |
| 4 |   |   | 5 |   | 7 | 2 | 3 | 6 |
|   | 5 | 7 |   | 6 | 3 | 8 |   | 9 |

## Sudoku 337

| 8 |   |   | 4 |   |   | 7 | 3 |   |
|---|---|---|---|---|---|---|---|---|
|   | 9 | 1 |   |   | 6 | 7 |   | 4 |
| 7 |   |   | 8 | 3 | 1 |   |   | 2 |
| 9 | 2 |   | 6 |   |   | 5 | 1 | 8 |
| 4 |   |   | 1 | 7 |   | 2 | 9 | 6 |
| 1 | 5 | 6 | 2 | 8 | 9 |   | 3 | 7 |
|   | 1 | 4 | 3 | 6 | 2 |   |   | 9 |
|   | 8 | 9 | 7 | 5 |   |   | 2 | 3 |
| 2 |   | 3 | 9 | 1 | 8 |   |   |   |

## Sudoku 338

|   | 7 | 3 | 8 | 2 | 1 |   | 5 |   |
|---|---|---|---|---|---|---|---|---|
| 1 | 8 |   |   | 6 |   | 3 | 2 |   |
| 6 |   | 2 |   | 9 | 3 | 1 | 7 | 8 |
|   | 2 | 8 | 7 | 4 | 6 |   | 1 |   |
| 4 |   | 6 | 1 | 3 |   |   | 8 | 7 |
| 3 |   | 7 | 2 | 8 | 9 |   | 6 | 5 |
|   | 3 | 1 | 9 | 7 |   |   |   |   |
|   | 6 | 4 | 3 | 5 | 2 |   |   |   |
|   |   | 9 | 6 | 1 |   | 7 | 3 | 2 |

## Sudoku 339

|   | 3 |   |   | 6 | 9 |   | 5 |   |
|---|---|---|---|---|---|---|---|---|
| 9 |   | 6 | 3 | 5 |   | 1 |   | 7 |
|   | 1 |   | 8 | 4 | 7 | 3 |   | 9 |
|   | 9 |   |   |   | 8 |   | 3 |   |
| 1 | 2 | 5 | 7 |   | 6 |   | 9 | 8 |
| 3 | 8 | 4 | 2 | 9 | 5 | 6 | 7 | 1 |
| 4 |   | 1 | 5 |   |   |   | 2 | 6 |
| 8 |   |   | 6 |   | 1 | 7 | 4 | 3 |
|   | 6 | 3 | 9 |   | 4 |   | 1 |   |

## Sudoku 340

| 7 | 8 | 1 | 5 | 4 | 3 | 6 | 9 |   |
|---|---|---|---|---|---|---|---|---|
| 2 |   |   |   |   | 5 |   |   |   |
| 3 | 9 |   | 6 | 2 | 1 | 8 |   | 4 |
| 9 | 6 | 4 |   | 3 | 5 | 2 |   | 7 |
| 5 |   | 2 | 9 | 8 | 7 |   | 1 | 6 |
|   |   | 8 | 2 |   | 4 | 3 | 5 |   |
|   |   |   | 3 | 9 |   | 1 |   |   |
| 8 | 1 | 9 |   |   | 6 |   |   | 3 |
| 4 |   | 3 | 7 | 1 | 2 | 9 | 6 |   |

## Sudoku 341

| 4 | 8 | 3 | 7 |   | 5 | 1 |   | 2 |
|---|---|---|---|---|---|---|---|---|
| 5 | 2 |   |   |   | 1 |   | 7 |   |
| 1 | 9 |   | 2 | 6 |   |   | 4 |   |
| 2 | 7 |   | 6 |   |   | 5 | 3 | 1 |
| 9 |   | 1 | 5 | 7 | 2 | 4 |   | 6 |
|   |   |   | 3 | 1 | 8 | 2 | 9 | 7 |
|   | 6 |   | 1 | 3 |   |   | 5 |   |
| 7 | 5 | 9 | 8 | 2 | 6 |   |   |   |
| 3 |   | 4 |   | 5 | 7 |   | 2 | 8 |

## Sudoku 342

| 7 |   |   |   |   | 4 | 6 |   | 9 |
|---|---|---|---|---|---|---|---|---|
| 2 | 4 |   |   | 6 |   | 5 | 3 | 1 |
|   | 6 |   | 8 | 5 |   | 7 | 4 |   |
|   | 3 | 5 | 2 | 7 | 1 | 8 |   |   |
|   | 7 | 6 |   | 8 | 5 |   |   | 3 |
|   | 2 | 1 | 3 | 9 | 6 | 4 |   | 5 |
| 5 |   | 2 |   | 4 | 8 | 3 | 6 | 7 |
| 6 |   | 4 | 5 | 3 |   | 2 |   |   |
| 3 | 8 |   | 6 | 1 |   | 9 |   | 4 |

## Sudoku 343

| | | | | | | | | |
|---|---|---|---|---|---|---|---|---|
| | 1 | 7 | 4 | 3 | | | 5 | 2 |
| 4 | 6 | 2 | 8 | | | | | 1 |
| 5 | 8 | 3 | 1 | | 2 | 4 | | 9 |
| 7 | 9 | | | | 4 | 6 | | |
| 6 | | | 5 | 9 | 3 | 1 | 2 | 7 |
| 2 | 3 | 5 | | | 1 | 9 | 8 | 4 |
| | | | 9 | | 7 | | 1 | |
| | | 4 | 6 | 2 | 8 | 7 | 9 | |
| 8 | 7 | | | | 5 | 2 | 4 | 6 |

## Sudoku 344

| | | | | | | | | |
|---|---|---|---|---|---|---|---|---|
| 7 | 1 | 2 | 4 | 6 | 5 | | 9 | |
| 5 | | 3 | | | 1 | 7 | 6 | 4 |
| 4 | 9 | 6 | | | | 2 | 1 | 5 |
| 1 | 4 | 5 | 6 | 7 | 9 | 8 | | 3 |
| | 3 | | 1 | 5 | 4 | 6 | | |
| | 6 | 7 | 2 | 3 | | 4 | 5 | |
| | | 1 | 5 | 4 | | 9 | | 6 |
| | | | 7 | 9 | | | 8 | |
| 3 | | 9 | 8 | 1 | | | 4 | 7 |

## Sudoku 345

| | | | | | | | | |
|---|---|---|---|---|---|---|---|---|
| | 7 | | | | 6 | 1 | 4 | |
| 6 | 4 | 2 | 8 | 1 | | 3 | 7 | 5 |
| | 8 | 5 | 3 | | | 2 | | |
| | 1 | 7 | 6 | | | 9 | 5 | |
| 5 | | 8 | 7 | 9 | | 4 | 6 | 1 |
| | 9 | 6 | 4 | 5 | | | 8 | 3 |
| 8 | | 1 | 9 | 3 | 4 | 6 | 2 | 7 |
| 3 | | 9 | 2 | 7 | | 8 | 1 | |
| 7 | | 4 | 1 | | | | 3 | |

## Sudoku 346

| | | | | | | | | |
|---|---|---|---|---|---|---|---|---|
| 3 | | 1 | 9 | 7 | 5 | 6 | 8 | |
| 6 | 5 | | 2 | 3 | 8 | 4 | 9 | 1 |
| | 9 | 2 | 4 | 6 | | | 5 | 7 |
| | 6 | 3 | | | 4 | 1 | | 8 |
| 7 | | | | | 9 | 3 | 4 | |
| | 1 | 9 | 7 | | 3 | | 2 | |
| 5 | | 8 | 6 | 4 | 9 | 7 | 1 | |
| | 3 | 6 | 8 | | 7 | | 4 | 9 |
| 9 | | | | 1 | 2 | | | |

## Sudoku 347

| | | | | | | | | |
|---|---|---|---|---|---|---|---|---|
| | | 2 | 4 | 6 | 7 | | | 8 |
| 8 | | 4 | | 5 | | | | 7 |
| 1 | 7 | | | 2 | 3 | 9 | 4 | 5 |
| 6 | 1 | 3 | | 8 | 4 | 5 | 9 | |
| 4 | 2 | | | | | | | |
| 9 | 8 | | 2 | | 6 | 4 | 7 | 1 |
| | | 1 | 6 | 4 | 2 | 7 | | 9 |
| 2 | | 9 | 5 | 7 | 8 | 3 | | |
| 7 | 6 | 8 | 3 | 1 | | | 5 | 4 |

## Sudoku 348

| | | | | | | | | |
|---|---|---|---|---|---|---|---|---|
| | 3 | | 1 | 9 | | 2 | 7 | 6 |
| | 2 | | | 3 | 4 | 1 | 9 | |
| 7 | | | | | | | 4 | |
| 2 | 8 | | 9 | 1 | 7 | 6 | 5 | 4 |
| 6 | 4 | 7 | | | 3 | | 1 | |
| | 9 | 5 | | 6 | 2 | 8 | | |
| 3 | 5 | 2 | | 7 | 1 | 4 | | 9 |
| 8 | | 1 | 5 | | | 7 | 2 | 3 |
| 9 | 7 | 4 | | | 8 | 5 | 6 | 1 |

## Sudoku 349

| | | | | | | | | |
|---|---|---|---|---|---|---|---|---|
| | 1 | 4 | | 2 | 6 | 5 | | |
| 3 | | 6 | 1 | | 5 | 9 | 2 | |
| | 5 | 2 | 4 | | 9 | | 8 | |
| 5 | 7 | 8 | 6 | | 2 | | | 9 |
| 1 | 2 | | | | 8 | | | |
| | | 9 | 3 | 1 | 7 | | 5 | 2 |
| 8 | 9 | 5 | 7 | 6 | 4 | | 3 | 1 |
| 2 | 4 | | | 5 | 3 | 7 | | 8 |
| 6 | 3 | 7 | 2 | 8 | | | | 5 |

## Sudoku 350

| | | | | | | | | |
|---|---|---|---|---|---|---|---|---|
| 9 | | 8 | 5 | | | 6 | 1 | 2 |
| 4 | | | 6 | 3 | 8 | | 7 | |
| | 7 | 5 | 1 | 9 | 2 | | 4 | |
| | 2 | 7 | | 6 | 9 | 4 | 5 | 1 |
| 1 | | 3 | 2 | | 5 | 9 | | |
| | | 9 | 4 | | 1 | 2 | 3 | |
| | 8 | | 9 | | | | 6 | 5 |
| | 5 | 4 | | 1 | 6 | 8 | | 3 |
| 7 | 9 | 6 | | 5 | 3 | 1 | | 4 |

## Sudoku 351

| | | | | | | | | |
|---|---|---|---|---|---|---|---|---|
| 2 | 8 | 9 | 1 | 7 | 6 | | | |
| | 1 | 3 | | | 4 | 9 | 7 | |
| 4 | 5 | 7 | | 2 | | | 1 | 6 |
| 9 | | 5 | | | 3 | 1 | 2 | 8 |
| | 4 | | | 9 | | | 6 | |
| 7 | 2 | | | | 5 | 3 | 4 | 9 |
| 8 | 9 | | 4 | 1 | | 2 | | 3 |
| 5 | 7 | | 6 | 3 | 8 | 4 | | |
| 1 | 3 | 4 | | 5 | | 6 | 8 | 7 |

## Sudoku 352

| | | | | | | | | |
|---|---|---|---|---|---|---|---|---|
| | | 7 | 2 | 4 | 5 | 1 | | 8 |
| 2 | 6 | 1 | 3 | 9 | 8 | 4 | | |
| 5 | 8 | 4 | 1 | 7 | 6 | | 2 | 3 |
| 9 | 4 | | | 8 | 2 | | 3 | 1 |
| 8 | | 6 | | | | | 5 | |
| 7 | 2 | 3 | 5 | | 4 | | 9 | |
| | 3 | | 9 | 5 | | 6 | 4 | 2 |
| | | 9 | | 2 | | | 3 | 8 |
| | | 2 | 8 | | | 5 | 1 | 9 |

## Sudoku 353

| | | | | | | | | |
|---|---|---|---|---|---|---|---|---|
| 4 | 5 | 7 | | 9 | 3 | 1 | 6 | |
| | 9 | | 1 | 7 | 6 | 5 | 4 | 2 |
| | | | 4 | | 8 | | 3 | 7 |
| | 4 | 5 | 8 | 6 | 9 | | | |
| | | | 3 | 4 | | 7 | | 5 |
| 2 | 8 | 3 | | 1 | 7 | 4 | | 6 |
| 9 | 1 | 2 | | 8 | 5 | | 7 | |
| | 7 | | | 3 | | 8 | 2 | 1 |
| | 3 | 4 | | 2 | 1 | | 5 | 9 |

## Sudoku 354

| | | | | | | | | |
|---|---|---|---|---|---|---|---|---|
| 1 | 2 | 9 | 5 | | 8 | | | |
| 8 | | 6 | 9 | 7 | 3 | | 5 | |
| 3 | 7 | | 2 | | 4 | 6 | 9 | |
| | 8 | 2 | | 4 | 9 | 3 | 6 | |
| | 1 | 4 | | | 7 | | 8 | |
| 6 | 3 | 7 | 8 | 5 | 2 | | 4 | |
| | 9 | | 3 | 2 | | | 1 | |
| 2 | 6 | 1 | | 8 | 5 | 7 | | |
| | 3 | 7 | 9 | 1 | 8 | 2 | 6 | |

## Sudoku 355

| 1 | 8 |   | 7 | 4 | 5 | 3 |   | 2 |
|---|---|---|---|---|---|---|---|---|
| 2 |   | 3 |   | 8 |   |   |   | 5 |
|   |   | 6 | 1 |   | 2 | 9 | 8 | 7 |
|   | 2 |   | 4 | 6 |   |   | 9 |   |
|   |   |   | 2 | 1 |   |   | 4 |   |
| 4 | 6 | 1 |   | 9 | 8 | 2 | 7 | 3 |
| 7 |   |   | 6 | 5 |   | 1 | 2 | 9 |
| 9 | 5 |   |   | 2 | 1 | 7 | 3 |   |
| 6 | 1 | 2 | 3 | 7 |   |   | 5 | 4 |

## Sudoku 356

| 8 |   | 9 |   | 4 |   | 5 | 6 | 1 |
|---|---|---|---|---|---|---|---|---|
|   | 3 | 6 | 9 |   | 5 | 2 | 7 | 4 |
|   |   | 4 | 1 | 7 |   | 3 | 8 | 9 |
| 6 | 4 | 8 |   |   | 7 | 9 |   |   |
|   | 9 | 3 | 5 |   |   | 1 | 4 |   |
| 7 | 1 |   |   |   |   | 8 | 2 | 6 |
| 9 | 6 | 2 | 8 |   | 4 | 7 |   |   |
| 3 | 8 | 7 |   |   |   | 4 | 5 | 2 |
| 4 | 5 | 1 |   |   | 3 | 6 |   | 8 |

## Sudoku 357

| 7 |   | 9 | 1 | 5 |   |   |   |   |
|---|---|---|---|---|---|---|---|---|
|   | 2 |   | 9 |   | 3 | 6 | 4 | 1 |
| 4 | 3 |   |   | 2 |   |   |   | 9 |
| 8 | 5 |   |   | 3 |   |   | 9 | 2 |
| 3 |   | 2 | 4 | 8 |   | 5 | 1 |   |
| 6 |   |   | 2 | 9 |   | 3 | 7 | 8 |
| 2 | 7 | 3 |   |   |   | 1 | 8 |   |
| 1 | 8 | 6 | 7 | 4 | 2 | 9 | 3 | 5 |
| 9 | 4 | 5 | 3 | 1 | 8 |   |   |   |

## Sudoku 358

| | | 4 | 9 | | | | 7 | |
|---|---|---|---|---|---|---|---|---|
| 5 | 9 | 6 |   |   | 3 | 1 | 4 | 8 |
| 1 | 8 |   |   | 6 | 3 | 9 | 2 |   |
| 3 |   | 5 |   | 4 | 8 | 9 | 2 | 1 |
| 8 | 2 | 9 |   | 3 | 7 | 4 |   |   |
|   | 6 | 1 | 5 | 9 | 2 | 8 |   | 7 |
|   |   | 2 | 3 | 1 |   |   | 8 |   |
|   |   | 3 | 8 | 6 | 4 | 2 |   | 9 |
|   | 4 |   | 2 |   | 5 | 6 |   | 3 |

## Sudoku 359

| 9 | 8 | 3 |   |   |   | 1 | 4 | 5 |
|---|---|---|---|---|---|---|---|---|
| 6 | 2 | 5 |   |   | 3 |   | 7 |   |
| 7 | 1 | 4 |   | 5 | 8 | 6 |   | 3 |
| 4 |   |   | 8 |   | 2 |   | 6 | 1 |
| 2 | 9 | 1 | 3 | 6 |   | 7 | 8 |   |
| 5 | 6 | 8 |   | 7 | 1 |   |   | 9 |
|   | 7 | 2 | 5 | 3 |   |   | 1 | 6 |
|   |   | 9 | 6 |   | 7 |   |   |   |
|   |   | 6 | 2 | 1 | 4 |   | 9 | 7 |

## Sudoku 360

|   | 5 | 6 |   | 9 | 1 |   |   |   |
|---|---|---|---|---|---|---|---|---|
| 1 | 4 | 7 | 5 | 8 |   | 9 |   |   |
| 3 |   |   | 7 |   | 6 | 8 | 1 |   |
| 6 | 3 | 9 |   |   |   |   | 7 |   |
| 4 | 2 |   |   | 5 | 7 | 3 | 6 | 1 |
| 7 |   | 5 | 8 |   | 3 | 2 | 4 | 9 |
| 2 | 8 | 1 |   | 7 |   | 4 | 5 | 3 |
| 9 |   | 3 |   |   |   |   | 8 | 2 |
| 5 | 6 | 4 |   | 3 | 8 | 1 | 9 |   |

## Sudoku 361

| | | | | | | | | |
|---|---|---|---|---|---|---|---|---|
| 5 | 6 | 2 | 4 | 9 | 7 | 1 | 3 | 8 |
| 8 |   | 4 | 2 |   | 1 | 7 | 5 |   |
| 1 |   |   |   | 6 | 5 | 4 | 9 |   |
| 9 |   | 6 |   | 5 | 3 | 2 | 4 | 1 |
| 3 | 2 | 1 | 9 |   | 8 | 5 |   |   |
| 7 | 4 | 5 | 1 |   |   |   | 8 | 9 |
| 2 | 5 |   | 3 |   |   | 6 |   | 4 |
|   |   |   |   | 1 |   | 9 |   | 5 |
| 6 | 1 | 9 | 5 |   |   | 8 |   |   |

## Sudoku 362

| | | | | | | | | |
|---|---|---|---|---|---|---|---|---|
| 4 | 6 | 7 | 5 | 8 | 3 |   | 9 | 2 |
| 2 | 1 | 3 |   |   | 9 |   | 7 | 8 |
|   | 9 | 5 | 2 | 1 | 7 |   | 6 |   |
| 3 | 4 |   |   | 7 | 5 | 9 | 2 |   |
| 1 |   | 2 | 9 | 3 | 6 |   | 5 |   |
|   | 5 |   |   |   | 2 | 3 |   |   |
|   | 7 |   |   | 2 | 8 | 6 |   |   |
| 9 |   |   | 6 | 5 |   | 2 | 1 | 7 |
| 6 | 2 | 4 | 7 |   |   | 1 | 8 |   |

## Sudoku 363

| | | | | | | | | |
|---|---|---|---|---|---|---|---|---|
| 7 | 3 | 4 |   |   | 5 | 2 | 6 | 8 |
| 6 |   |   |   |   |   | 7 | 1 |   |
| 9 | 1 |   | 2 | 7 | 6 |   | 4 | 3 |
|   |   |   | 8 |   |   | 3 | 5 | 4 |
| 3 |   | 5 | 4 | 1 | 7 | 8 | 9 | 2 |
| 8 |   |   |   | 3 |   | 6 |   |   |
|   | 8 | 1 | 9 |   |   | 4 | 2 |   |
| 4 | 7 | 6 |   | 2 | 1 |   | 3 | 5 |
| 2 |   | 3 | 7 |   | 4 | 1 | 8 | 6 |

## Sudoku 364

| | | | | | | | | |
|---|---|---|---|---|---|---|---|---|
| 7 | 5 |   |   | 1 | 6 |   | 8 |   |
| 8 | 1 | 4 | 9 |   | 3 |   | 5 | 6 |
| 2 | 3 | 6 | 5 | 7 | 8 | 1 | 9 | 4 |
|   |   | 7 |   |   | 5 | 9 |   | 2 |
|   | 9 | 5 | 2 | 6 |   | 8 | 4 | 1 |
| 6 | 2 | 1 |   | 4 | 9 |   |   |   |
| 1 | 6 | 2 | 7 | 8 |   | 5 | 3 |   |
| 5 | 7 | 3 |   |   |   | 4 |   |   |
| 9 | 4 |   |   |   |   | 6 | 2 |   |

## Sudoku 365

| | | | | | | | | |
|---|---|---|---|---|---|---|---|---|
| 8 | 2 | 4 |   |   | 6 |   | 1 | 7 |
| 3 | 5 | 6 | 1 | 7 | 8 | 4 |   |   |
| 1 | 9 |   |   |   | 2 | 5 | 8 | 6 |
|   | 6 |   |   |   |   |   | 7 | 4 |
| 7 | 1 | 5 |   |   | 3 | 2 | 6 | 8 |
| 4 | 8 |   |   |   | 7 |   |   | 5 |
|   | 7 | 9 | 2 | 8 | 1 |   |   |   |
|   |   | 8 |   | 6 | 4 | 7 | 9 | 1 |
| 6 | 4 | 1 | 7 | 3 | 9 |   | 5 | 2 |

## Sudoku 366

| | | | | | | | | |
|---|---|---|---|---|---|---|---|---|
|   | 9 | 1 | 8 | 4 | 6 |   | 3 | 7 |
|   | 2 | 8 | 3 | 7 |   | 9 | 1 | 6 |
| 6 |   |   |   |   |   | 4 |   |   |
| 3 |   | 2 |   |   | 8 | 4 | 9 |   |
| 8 |   | 4 | 2 | 9 |   |   | 7 | 5 |
| 9 |   |   | 1 | 5 | 4 |   |   | 2 |
| 7 | 4 | 5 |   | 3 | 1 | 8 |   | 9 |
| 1 | 8 |   |   | 2 | 9 |   | 5 | 3 |
| 2 | 3 | 9 | 5 |   | 7 |   |   | 4 |

## Sudoku 367

| 7 | 2 | 5 |   | 1 |   | 8 |   | 3 |
|---|---|---|---|---|---|---|---|---|
| 1 |   |   | 8 |   | 4 | 7 |   | 5 |
| 8 | 4 |   |   | 2 | 7 | 6 | 1 |   |
|   |   | 8 | 7 |   | 6 | 2 |   |   |
| 9 | 7 | 4 | 2 |   | 1 |   |   | 6 |
|   | 6 |   | 4 |   | 3 | 1 | 7 | 8 |
| 2 |   | 9 | 1 | 6 | 5 |   | 3 |   |
|   | 5 | 1 |   | 7 | 8 |   |   |   |
| 6 | 3 | 7 | 9 | 4 |   | 5 | 8 | 1 |

## Sudoku 368

| 9 | 5 |   | 8 | 6 | 4 |   | 7 |   |
|---|---|---|---|---|---|---|---|---|
| 7 |   |   | 2 | 3 |   | 8 | 9 |   |
| 4 | 3 | 8 |   | 9 | 7 | 5 | 6 | 2 |
| 5 | 2 | 1 | 3 | 7 |   | 4 | 8 | 9 |
|   | 4 |   |   | 1 | 2 | 7 | 3 |   |
|   | 6 |   |   | 4 | 8 | 1 |   |   |
| 6 |   | 3 |   |   |   | 2 | 1 | 8 |
| 1 | 8 |   | 6 | 2 |   |   | 4 | 7 |
| 2 | 7 |   | 4 |   |   | 6 |   |   |

## Sudoku 369

| 5 | 3 |   | 9 | 4 |   | 2 | 7 | 8 |
|---|---|---|---|---|---|---|---|---|
| 9 | 2 |   |   |   | 3 |   |   | 1 |
|   | 7 |   | 2 | 1 |   |   |   |   |
| 2 | 9 |   |   | 5 | 1 |   | 8 |   |
| 1 | 5 | 7 |   | 8 | 4 | 3 |   | 9 |
| 8 |   | 3 | 7 | 9 | 2 |   | 1 |   |
| 7 | 1 | 9 |   |   | 5 | 8 | 6 | 2 |
| 6 | 8 | 5 | 1 |   |   |   | 3 |   |
| 3 |   | 2 | 8 | 6 | 9 | 1 |   | 7 |

## Sudoku 370

|   | 6 | 4 |   | 5 |   | 1 | 7 | 8 |
|---|---|---|---|---|---|---|---|---|
|   |   | 1 | 4 | 7 | 2 | 5 |   |   |
| 7 |   |   |   | 6 |   | 9 | 4 | 3 |
| 8 | 4 |   |   |   |   |   |   | 7 |
| 6 | 3 | 2 |   | 7 |   |   | 8 |   |
| 1 | 5 |   | 3 | 8 | 9 | 4 |   | 2 |
| 3 | 9 |   | 6 | 1 | 5 |   |   | 4 |
| 5 | 2 |   | 7 | 3 |   | 8 |   | 1 |
| 4 | 7 |   | 2 | 9 | 8 | 6 | 3 | 5 |

## Sudoku 371

|   | 3 | 1 | 2 | 4 | 8 | 7 | 5 |   |
|---|---|---|---|---|---|---|---|---|
|   |   |   | 6 | 9 | 5 | 3 | 1 | 2 |
|   |   | 6 |   | 1 | 3 | 9 |   | 8 |
| 3 |   | 2 |   | 5 | 6 | 1 | 8 |   |
| 1 | 5 |   | 4 | 8 |   | 6 | 7 | 3 |
| 8 |   | 4 |   |   | 7 | 2 |   | 5 |
| 2 | 9 | 3 |   | 7 |   |   |   |   |
|   | 4 |   | 3 | 6 | 1 | 8 |   | 9 |
| 6 |   | 8 |   | 2 |   | 4 |   | 7 |

## Sudoku 372

| 6 |   |   |   | 3 |   |   | 8 | 5 |
|---|---|---|---|---|---|---|---|---|
|   |   | 5 | 7 |   | 8 |   | 9 | 1 |
| 8 | 1 |   |   | 6 |   | 3 | 4 | 2 |
| 4 | 7 | 3 |   | 1 |   | 5 |   | 8 |
|   | 9 | 8 | 3 | 2 |   | 1 | 6 | 7 |
|   |   | 1 | 8 | 5 | 7 |   |   |   |
| 9 | 5 | 6 |   |   | 3 |   | 1 | 4 |
|   | 8 | 4 |   | 9 | 6 | 2 |   | 3 |
| 7 | 3 | 2 | 4 |   |   | 1 | 9 | 6 |

## Sudoku 373

| | | | | | | | | |
|---|---|---|---|---|---|---|---|---|
| 9 | 3 | 1 | 2 | | 6 | | 5 | 4 |
| | 7 | | 9 | | | 6 | 3 | 1 |
| 8 | 6 | 4 | 5 | 3 | 1 | | 9 | 2 |
| | 9 | 3 | 7 | 1 | | 2 | 6 | |
| | | 8 | | 6 | 4 | 9 | 1 | |
| 6 | | 7 | | 9 | | 5 | 4 | |
| | 5 | 9 | | | | | 2 | 6 |
| 1 | | | 6 | 5 | | 3 | 8 | |
| 3 | 8 | 6 | 1 | 2 | 9 | | | |

## Sudoku 374

| | | | | | | | | |
|---|---|---|---|---|---|---|---|---|
| | 6 | 9 | 7 | 8 | 2 | | 3 | |
| 8 | | | 4 | 5 | | 1 | | 6 |
| | 5 | 3 | 6 | 1 | 9 | 2 | 7 | |
| | 4 | 8 | 5 | | | 7 | 6 | 2 |
| 5 | 1 | | 3 | 2 | 7 | | 4 | |
| 2 | | | | 4 | | | | 3 |
| 9 | | 1 | 2 | 7 | 8 | | 5 | 4 |
| 7 | | 5 | 9 | 6 | 4 | 3 | 2 | 1 |
| | 2 | | | | 5 | | 8 | |

## Sudoku 375

| | | | | | | | | |
|---|---|---|---|---|---|---|---|---|
| 1 | 6 | | | | 8 | | 3 | |
| | 7 | 9 | 5 | | 3 | | | |
| 8 | | 5 | 2 | | 4 | 1 | 9 | |
| | 4 | 3 | 1 | | | 9 | 8 | 2 |
| 7 | 9 | 8 | 4 | | 6 | 3 | 1 | 5 |
| 2 | 5 | 1 | | 3 | 9 | 4 | | 6 |
| | | 6 | 3 | 5 | 2 | | 4 | |
| | | | | 4 | | | 6 | 3 |
| 3 | 1 | 4 | 6 | | 7 | 2 | 5 | 9 |

## Sudoku 376

| | | | | | | | | |
|---|---|---|---|---|---|---|---|---|
| 9 | 7 | | 2 | 4 | 5 | | 1 | 6 |
| | | 4 | | 6 | 1 | | 9 | 2 |
| | 1 | | | 3 | 9 | 7 | | 5 |
| | | 6 | 5 | | 7 | 4 | | 8 |
| | 4 | 7 | | 9 | 8 | | 5 | 1 |
| | 8 | | | 1 | 6 | | 7 | 9 |
| 4 | | 1 | | | 3 | 9 | | 7 |
| 8 | | 5 | | | 4 | | 2 | 3 |
| 7 | | 9 | 1 | 8 | 2 | 5 | 6 | 4 |

## Sudoku 377

| | | | | | | | | |
|---|---|---|---|---|---|---|---|---|
| | 9 | 4 | | | 5 | 3 | 1 | 7 |
| | | 2 | 7 | | 1 | 8 | 9 | |
| 1 | 7 | | 3 | 9 | 8 | | 2 | 4 |
| 9 | | 7 | 4 | | 2 | 1 | 6 | 5 |
| | | 5 | | | 7 | | | 2 |
| | | | | 3 | 6 | 9 | 7 | 8 |
| | | 9 | | | 3 | | 5 | 1 |
| 7 | 2 | 8 | 1 | 5 | 9 | 6 | 4 | 3 |
| | | 3 | | 7 | | 2 | 8 | 9 |

## Sudoku 378

| | | | | | | | | |
|---|---|---|---|---|---|---|---|---|
| | | 2 | | | 8 | 7 | 4 | 1 |
| | 8 | | 4 | 9 | 7 | | 2 | |
| 4 | | 7 | | 6 | 2 | 9 | 3 | |
| 8 | 6 | | 7 | 5 | 4 | 2 | | 3 |
| | | 4 | 9 | | 3 | 1 | 6 | |
| 9 | | 5 | | | 6 | 4 | 8 | |
| | | 8 | 3 | | 9 | | | 2 |
| 3 | 7 | 9 | | 2 | 1 | 8 | 5 | 4 |
| 2 | 4 | 6 | | | 5 | 3 | 1 | 9 |

## Sudoku 379

| | | | | | | | | |
|---|---|---|---|---|---|---|---|---|
| 8 | 2 | 1 | 9 | 5 | 4 | 3 | 7 | 6 |
| 3 | 6 | 4 | 1 | 7 | 8 | 5 | | 2 |
| | | | | 6 | 3 | 4 | | |
| 9 | 5 | 6 | | 3 | 1 | | | |
| | | | 6 | 9 | | 1 | | |
| 1 | 3 | | 4 | | 5 | 8 | 6 | 9 |
| 7 | 4 | 3 | | 1 | 9 | | 2 | |
| | 9 | 5 | | 8 | | | 1 | 4 |
| 6 | | 8 | | 4 | | 9 | | 5 |

## Sudoku 380

| | | | | | | | | |
|---|---|---|---|---|---|---|---|---|
| | | | 4 | | 5 | 3 | 9 | 2 |
| 3 | | | 8 | 7 | 9 | 5 | | |
| 9 | | 4 | | 2 | | 8 | 1 | 7 |
| 6 | 2 | | 7 | 4 | 3 | | 5 | |
| 5 | | 7 | 1 | 9 | | 4 | 2 | |
| 1 | | 8 | 5 | | | 7 | 3 | 9 |
| | 8 | 3 | | 5 | 7 | | 4 | 1 |
| | | | 6 | 8 | 1 | 2 | | 3 |
| 7 | 6 | | 2 | | | 9 | 8 | 5 |

## Sudoku 381

| | | | | | | | | |
|---|---|---|---|---|---|---|---|---|
| | | 1 | 2 | 9 | 7 | | 8 | |
| 9 | 3 | 2 | 4 | 8 | 6 | | 1 | |
| 7 | 4 | | 1 | | 3 | 2 | | |
| | | 9 | | 2 | | 6 | | 1 |
| | 2 | | 5 | 1 | 9 | | | |
| 1 | 8 | 7 | | | 4 | 5 | 2 | |
| 6 | 1 | 3 | 9 | 4 | | | 5 | 7 |
| 2 | | 4 | 8 | 7 | 5 | 1 | 6 | 3 |
| | 7 | | 6 | | 1 | 9 | | 2 |

## Sudoku 382

| | | | | | | | | |
|---|---|---|---|---|---|---|---|---|
| 5 | | 8 | | | 6 | | 1 | 3 |
| 4 | 3 | 1 | 9 | | | | 7 | |
| 9 | 7 | | | 1 | 3 | 8 | | 5 |
| 8 | 5 | | 6 | 9 | | 1 | 3 | 7 |
| | 4 | 9 | 7 | 3 | 8 | 2 | 5 | 6 |
| | 6 | 7 | | 5 | 2 | | | 9 |
| | | 5 | 8 | | 7 | 3 | | 4 |
| | 9 | | | 2 | 1 | 5 | | |
| | 8 | | 5 | 4 | 9 | 7 | | 1 |

## Sudoku 383

| | | | | | | | | |
|---|---|---|---|---|---|---|---|---|
| 1 | | 8 | | | 3 | 9 | 7 | 4 |
| | 7 | | | | | | 2 | 1 |
| 3 | | 9 | 4 | | 1 | 5 | | 6 |
| 9 | | 6 | 1 | | 2 | 7 | 4 | 3 |
| | 4 | 3 | | | 9 | | 1 | 2 |
| | | | 3 | 4 | 7 | | | 9 |
| | 3 | 5 | | 1 | | 2 | 6 | 7 |
| 4 | 9 | 7 | 2 | | | 1 | 3 | 5 |
| 6 | 1 | | 7 | | 5 | 4 | 9 | 8 |

## Sudoku 384

| | | | | | | | | |
|---|---|---|---|---|---|---|---|---|
| 2 | 7 | | 1 | 8 | | | | 9 |
| | 1 | 6 | 9 | | | | 8 | |
| 9 | | 8 | | 5 | 6 | 1 | 7 | |
| 8 | | 7 | | 2 | | 6 | 5 | 1 |
| 3 | | | 7 | 6 | | 2 | | 4 |
| 4 | 6 | | 5 | 9 | | 7 | 3 | 8 |
| 1 | 8 | 4 | 6 | | 7 | | 2 | |
| 7 | 3 | 5 | 2 | | 9 | 8 | | 6 |
| | 2 | 9 | 8 | 1 | | 3 | 4 | |

## Sudoku 385

| 9 |   | 2 | 6 | 5 | 3 |   | 7 | 1 |
|---|---|---|---|---|---|---|---|---|
| 3 | 6 | 4 |   |   |   | 5 | 2 | 9 |
| 5 |   | 7 | 2 |   | 4 | 6 | 3 | 8 |
| 4 | 5 |   | 8 |   |   |   |   | 7 |
|   |   | 1 | 9 |   | 5 | 8 | 4 |   |
| 8 | 9 | 6 | 1 | 4 | 7 |   | 5 | 3 |
|   |   |   |   | 2 |   |   | 8 | 4 |
|   | 4 |   |   | 7 | 9 |   | 1 | 2 |
| 2 | 3 |   |   | 1 | 8 |   | 6 | 5 |

## Sudoku 386

| 3 |   | 9 | 6 | 1 | 8 |   |   | 4 |
|---|---|---|---|---|---|---|---|---|
| 6 |   |   |   |   |   | 1 | 3 | 8 |
| 1 | 8 | 4 | 2 | 7 | 3 | 6 | 9 |   |
|   |   | 3 | 7 |   |   | 8 | 1 | 9 |
|   | 4 | 1 | 9 | 8 | 2 | 5 | 6 | 3 |
|   | 9 |   |   | 3 |   | 7 |   |   |
| 4 |   |   |   | 5 | 1 | 9 | 2 | 6 |
| 8 |   | 6 |   | 2 |   | 4 |   | 7 |
| 9 |   |   | 4 | 6 | 7 |   | 8 | 1 |

## Sudoku 387

| 3 | 6 |   |   | 1 | 4 |   | 5 | 9 |
|---|---|---|---|---|---|---|---|---|
| 9 |   |   |   | 2 |   |   |   | 6 |
| 5 |   | 8 |   | 9 |   | 1 | 7 | 4 |
|   | 8 | 2 | 4 |   |   | 5 |   | 1 |
| 7 |   | 9 |   | 6 |   | 4 |   | 8 |
| 4 | 3 | 5 |   | 8 |   | 6 | 2 | 7 |
|   | 7 | 4 | 5 |   | 1 | 9 | 6 | 3 |
| 1 | 5 |   | 9 |   | 7 | 8 |   | 2 |
|   | 9 |   |   | 4 | 8 | 7 | 1 | 5 |

## Sudoku 388

| 2 |   | 5 | 8 |   | 9 |   | 1 | 7 |
|---|---|---|---|---|---|---|---|---|
| 9 | 8 | 1 | 6 |   |   |   | 5 |   |
|   |   | 4 | 3 | 5 | 1 | 9 |   | 8 |
| 1 | 5 | 7 | 4 | 9 | 6 | 8 | 3 |   |
| 8 | 4 |   | 1 |   | 2 |   | 7 | 9 |
| 3 | 2 |   | 5 | 7 |   |   |   |   |
|   | 1 | 8 |   |   | 5 | 3 |   | 4 |
| 4 |   | 2 | 9 | 1 |   | 7 |   |   |
|   |   | 3 | 7 | 8 | 4 |   | 6 | 1 |

## Sudoku 389

| 6 |   |   | 7 | 9 |   | 4 |   | 8 |
|---|---|---|---|---|---|---|---|---|
|   | 4 |   | 3 | 6 |   | 1 |   | 7 |
|   |   | 1 | 2 | 8 | 4 |   | 9 | 3 |
| 5 |   | 2 | 9 |   | 3 | 8 | 7 | 4 |
| 1 |   |   | 8 | 7 |   | 5 | 3 |   |
| 3 | 7 | 8 |   | 4 | 6 |   |   |   |
|   | 1 | 7 |   | 2 |   |   | 8 | 5 |
|   |   | 5 | 4 | 3 |   | 2 | 6 |   |
| 2 | 3 | 6 | 1 | 5 | 8 | 7 |   | 9 |

## Sudoku 390

| 5 | 3 |   | 6 | 4 | 7 |   | 8 |   |
|---|---|---|---|---|---|---|---|---|
| 6 |   | 4 | 8 | 2 | 3 | 7 |   |   |
| 2 | 8 | 7 | 5 | 9 |   |   |   |   |
| 7 | 4 |   |   |   | 8 |   |   | 3 |
| 3 |   | 8 |   | 7 |   | 4 |   | 9 |
| 9 | 2 |   | 3 | 6 | 4 | 8 | 7 |   |
|   | 9 |   | 4 | 1 | 5 |   | 3 | 7 |
| 1 | 7 | 3 |   | 8 | 9 |   | 4 | 6 |
| 4 | 5 |   | 7 | 3 | 6 |   |   |   |

## Sudoku 391

| 2 | 5 | 6 |   | 7 | 4 | 9 | 3 |   |
|---|---|---|---|---|---|---|---|---|
|   | 9 |   | 3 | 2 |   | 5 |   |   |
|   |   | 8 |   |   | 9 |   |   |   |
| 8 | 7 | 9 |   |   | 2 | 6 | 1 | 5 |
| 6 |   | 2 | 5 | 8 |   | 3 |   |   |
| 3 | 4 | 5 | 6 | 9 | 1 | 7 |   | 2 |
|   | 2 | 3 | 7 |   |   |   |   | 9 |
| 7 | 8 |   | 9 | 6 | 5 | 1 |   | 3 |
| 9 |   | 1 | 2 | 4 | 3 |   | 5 | 7 |

## Sudoku 392

| 6 |   |   | 5 | 2 | 7 |   | 8 | 3 |
|---|---|---|---|---|---|---|---|---|
| 3 | 8 | 2 | 6 | 1 |   | 7 | 5 | 4 |
| 7 | 9 |   | 4 | 8 |   | 6 | 1 |   |
| 9 |   | 6 | 3 | 5 | 4 | 1 | 7 |   |
| 1 |   | 7 |   |   | 6 | 2 | 4 | 5 |
|   |   | 8 |   | 7 | 1 |   | 6 |   |
|   | 7 |   | 1 | 4 |   |   | 3 | 6 |
|   | 6 |   | 9 | 3 |   | 5 | 2 |   |
|   | 5 | 3 |   |   |   | 4 | 9 | 1 |

## Sudoku 393

| 2 |   |   | 8 |   |   | 9 |   | 5 |
|---|---|---|---|---|---|---|---|---|
| 1 |   | 3 |   | 6 | 5 |   | 4 | 2 |
| 8 |   | 5 |   | 4 |   | 3 | 6 | 7 |
|   |   | 7 | 6 | 5 |   | 2 | 8 |   |
|   | 5 | 8 | 3 |   |   | 4 | 7 |   |
| 6 | 2 | 1 | 4 | 8 |   |   | 9 |   |
| 7 | 1 |   | 5 | 3 |   |   | 2 | 8 |
| 5 | 6 | 2 | 7 |   | 8 | 1 | 3 |   |
|   | 8 | 4 | 1 |   | 6 |   | 5 | 9 |

## Sudoku 394

| 1 | 9 | 4 |   | 2 |   | 7 | 5 | 6 |
|---|---|---|---|---|---|---|---|---|
|   | 6 | 7 | 9 | 4 |   |   | 8 |   |
| 8 | 2 |   |   |   | 5 | 4 | 9 | 1 |
|   | 8 | 1 | 5 | 7 | 2 | 9 | 4 | 3 |
| 4 | 5 | 2 | 1 | 3 |   |   | 6 |   |
|   |   |   | 4 | 8 |   | 2 |   | 5 |
| 2 |   | 5 |   |   | 3 |   | 7 |   |
|   | 3 | 8 |   | 5 | 7 | 1 | 2 |   |
|   | 1 | 6 | 2 |   | 4 |   |   | 8 |

## Sudoku 395

| 5 | 9 | 4 |   | 3 | 2 | 7 |   | 1 |
|---|---|---|---|---|---|---|---|---|
|   | 2 | 3 | 6 |   | 9 |   | 8 |   |
| 1 | 8 |   | 7 | 5 | 4 | 3 | 2 | 9 |
|   | 1 | 2 | 5 |   | 6 | 8 | 9 | 7 |
| 6 | 5 | 9 | 3 |   |   | 2 | 1 |   |
| 4 | 7 |   |   | 9 | 1 |   | 3 |   |
| 8 |   |   | 1 |   |   |   | 4 |   |
|   |   | 1 |   |   |   | 6 |   | 2 |
| 2 | 4 | 7 |   | 6 | 3 | 1 | 5 |   |

## Sudoku 396

| 4 | 8 |   | 2 |   | 3 | 5 | 6 |   |
|---|---|---|---|---|---|---|---|---|
| 3 |   | 5 |   | 8 | 9 | 2 | 4 | 1 |
| 1 | 9 | 2 |   | 6 |   |   | 7 | 8 |
| 5 | 1 | 4 |   |   | 8 |   |   | 2 |
| 9 |   |   |   |   |   | 8 | 3 | 4 |
|   |   | 3 |   |   | 7 | 1 | 5 |   |
| 7 | 3 | 1 | 4 |   | 2 |   |   | 5 |
|   | 4 | 8 | 3 | 5 | 6 | 9 | 1 | 7 |
| 6 |   | 9 |   | 7 |   | 4 | 2 | 3 |

## Sudoku 397

| 9 | 5 | 3 | 6 |   | 4 | 2 |   | 8 |
|---|---|---|---|---|---|---|---|---|
| 6 | 1 | 8 | 2 | 5 |   | 9 | 3 |   |
| 2 | 4 | 7 | 3 |   |   |   | 1 |   |
|   | 8 | 1 | 7 | 9 | 2 |   |   |   |
| 3 |   | 2 |   |   | 8 | 1 | 5 | 7 |
| 7 | 6 | 4 |   |   |   | 8 | 2 | 9 |
| 8 |   | 9 | 1 | 4 |   | 5 |   |   |
| 4 | 3 | 6 |   | 2 | 5 |   |   | 1 |
|   | 2 |   | 9 | 7 | 6 |   | 8 |   |

## Sudoku 398

|   |   |   | 1 | 3 | 7 | 6 |   | 8 |
|---|---|---|---|---|---|---|---|---|
|   |   | 3 | 4 |   | 8 | 7 | 5 |   |
| 4 |   | 7 | 5 | 9 | 6 |   | 3 | 2 |
| 8 |   | 6 | 2 | 7 | 9 |   |   |   |
| 7 |   | 9 |   | 4 | 1 | 8 | 2 | 5 |
|   | 1 | 4 |   |   | 3 | 9 | 6 | 7 |
|   |   |   | 3 | 8 | 2 | 5 |   |   |
| 6 |   |   | 7 |   | 5 | 4 | 9 | 3 |
|   | 7 | 5 | 9 |   | 4 | 2 | 8 |   |

## Sudoku 399

| 7 |   |   | 5 |   |   |   | 4 | 2 |
|---|---|---|---|---|---|---|---|---|
|   | 2 |   |   | 7 |   |   |   | 1 |
| 5 | 4 | 1 | 3 | 8 | 2 | 9 | 7 | 6 |
|   | 3 |   |   | 4 | 9 |   | 6 |   |
|   |   | 7 | 1 | 6 |   |   | 2 | 3 |
| 1 | 8 |   | 7 |   | 3 |   | 9 | 5 |
|   | 1 | 4 | 2 | 3 |   | 6 | 5 | 9 |
|   | 7 | 3 | 6 | 5 | 4 |   | 1 | 8 |
|   | 5 | 2 | 9 |   | 8 |   | 3 | 4 |

## Sudoku 400

| 4 | 7 | 5 |   | 3 |   | 1 | 9 |   |
|---|---|---|---|---|---|---|---|---|
|   | 2 | 8 |   |   | 4 |   |   | 6 |
| 1 |   | 9 | 5 |   | 8 |   |   |   |
| 7 | 8 |   |   |   | 9 |   |   | 3 |
| 6 | 3 | 1 | 2 | 4 |   | 9 | 8 | 5 |
|   | 9 | 2 | 8 | 6 | 3 | 7 | 4 | 1 |
| 8 | 1 |   | 3 | 2 | 5 | 4 |   | 9 |
|   | 5 | 3 |   |   |   | 8 | 1 | 7 |
| 9 | 4 | 6 |   |   |   |   | 5 | 2 |

# SOLUTIONS

## Solution 1

| | | | | | | | | |
|---|---|---|---|---|---|---|---|---|
| 6 | 3 | 2 | 4 | 7 | 5 | 1 | 8 | 9 |
| 5 | 1 | 4 | 2 | 8 | 9 | 6 | 3 | 7 |
| 8 | 7 | 9 | 6 | 1 | 3 | 5 | 2 | 4 |
| 3 | 6 | 1 | 9 | 2 | 4 | 7 | 5 | 8 |
| 2 | 5 | 7 | 3 | 6 | 8 | 4 | 9 | 1 |
| 4 | 9 | 8 | 7 | 5 | 1 | 2 | 6 | 3 |
| 7 | 4 | 5 | 8 | 3 | 2 | 9 | 1 | 6 |
| 9 | 2 | 3 | 1 | 4 | 6 | 8 | 7 | 5 |
| 1 | 8 | 6 | 5 | 9 | 7 | 3 | 4 | 2 |

## Solution 2

| | | | | | | | | |
|---|---|---|---|---|---|---|---|---|
| 4 | 9 | 7 | 3 | 8 | 5 | 2 | 1 | 6 |
| 2 | 6 | 5 | 1 | 7 | 9 | 8 | 4 | 3 |
| 8 | 3 | 1 | 2 | 4 | 6 | 9 | 5 | 7 |
| 3 | 8 | 2 | 9 | 6 | 4 | 1 | 7 | 5 |
| 5 | 1 | 9 | 7 | 3 | 2 | 6 | 8 | 4 |
| 6 | 7 | 4 | 8 | 5 | 1 | 3 | 2 | 9 |
| 9 | 4 | 8 | 6 | 2 | 7 | 5 | 3 | 1 |
| 1 | 5 | 3 | 4 | 9 | 8 | 7 | 6 | 2 |
| 7 | 2 | 6 | 5 | 1 | 3 | 4 | 9 | 8 |

## Solution 3

| | | | | | | | | |
|---|---|---|---|---|---|---|---|---|
| 7 | 3 | 9 | 4 | 5 | 8 | 1 | 2 | 6 |
| 4 | 1 | 2 | 9 | 6 | 3 | 5 | 8 | 7 |
| 8 | 5 | 6 | 7 | 2 | 1 | 4 | 9 | 3 |
| 2 | 6 | 5 | 3 | 9 | 7 | 8 | 1 | 4 |
| 9 | 4 | 1 | 2 | 8 | 6 | 7 | 3 | 5 |
| 3 | 7 | 8 | 5 | 1 | 4 | 2 | 6 | 9 |
| 6 | 2 | 4 | 8 | 3 | 5 | 9 | 7 | 1 |
| 1 | 9 | 7 | 6 | 4 | 2 | 3 | 5 | 8 |
| 5 | 8 | 3 | 1 | 7 | 9 | 6 | 4 | 2 |

## Solution 4

| | | | | | | | | |
|---|---|---|---|---|---|---|---|---|
| 9 | 6 | 1 | 3 | 8 | 4 | 5 | 7 | 2 |
| 8 | 4 | 5 | 9 | 7 | 2 | 6 | 3 | 1 |
| 2 | 3 | 7 | 6 | 1 | 5 | 4 | 9 | 8 |
| 6 | 2 | 3 | 5 | 4 | 1 | 9 | 8 | 7 |
| 5 | 7 | 4 | 8 | 3 | 9 | 1 | 2 | 6 |
| 1 | 9 | 8 | 7 | 2 | 6 | 3 | 5 | 4 |
| 4 | 8 | 6 | 2 | 9 | 3 | 7 | 1 | 5 |
| 7 | 5 | 9 | 1 | 6 | 8 | 2 | 4 | 3 |
| 3 | 1 | 2 | 4 | 5 | 7 | 8 | 6 | 9 |

## Solution 5

| | | | | | | | | |
|---|---|---|---|---|---|---|---|---|
| 6 | 8 | 7 | 4 | 2 | 3 | 9 | 5 | 1 |
| 9 | 1 | 3 | 8 | 5 | 7 | 2 | 4 | 6 |
| 5 | 2 | 4 | 6 | 1 | 9 | 3 | 8 | 7 |
| 1 | 5 | 9 | 3 | 7 | 4 | 6 | 2 | 8 |
| 3 | 4 | 8 | 2 | 6 | 1 | 5 | 7 | 9 |
| 7 | 6 | 2 | 5 | 9 | 8 | 1 | 3 | 4 |
| 8 | 9 | 5 | 7 | 3 | 6 | 4 | 1 | 2 |
| 4 | 3 | 1 | 9 | 8 | 2 | 7 | 6 | 5 |
| 2 | 7 | 6 | 1 | 4 | 5 | 8 | 9 | 3 |

## Solution 6

| | | | | | | | | |
|---|---|---|---|---|---|---|---|---|
| 7 | 2 | 4 | 3 | 9 | 1 | 8 | 6 | 5 |
| 9 | 1 | 8 | 5 | 4 | 6 | 3 | 7 | 2 |
| 5 | 6 | 3 | 8 | 7 | 2 | 4 | 1 | 9 |
| 3 | 8 | 6 | 2 | 5 | 4 | 1 | 9 | 7 |
| 4 | 5 | 9 | 7 | 1 | 8 | 6 | 2 | 3 |
| 2 | 7 | 1 | 6 | 3 | 9 | 5 | 8 | 4 |
| 8 | 9 | 7 | 4 | 6 | 3 | 2 | 5 | 1 |
| 6 | 4 | 5 | 1 | 2 | 7 | 9 | 3 | 8 |
| 1 | 3 | 2 | 9 | 8 | 5 | 7 | 4 | 6 |

## Solution 7

| | | | | | | | | |
|---|---|---|---|---|---|---|---|---|
| 2 | 7 | 1 | 6 | 8 | 9 | 4 | 3 | 5 |
| 6 | 4 | 3 | 2 | 5 | 7 | 1 | 9 | 8 |
| 5 | 8 | 9 | 1 | 3 | 4 | 7 | 6 | 2 |
| 8 | 5 | 6 | 3 | 7 | 1 | 9 | 2 | 4 |
| 7 | 3 | 4 | 9 | 6 | 2 | 8 | 5 | 1 |
| 1 | 9 | 2 | 5 | 4 | 8 | 6 | 7 | 3 |
| 3 | 1 | 7 | 8 | 9 | 5 | 2 | 4 | 6 |
| 9 | 2 | 5 | 4 | 1 | 6 | 3 | 8 | 7 |
| 4 | 6 | 8 | 7 | 2 | 3 | 5 | 1 | 9 |

## Solution 8

| | | | | | | | | |
|---|---|---|---|---|---|---|---|---|
| 4 | 7 | 8 | 3 | 9 | 5 | 2 | 1 | 6 |
| 6 | 2 | 5 | 1 | 8 | 4 | 9 | 3 | 7 |
| 1 | 3 | 9 | 7 | 2 | 6 | 8 | 5 | 4 |
| 3 | 8 | 6 | 5 | 1 | 9 | 4 | 7 | 2 |
| 7 | 1 | 4 | 2 | 3 | 8 | 5 | 6 | 9 |
| 9 | 5 | 2 | 6 | 4 | 7 | 1 | 8 | 3 |
| 8 | 6 | 3 | 9 | 5 | 2 | 7 | 4 | 1 |
| 5 | 9 | 7 | 4 | 6 | 1 | 3 | 2 | 8 |
| 2 | 4 | 1 | 8 | 7 | 3 | 6 | 9 | 5 |

## Solution 9

| | | | | | | | | |
|---|---|---|---|---|---|---|---|---|
| 6 | 4 | 1 | 5 | 7 | 9 | 8 | 3 | 2 |
| 5 | 9 | 2 | 3 | 8 | 6 | 7 | 4 | 1 |
| 7 | 8 | 3 | 2 | 4 | 1 | 6 | 5 | 9 |
| 3 | 2 | 6 | 4 | 1 | 8 | 9 | 7 | 5 |
| 8 | 5 | 9 | 6 | 3 | 7 | 1 | 2 | 4 |
| 4 | 1 | 7 | 9 | 2 | 5 | 3 | 6 | 8 |
| 9 | 6 | 4 | 8 | 5 | 3 | 2 | 1 | 7 |
| 1 | 3 | 5 | 7 | 9 | 2 | 4 | 8 | 6 |
| 2 | 7 | 8 | 1 | 6 | 4 | 5 | 9 | 3 |

## Solution 10

| | | | | | | | | |
|---|---|---|---|---|---|---|---|---|
| 4 | 7 | 3 | 5 | 8 | 2 | 9 | 1 | 6 |
| 2 | 9 | 8 | 6 | 4 | 1 | 7 | 5 | 3 |
| 5 | 1 | 6 | 9 | 7 | 3 | 8 | 2 | 4 |
| 6 | 8 | 9 | 2 | 3 | 7 | 5 | 4 | 1 |
| 1 | 5 | 4 | 8 | 6 | 9 | 2 | 3 | 7 |
| 3 | 2 | 7 | 4 | 1 | 5 | 6 | 9 | 8 |
| 9 | 3 | 1 | 7 | 5 | 6 | 4 | 8 | 2 |
| 8 | 6 | 2 | 3 | 9 | 4 | 1 | 7 | 5 |
| 7 | 4 | 5 | 1 | 2 | 8 | 3 | 6 | 9 |

## Solution 11

| | | | | | | | | |
|---|---|---|---|---|---|---|---|---|
| 5 | 6 | 2 | 7 | 3 | 1 | 4 | 8 | 9 |
| 9 | 4 | 8 | 5 | 2 | 6 | 1 | 7 | 3 |
| 3 | 7 | 1 | 8 | 9 | 4 | 2 | 6 | 5 |
| 7 | 1 | 5 | 9 | 6 | 2 | 3 | 4 | 8 |
| 8 | 2 | 4 | 3 | 7 | 5 | 6 | 9 | 1 |
| 6 | 9 | 3 | 1 | 4 | 8 | 5 | 2 | 7 |
| 4 | 8 | 9 | 6 | 5 | 3 | 7 | 1 | 2 |
| 1 | 5 | 6 | 2 | 8 | 7 | 9 | 3 | 4 |
| 2 | 3 | 7 | 4 | 1 | 9 | 8 | 5 | 6 |

## Solution 12

| | | | | | | | | |
|---|---|---|---|---|---|---|---|---|
| 5 | 4 | 2 | 9 | 6 | 8 | 1 | 7 | 3 |
| 6 | 7 | 8 | 5 | 3 | 1 | 9 | 4 | 2 |
| 9 | 1 | 3 | 2 | 4 | 7 | 8 | 5 | 6 |
| 2 | 5 | 7 | 3 | 1 | 9 | 4 | 6 | 8 |
| 4 | 3 | 6 | 8 | 5 | 2 | 7 | 9 | 1 |
| 1 | 8 | 9 | 6 | 7 | 4 | 3 | 2 | 5 |
| 7 | 6 | 4 | 1 | 2 | 3 | 5 | 8 | 9 |
| 8 | 2 | 1 | 7 | 9 | 5 | 6 | 3 | 4 |
| 3 | 9 | 5 | 4 | 8 | 6 | 2 | 1 | 7 |

## Solution 13

| 1 | 7 | 5 | 3 | 8 | 9 | 2 | 4 | 6 |
|---|---|---|---|---|---|---|---|---|
| 4 | 6 | 8 | 2 | 1 | 5 | 9 | 7 | 3 |
| 9 | 3 | 2 | 6 | 7 | 4 | 1 | 5 | 8 |
| 2 | 8 | 3 | 1 | 6 | 7 | 5 | 9 | 4 |
| 5 | 1 | 7 | 4 | 9 | 3 | 8 | 6 | 2 |
| 6 | 9 | 4 | 8 | 5 | 2 | 7 | 3 | 1 |
| 8 | 2 | 9 | 7 | 4 | 6 | 3 | 1 | 5 |
| 7 | 4 | 1 | 5 | 3 | 8 | 6 | 2 | 9 |
| 3 | 5 | 6 | 9 | 2 | 1 | 4 | 8 | 7 |

## Solution 14

| 2 | 3 | 7 | 8 | 9 | 5 | 6 | 1 | 4 |
|---|---|---|---|---|---|---|---|---|
| 1 | 4 | 9 | 2 | 3 | 6 | 8 | 5 | 7 |
| 8 | 5 | 6 | 4 | 1 | 7 | 9 | 3 | 2 |
| 5 | 1 | 2 | 9 | 6 | 4 | 3 | 7 | 8 |
| 7 | 9 | 8 | 3 | 5 | 1 | 4 | 2 | 6 |
| 3 | 6 | 4 | 7 | 8 | 2 | 5 | 9 | 1 |
| 6 | 8 | 1 | 5 | 7 | 3 | 2 | 4 | 9 |
| 9 | 2 | 3 | 1 | 4 | 8 | 7 | 6 | 5 |
| 4 | 7 | 5 | 6 | 2 | 9 | 1 | 8 | 3 |

## Solution 15

| 6 | 3 | 2 | 4 | 5 | 9 | 7 | 8 | 1 |
|---|---|---|---|---|---|---|---|---|
| 8 | 7 | 4 | 3 | 1 | 2 | 9 | 6 | 5 |
| 5 | 1 | 9 | 8 | 6 | 7 | 4 | 2 | 3 |
| 7 | 5 | 6 | 2 | 4 | 1 | 8 | 3 | 9 |
| 9 | 8 | 1 | 6 | 7 | 3 | 5 | 4 | 2 |
| 2 | 4 | 3 | 9 | 8 | 5 | 6 | 1 | 7 |
| 1 | 2 | 8 | 5 | 9 | 4 | 3 | 7 | 6 |
| 4 | 9 | 7 | 1 | 3 | 6 | 2 | 5 | 8 |
| 3 | 6 | 5 | 7 | 2 | 8 | 1 | 9 | 4 |

## Solution 16

| 9 | 7 | 8 | 2 | 3 | 6 | 4 | 1 | 5 |
|---|---|---|---|---|---|---|---|---|
| 5 | 1 | 2 | 7 | 9 | 4 | 6 | 8 | 3 |
| 6 | 3 | 4 | 5 | 1 | 8 | 2 | 9 | 7 |
| 1 | 2 | 9 | 4 | 6 | 3 | 5 | 7 | 8 |
| 3 | 8 | 7 | 9 | 5 | 2 | 1 | 4 | 6 |
| 4 | 5 | 6 | 8 | 7 | 1 | 9 | 3 | 2 |
| 8 | 4 | 1 | 6 | 2 | 7 | 3 | 5 | 9 |
| 7 | 6 | 5 | 3 | 4 | 9 | 8 | 2 | 1 |
| 2 | 9 | 3 | 1 | 8 | 5 | 7 | 6 | 4 |

## Solution 17

| 3 | 5 | 7 | 2 | 6 | 9 | 1 | 8 | 4 |
|---|---|---|---|---|---|---|---|---|
| 6 | 8 | 4 | 5 | 7 | 1 | 9 | 2 | 3 |
| 2 | 9 | 1 | 4 | 3 | 8 | 6 | 7 | 5 |
| 9 | 6 | 8 | 3 | 4 | 5 | 2 | 1 | 7 |
| 4 | 1 | 2 | 7 | 9 | 6 | 5 | 3 | 8 |
| 7 | 3 | 5 | 8 | 1 | 2 | 4 | 6 | 9 |
| 1 | 4 | 9 | 6 | 8 | 7 | 3 | 5 | 2 |
| 8 | 2 | 3 | 1 | 5 | 4 | 7 | 9 | 6 |
| 5 | 7 | 6 | 9 | 2 | 3 | 8 | 4 | 1 |

## Solution 18

| 6 | 3 | 8 | 2 | 7 | 1 | 5 | 4 | 9 |
|---|---|---|---|---|---|---|---|---|
| 1 | 2 | 7 | 4 | 5 | 9 | 3 | 6 | 8 |
| 4 | 5 | 9 | 8 | 3 | 6 | 7 | 2 | 1 |
| 9 | 7 | 5 | 1 | 6 | 8 | 2 | 3 | 4 |
| 2 | 1 | 6 | 3 | 9 | 4 | 8 | 7 | 5 |
| 8 | 4 | 3 | 5 | 2 | 7 | 9 | 1 | 6 |
| 3 | 9 | 2 | 6 | 4 | 5 | 1 | 8 | 7 |
| 5 | 8 | 4 | 7 | 1 | 2 | 6 | 9 | 3 |
| 7 | 6 | 1 | 9 | 8 | 3 | 4 | 5 | 2 |

## Solution 19

| 7 | 8 | 1 | 2 | 5 | 4 | 3 | 9 | 6 |
|---|---|---|---|---|---|---|---|---|
| 2 | 4 | 3 | 9 | 6 | 1 | 7 | 8 | 5 |
| 6 | 5 | 9 | 8 | 3 | 7 | 4 | 2 | 1 |
| 4 | 7 | 2 | 5 | 9 | 6 | 1 | 3 | 8 |
| 8 | 9 | 6 | 7 | 1 | 3 | 2 | 5 | 4 |
| 1 | 3 | 5 | 4 | 2 | 8 | 9 | 6 | 7 |
| 3 | 1 | 4 | 6 | 8 | 2 | 5 | 7 | 9 |
| 9 | 2 | 8 | 1 | 7 | 5 | 6 | 4 | 3 |
| 5 | 6 | 7 | 3 | 4 | 9 | 8 | 1 | 2 |

## Solution 20

| 5 | 7 | 1 | 2 | 8 | 6 | 9 | 3 | 4 |
|---|---|---|---|---|---|---|---|---|
| 9 | 6 | 3 | 5 | 4 | 7 | 2 | 1 | 8 |
| 2 | 8 | 4 | 3 | 9 | 1 | 7 | 5 | 6 |
| 8 | 5 | 2 | 1 | 6 | 9 | 4 | 7 | 3 |
| 6 | 1 | 7 | 4 | 3 | 5 | 8 | 2 | 9 |
| 4 | 3 | 9 | 7 | 2 | 8 | 5 | 6 | 1 |
| 1 | 4 | 5 | 9 | 7 | 3 | 6 | 8 | 2 |
| 3 | 9 | 8 | 6 | 5 | 2 | 1 | 4 | 7 |
| 7 | 2 | 6 | 8 | 1 | 4 | 3 | 9 | 5 |

## Solution 21

| 9 | 1 | 3 | 6 | 7 | 4 | 5 | 2 | 8 |
|---|---|---|---|---|---|---|---|---|
| 2 | 7 | 8 | 1 | 5 | 9 | 6 | 4 | 3 |
| 4 | 5 | 6 | 8 | 2 | 3 | 1 | 7 | 9 |
| 8 | 2 | 4 | 3 | 1 | 7 | 9 | 6 | 5 |
| 7 | 9 | 1 | 4 | 6 | 5 | 8 | 3 | 2 |
| 3 | 6 | 5 | 9 | 8 | 2 | 4 | 1 | 7 |
| 1 | 8 | 9 | 2 | 3 | 6 | 7 | 5 | 4 |
| 6 | 3 | 7 | 5 | 4 | 8 | 2 | 9 | 1 |
| 5 | 4 | 2 | 7 | 9 | 1 | 3 | 8 | 6 |

## Solution 22

| 7 | 3 | 8 | 4 | 6 | 2 | 9 | 5 | 1 |
|---|---|---|---|---|---|---|---|---|
| 6 | 1 | 9 | 8 | 5 | 7 | 4 | 3 | 2 |
| 5 | 4 | 2 | 1 | 3 | 9 | 7 | 8 | 6 |
| 8 | 5 | 3 | 2 | 4 | 1 | 6 | 9 | 7 |
| 9 | 7 | 1 | 6 | 8 | 3 | 2 | 4 | 5 |
| 4 | 2 | 6 | 7 | 9 | 5 | 3 | 1 | 8 |
| 3 | 8 | 7 | 5 | 2 | 4 | 1 | 6 | 9 |
| 2 | 9 | 5 | 3 | 1 | 6 | 8 | 7 | 4 |
| 1 | 6 | 4 | 9 | 7 | 8 | 5 | 2 | 3 |

## Solution 23

| 6 | 9 | 8 | 3 | 7 | 2 | 4 | 5 | 1 |
|---|---|---|---|---|---|---|---|---|
| 4 | 3 | 7 | 1 | 9 | 5 | 8 | 6 | 2 |
| 2 | 1 | 5 | 8 | 4 | 6 | 7 | 9 | 3 |
| 7 | 5 | 9 | 6 | 1 | 4 | 3 | 2 | 8 |
| 1 | 4 | 2 | 9 | 3 | 8 | 5 | 7 | 6 |
| 3 | 8 | 6 | 5 | 2 | 7 | 1 | 4 | 9 |
| 9 | 7 | 1 | 2 | 5 | 3 | 6 | 8 | 4 |
| 8 | 2 | 4 | 7 | 6 | 1 | 9 | 3 | 5 |
| 5 | 6 | 3 | 4 | 8 | 9 | 2 | 1 | 7 |

## Solution 24

| 7 | 9 | 1 | 2 | 6 | 4 | 8 | 3 | 5 |
|---|---|---|---|---|---|---|---|---|
| 8 | 6 | 5 | 9 | 1 | 3 | 4 | 7 | 2 |
| 4 | 3 | 2 | 5 | 7 | 8 | 9 | 6 | 1 |
| 9 | 5 | 7 | 8 | 4 | 2 | 3 | 1 | 6 |
| 6 | 2 | 4 | 1 | 3 | 5 | 7 | 9 | 8 |
| 3 | 1 | 8 | 7 | 9 | 6 | 5 | 2 | 4 |
| 5 | 4 | 9 | 3 | 2 | 1 | 6 | 8 | 7 |
| 1 | 8 | 3 | 6 | 5 | 7 | 2 | 4 | 9 |
| 2 | 7 | 6 | 4 | 8 | 9 | 1 | 5 | 3 |

## Solution 25

| 8 | 3 | 2 | 4 | 9 | 5 | 1 | 7 | 6 |
|---|---|---|---|---|---|---|---|---|
| 1 | 6 | 4 | 7 | 8 | 2 | 5 | 9 | 3 |
| 7 | 5 | 9 | 6 | 3 | 1 | 8 | 4 | 2 |
| 4 | 7 | 8 | 3 | 6 | 9 | 2 | 5 | 1 |
| 5 | 2 | 3 | 1 | 7 | 4 | 6 | 8 | 9 |
| 9 | 1 | 6 | 2 | 5 | 8 | 4 | 3 | 7 |
| 2 | 9 | 7 | 8 | 4 | 6 | 3 | 1 | 5 |
| 6 | 8 | 5 | 9 | 1 | 3 | 7 | 2 | 4 |
| 3 | 4 | 1 | 5 | 2 | 7 | 9 | 6 | 8 |

## Solution 26

| 2 | 7 | 8 | 4 | 1 | 6 | 9 | 3 | 5 |
|---|---|---|---|---|---|---|---|---|
| 4 | 6 | 9 | 5 | 3 | 7 | 8 | 1 | 2 |
| 1 | 5 | 3 | 9 | 8 | 2 | 4 | 7 | 6 |
| 7 | 2 | 6 | 8 | 9 | 1 | 3 | 5 | 4 |
| 3 | 9 | 5 | 2 | 7 | 4 | 1 | 6 | 8 |
| 8 | 1 | 4 | 3 | 6 | 5 | 2 | 9 | 7 |
| 5 | 4 | 1 | 7 | 2 | 9 | 6 | 8 | 3 |
| 9 | 3 | 2 | 6 | 5 | 8 | 7 | 4 | 1 |
| 6 | 8 | 7 | 1 | 4 | 3 | 5 | 2 | 9 |

## Solution 27

| 9 | 2 | 6 | 7 | 5 | 8 | 4 | 3 | 1 |
|---|---|---|---|---|---|---|---|---|
| 7 | 5 | 1 | 9 | 4 | 3 | 2 | 6 | 8 |
| 8 | 3 | 4 | 2 | 1 | 6 | 5 | 7 | 9 |
| 6 | 8 | 5 | 1 | 2 | 9 | 3 | 4 | 7 |
| 3 | 9 | 7 | 4 | 6 | 5 | 1 | 8 | 2 |
| 1 | 4 | 2 | 8 | 3 | 7 | 9 | 5 | 6 |
| 2 | 1 | 3 | 6 | 8 | 4 | 7 | 9 | 5 |
| 4 | 7 | 8 | 5 | 9 | 1 | 6 | 2 | 3 |
| 5 | 6 | 9 | 3 | 7 | 2 | 8 | 1 | 4 |

## Solution 28

| 8 | 5 | 7 | 1 | 9 | 3 | 2 | 4 | 6 |
|---|---|---|---|---|---|---|---|---|
| 6 | 2 | 1 | 4 | 8 | 5 | 7 | 3 | 9 |
| 3 | 4 | 9 | 7 | 2 | 6 | 8 | 1 | 5 |
| 1 | 3 | 2 | 9 | 5 | 8 | 6 | 7 | 4 |
| 4 | 9 | 6 | 2 | 1 | 7 | 3 | 5 | 8 |
| 5 | 7 | 8 | 3 | 6 | 4 | 9 | 2 | 1 |
| 7 | 8 | 3 | 5 | 4 | 9 | 1 | 6 | 2 |
| 2 | 6 | 4 | 8 | 3 | 1 | 5 | 9 | 7 |
| 9 | 1 | 5 | 6 | 7 | 2 | 4 | 8 | 3 |

## Solution 29

| 9 | 1 | 7 | 2 | 8 | 4 | 3 | 6 | 5 |
|---|---|---|---|---|---|---|---|---|
| 8 | 6 | 3 | 7 | 5 | 9 | 1 | 4 | 2 |
| 2 | 4 | 5 | 1 | 3 | 6 | 9 | 7 | 8 |
| 3 | 9 | 6 | 5 | 2 | 1 | 4 | 8 | 7 |
| 5 | 7 | 2 | 3 | 4 | 8 | 6 | 1 | 9 |
| 1 | 8 | 4 | 6 | 9 | 7 | 5 | 2 | 3 |
| 7 | 5 | 1 | 8 | 6 | 3 | 2 | 9 | 4 |
| 6 | 3 | 9 | 4 | 7 | 2 | 8 | 5 | 1 |
| 4 | 2 | 8 | 9 | 1 | 5 | 7 | 3 | 6 |

## Solution 30

| 7 | 1 | 9 | 4 | 6 | 3 | 8 | 5 | 2 |
|---|---|---|---|---|---|---|---|---|
| 8 | 5 | 6 | 2 | 7 | 9 | 4 | 1 | 3 |
| 4 | 3 | 2 | 8 | 5 | 1 | 9 | 6 | 7 |
| 6 | 9 | 7 | 5 | 1 | 8 | 2 | 3 | 4 |
| 3 | 2 | 5 | 6 | 4 | 7 | 1 | 9 | 8 |
| 1 | 4 | 8 | 9 | 3 | 2 | 5 | 7 | 6 |
| 5 | 6 | 1 | 7 | 8 | 4 | 3 | 2 | 9 |
| 2 | 7 | 4 | 3 | 9 | 5 | 6 | 8 | 1 |
| 9 | 8 | 3 | 1 | 2 | 6 | 7 | 4 | 5 |

## Solution 31

| 7 | 2 | 9 | 4 | 1 | 5 | 6 | 3 | 8 |
|---|---|---|---|---|---|---|---|---|
| 1 | 8 | 3 | 9 | 6 | 7 | 5 | 2 | 4 |
| 5 | 4 | 6 | 8 | 3 | 2 | 1 | 9 | 7 |
| 8 | 6 | 5 | 3 | 2 | 4 | 7 | 1 | 9 |
| 4 | 1 | 2 | 7 | 8 | 9 | 3 | 6 | 5 |
| 9 | 3 | 7 | 1 | 5 | 6 | 4 | 8 | 2 |
| 6 | 9 | 1 | 5 | 7 | 8 | 2 | 4 | 3 |
| 3 | 5 | 4 | 2 | 9 | 1 | 8 | 7 | 6 |
| 2 | 7 | 8 | 6 | 4 | 3 | 9 | 5 | 1 |

## Solution 32

| 6 | 4 | 9 | 2 | 8 | 7 | 3 | 5 | 1 |
|---|---|---|---|---|---|---|---|---|
| 3 | 8 | 7 | 6 | 1 | 5 | 4 | 2 | 9 |
| 2 | 1 | 5 | 9 | 4 | 3 | 8 | 6 | 7 |
| 5 | 7 | 8 | 4 | 6 | 1 | 2 | 9 | 3 |
| 4 | 9 | 6 | 3 | 5 | 2 | 1 | 7 | 8 |
| 1 | 2 | 3 | 7 | 9 | 8 | 5 | 4 | 6 |
| 7 | 5 | 1 | 8 | 2 | 6 | 9 | 3 | 4 |
| 9 | 6 | 2 | 1 | 3 | 4 | 7 | 8 | 5 |
| 8 | 3 | 4 | 5 | 7 | 9 | 6 | 1 | 2 |

## Solution 33

| 2 | 3 | 5 | 7 | 9 | 1 | 6 | 8 | 4 |
|---|---|---|---|---|---|---|---|---|
| 9 | 4 | 1 | 6 | 8 | 2 | 5 | 3 | 7 |
| 8 | 7 | 6 | 5 | 4 | 3 | 2 | 1 | 9 |
| 1 | 6 | 7 | 2 | 3 | 4 | 9 | 5 | 8 |
| 4 | 5 | 2 | 8 | 7 | 9 | 1 | 6 | 3 |
| 3 | 8 | 9 | 1 | 6 | 5 | 7 | 4 | 2 |
| 6 | 2 | 8 | 4 | 1 | 7 | 3 | 9 | 5 |
| 5 | 1 | 3 | 9 | 2 | 8 | 4 | 7 | 6 |
| 7 | 9 | 4 | 3 | 5 | 6 | 8 | 2 | 1 |

## Solution 34

| 9 | 7 | 8 | 5 | 6 | 3 | 4 | 1 | 2 |
|---|---|---|---|---|---|---|---|---|
| 6 | 2 | 3 | 1 | 8 | 4 | 5 | 7 | 9 |
| 5 | 1 | 4 | 9 | 7 | 2 | 6 | 3 | 8 |
| 4 | 9 | 5 | 8 | 2 | 1 | 7 | 6 | 3 |
| 1 | 8 | 6 | 3 | 5 | 7 | 2 | 9 | 4 |
| 2 | 3 | 7 | 4 | 9 | 6 | 1 | 8 | 5 |
| 8 | 4 | 9 | 7 | 1 | 5 | 3 | 2 | 6 |
| 3 | 6 | 1 | 2 | 4 | 8 | 9 | 5 | 7 |
| 7 | 5 | 2 | 6 | 3 | 9 | 8 | 4 | 1 |

## Solution 35

| 8 | 6 | 9 | 3 | 1 | 7 | 4 | 5 | 2 |
|---|---|---|---|---|---|---|---|---|
| 4 | 3 | 1 | 2 | 8 | 5 | 9 | 7 | 6 |
| 2 | 5 | 7 | 9 | 4 | 6 | 1 | 3 | 8 |
| 9 | 7 | 3 | 8 | 5 | 2 | 6 | 4 | 1 |
| 5 | 4 | 8 | 1 | 6 | 9 | 7 | 2 | 3 |
| 6 | 1 | 2 | 7 | 3 | 4 | 5 | 8 | 9 |
| 7 | 8 | 5 | 6 | 9 | 3 | 2 | 1 | 4 |
| 3 | 9 | 4 | 5 | 2 | 1 | 8 | 6 | 7 |
| 1 | 2 | 6 | 4 | 7 | 8 | 3 | 9 | 5 |

## Solution 36

| 6 | 4 | 2 | 9 | 1 | 8 | 5 | 3 | 7 |
|---|---|---|---|---|---|---|---|---|
| 7 | 3 | 9 | 4 | 5 | 6 | 2 | 1 | 8 |
| 1 | 5 | 8 | 3 | 7 | 2 | 6 | 9 | 4 |
| 3 | 6 | 1 | 2 | 4 | 5 | 7 | 8 | 9 |
| 9 | 7 | 4 | 8 | 6 | 3 | 1 | 2 | 5 |
| 2 | 8 | 5 | 7 | 9 | 1 | 3 | 4 | 6 |
| 8 | 9 | 6 | 1 | 2 | 7 | 4 | 5 | 3 |
| 5 | 1 | 3 | 6 | 8 | 4 | 9 | 7 | 2 |
| 4 | 2 | 7 | 5 | 3 | 9 | 8 | 6 | 1 |

## Solution 37

| 8 | 1 | 2 | 9 | 3 | 5 | 4 | 7 | 6 |
|---|---|---|---|---|---|---|---|---|
| 4 | 5 | 6 | 2 | 8 | 7 | 9 | 3 | 1 |
| 3 | 7 | 9 | 4 | 1 | 6 | 5 | 8 | 2 |
| 7 | 2 | 8 | 6 | 5 | 4 | 1 | 9 | 3 |
| 9 | 3 | 5 | 1 | 2 | 8 | 7 | 6 | 4 |
| 1 | 6 | 4 | 3 | 7 | 9 | 2 | 5 | 8 |
| 5 | 4 | 3 | 7 | 6 | 2 | 8 | 1 | 9 |
| 6 | 9 | 7 | 8 | 4 | 1 | 3 | 2 | 5 |
| 2 | 8 | 1 | 5 | 9 | 3 | 6 | 4 | 7 |

## Solution 38

| 9 | 6 | 3 | 5 | 7 | 2 | 8 | 1 | 4 |
|---|---|---|---|---|---|---|---|---|
| 1 | 2 | 7 | 4 | 8 | 6 | 3 | 9 | 5 |
| 8 | 4 | 5 | 3 | 1 | 9 | 7 | 2 | 6 |
| 6 | 9 | 1 | 2 | 3 | 7 | 5 | 4 | 8 |
| 3 | 5 | 8 | 9 | 6 | 4 | 2 | 7 | 1 |
| 2 | 7 | 4 | 1 | 5 | 8 | 9 | 6 | 3 |
| 7 | 3 | 9 | 8 | 4 | 1 | 6 | 5 | 2 |
| 4 | 8 | 2 | 6 | 9 | 5 | 1 | 3 | 7 |
| 5 | 1 | 6 | 7 | 2 | 3 | 4 | 8 | 9 |

## Solution 39

| 3 | 2 | 5 | 8 | 1 | 4 | 7 | 9 | 6 |
|---|---|---|---|---|---|---|---|---|
| 4 | 1 | 6 | 7 | 5 | 9 | 2 | 8 | 3 |
| 7 | 8 | 9 | 2 | 6 | 3 | 5 | 4 | 1 |
| 2 | 5 | 3 | 4 | 9 | 7 | 6 | 1 | 8 |
| 6 | 7 | 1 | 5 | 3 | 8 | 9 | 2 | 4 |
| 8 | 9 | 4 | 6 | 2 | 1 | 3 | 5 | 7 |
| 5 | 3 | 7 | 1 | 4 | 2 | 8 | 6 | 9 |
| 9 | 4 | 2 | 3 | 8 | 6 | 1 | 7 | 5 |
| 1 | 6 | 8 | 9 | 7 | 5 | 4 | 3 | 2 |

## Solution 40

| 3 | 8 | 5 | 1 | 2 | 9 | 6 | 7 | 4 |
|---|---|---|---|---|---|---|---|---|
| 7 | 4 | 2 | 8 | 3 | 6 | 1 | 5 | 9 |
| 6 | 9 | 1 | 7 | 5 | 4 | 2 | 3 | 8 |
| 1 | 5 | 9 | 4 | 8 | 3 | 7 | 2 | 6 |
| 8 | 2 | 3 | 5 | 6 | 7 | 4 | 9 | 1 |
| 4 | 7 | 6 | 9 | 1 | 2 | 3 | 8 | 5 |
| 2 | 6 | 8 | 3 | 9 | 1 | 5 | 4 | 7 |
| 9 | 3 | 4 | 6 | 7 | 5 | 8 | 1 | 2 |
| 5 | 1 | 7 | 2 | 4 | 8 | 9 | 6 | 3 |

## Solution 41

| 8 | 1 | 9 | 7 | 5 | 4 | 3 | 2 | 6 |
|---|---|---|---|---|---|---|---|---|
| 6 | 5 | 4 | 8 | 3 | 2 | 1 | 7 | 9 |
| 7 | 2 | 3 | 6 | 9 | 1 | 5 | 8 | 4 |
| 2 | 7 | 6 | 1 | 8 | 5 | 4 | 9 | 3 |
| 9 | 4 | 1 | 3 | 2 | 7 | 6 | 5 | 8 |
| 5 | 3 | 8 | 4 | 6 | 9 | 2 | 1 | 7 |
| 3 | 9 | 2 | 5 | 7 | 6 | 8 | 4 | 1 |
| 4 | 6 | 5 | 9 | 1 | 8 | 7 | 3 | 2 |
| 1 | 8 | 7 | 2 | 4 | 3 | 9 | 6 | 5 |

## Solution 42

| 7 | 4 | 1 | 8 | 2 | 5 | 6 | 9 | 3 |
|---|---|---|---|---|---|---|---|---|
| 3 | 8 | 2 | 6 | 9 | 1 | 4 | 7 | 5 |
| 5 | 6 | 9 | 4 | 7 | 3 | 8 | 1 | 2 |
| 9 | 5 | 6 | 2 | 4 | 7 | 3 | 8 | 1 |
| 1 | 3 | 4 | 9 | 5 | 8 | 7 | 2 | 6 |
| 8 | 2 | 7 | 3 | 1 | 6 | 5 | 4 | 9 |
| 2 | 9 | 8 | 5 | 6 | 4 | 1 | 3 | 7 |
| 4 | 1 | 5 | 7 | 3 | 2 | 9 | 6 | 8 |
| 6 | 7 | 3 | 1 | 8 | 9 | 2 | 5 | 4 |

## Solution 43

| 8 | 9 | 3 | 5 | 6 | 4 | 7 | 1 | 2 |
|---|---|---|---|---|---|---|---|---|
| 7 | 6 | 1 | 2 | 8 | 3 | 4 | 9 | 5 |
| 4 | 2 | 5 | 9 | 7 | 1 | 3 | 8 | 6 |
| 3 | 1 | 2 | 7 | 9 | 6 | 5 | 4 | 8 |
| 9 | 8 | 6 | 4 | 5 | 2 | 1 | 3 | 7 |
| 5 | 7 | 4 | 1 | 3 | 8 | 6 | 2 | 9 |
| 2 | 3 | 7 | 8 | 1 | 5 | 9 | 6 | 4 |
| 1 | 4 | 9 | 6 | 2 | 7 | 8 | 5 | 3 |
| 6 | 5 | 8 | 3 | 4 | 9 | 2 | 7 | 1 |

## Solution 44

| 6 | 1 | 2 | 8 | 7 | 4 | 9 | 3 | 5 |
|---|---|---|---|---|---|---|---|---|
| 4 | 5 | 9 | 2 | 3 | 6 | 1 | 8 | 7 |
| 3 | 7 | 8 | 5 | 9 | 1 | 4 | 2 | 6 |
| 9 | 6 | 5 | 1 | 4 | 2 | 3 | 7 | 8 |
| 1 | 2 | 7 | 9 | 8 | 3 | 5 | 6 | 4 |
| 8 | 4 | 3 | 7 | 6 | 5 | 2 | 1 | 9 |
| 7 | 8 | 1 | 3 | 5 | 9 | 6 | 4 | 2 |
| 5 | 3 | 4 | 6 | 2 | 7 | 8 | 9 | 1 |
| 2 | 9 | 6 | 4 | 1 | 8 | 7 | 5 | 3 |

## Solution 45

| 5 | 6 | 8 | 9 | 3 | 2 | 7 | 4 | 1 |
|---|---|---|---|---|---|---|---|---|
| 7 | 2 | 1 | 8 | 6 | 4 | 3 | 9 | 5 |
| 3 | 4 | 9 | 7 | 1 | 5 | 6 | 2 | 8 |
| 4 | 1 | 3 | 2 | 7 | 8 | 5 | 6 | 9 |
| 8 | 7 | 5 | 6 | 9 | 3 | 2 | 1 | 4 |
| 2 | 9 | 6 | 4 | 5 | 1 | 8 | 3 | 7 |
| 6 | 8 | 7 | 1 | 2 | 9 | 4 | 5 | 3 |
| 9 | 5 | 2 | 3 | 4 | 7 | 1 | 8 | 6 |
| 1 | 3 | 4 | 5 | 8 | 6 | 9 | 7 | 2 |

## Solution 46

| 2 | 4 | 5 | 7 | 9 | 6 | 1 | 8 | 3 |
|---|---|---|---|---|---|---|---|---|
| 3 | 1 | 6 | 4 | 8 | 5 | 2 | 9 | 7 |
| 7 | 9 | 8 | 3 | 1 | 2 | 4 | 6 | 5 |
| 1 | 5 | 2 | 6 | 7 | 3 | 8 | 4 | 9 |
| 6 | 3 | 9 | 5 | 4 | 8 | 7 | 1 | 2 |
| 4 | 8 | 7 | 9 | 2 | 1 | 5 | 3 | 6 |
| 9 | 6 | 4 | 1 | 5 | 7 | 3 | 2 | 8 |
| 5 | 2 | 1 | 8 | 3 | 9 | 6 | 7 | 4 |
| 8 | 7 | 3 | 2 | 6 | 4 | 9 | 5 | 1 |

## Solution 47

| 3 | 9 | 1 | 5 | 4 | 8 | 2 | 7 | 6 |
|---|---|---|---|---|---|---|---|---|
| 7 | 5 | 6 | 2 | 3 | 9 | 8 | 4 | 1 |
| 2 | 8 | 4 | 1 | 7 | 6 | 9 | 5 | 3 |
| 4 | 3 | 2 | 7 | 8 | 1 | 5 | 6 | 9 |
| 5 | 1 | 9 | 4 | 6 | 2 | 7 | 3 | 8 |
| 6 | 7 | 8 | 9 | 5 | 3 | 1 | 2 | 4 |
| 1 | 4 | 3 | 8 | 2 | 7 | 6 | 9 | 5 |
| 8 | 2 | 5 | 6 | 9 | 4 | 3 | 1 | 7 |
| 9 | 6 | 7 | 3 | 1 | 5 | 4 | 8 | 2 |

## Solution 48

| 8 | 1 | 2 | 4 | 9 | 5 | 7 | 3 | 6 |
|---|---|---|---|---|---|---|---|---|
| 5 | 3 | 6 | 1 | 7 | 2 | 9 | 8 | 4 |
| 7 | 9 | 4 | 6 | 8 | 3 | 5 | 1 | 2 |
| 3 | 4 | 5 | 2 | 1 | 8 | 6 | 9 | 7 |
| 1 | 6 | 9 | 3 | 4 | 7 | 8 | 2 | 5 |
| 2 | 7 | 8 | 9 | 5 | 6 | 3 | 4 | 1 |
| 9 | 2 | 3 | 5 | 6 | 4 | 1 | 7 | 8 |
| 6 | 8 | 1 | 7 | 2 | 9 | 4 | 5 | 3 |
| 4 | 5 | 7 | 8 | 3 | 1 | 2 | 6 | 9 |

## Solution 49

| 6 | 7 | 9 | 1 | 3 | 8 | 5 | 4 | 2 |
|---|---|---|---|---|---|---|---|---|
| 5 | 3 | 4 | 7 | 2 | 9 | 1 | 8 | 6 |
| 2 | 1 | 8 | 4 | 5 | 6 | 9 | 3 | 7 |
| 4 | 8 | 6 | 3 | 7 | 5 | 2 | 1 | 9 |
| 3 | 5 | 1 | 6 | 9 | 2 | 8 | 7 | 4 |
| 9 | 2 | 7 | 8 | 4 | 1 | 3 | 6 | 5 |
| 1 | 9 | 3 | 2 | 6 | 7 | 4 | 5 | 8 |
| 7 | 4 | 2 | 5 | 8 | 3 | 6 | 9 | 1 |
| 8 | 6 | 5 | 9 | 1 | 4 | 7 | 2 | 3 |

## Solution 50

| 3 | 7 | 8 | 2 | 1 | 6 | 9 | 4 | 5 |
|---|---|---|---|---|---|---|---|---|
| 6 | 1 | 5 | 7 | 9 | 4 | 3 | 8 | 2 |
| 9 | 2 | 4 | 5 | 8 | 3 | 1 | 6 | 7 |
| 7 | 4 | 2 | 3 | 5 | 1 | 8 | 9 | 6 |
| 1 | 5 | 9 | 8 | 6 | 2 | 7 | 3 | 4 |
| 8 | 3 | 6 | 4 | 7 | 9 | 2 | 5 | 1 |
| 4 | 9 | 3 | 1 | 2 | 5 | 6 | 7 | 8 |
| 5 | 8 | 1 | 6 | 3 | 7 | 4 | 2 | 9 |
| 2 | 6 | 7 | 9 | 4 | 8 | 5 | 1 | 3 |

## Solution 51

| 2 | 9 | 1 | 8 | 3 | 6 | 4 | 5 | 7 |
|---|---|---|---|---|---|---|---|---|
| 6 | 3 | 5 | 4 | 7 | 1 | 9 | 8 | 2 |
| 7 | 4 | 8 | 2 | 9 | 5 | 3 | 1 | 6 |
| 1 | 6 | 3 | 5 | 2 | 7 | 8 | 4 | 9 |
| 4 | 8 | 2 | 1 | 6 | 9 | 7 | 3 | 5 |
| 5 | 7 | 9 | 3 | 4 | 8 | 2 | 6 | 1 |
| 3 | 5 | 4 | 9 | 1 | 2 | 6 | 7 | 8 |
| 9 | 1 | 7 | 6 | 8 | 3 | 5 | 2 | 4 |
| 8 | 2 | 6 | 7 | 5 | 4 | 1 | 9 | 3 |

## Solution 52

| 7 | 8 | 1 | 4 | 6 | 3 | 2 | 9 | 5 |
|---|---|---|---|---|---|---|---|---|
| 9 | 2 | 6 | 1 | 5 | 7 | 4 | 3 | 8 |
| 3 | 4 | 5 | 2 | 8 | 9 | 7 | 6 | 1 |
| 1 | 5 | 3 | 7 | 4 | 8 | 9 | 2 | 6 |
| 4 | 9 | 8 | 3 | 2 | 6 | 1 | 5 | 7 |
| 2 | 6 | 7 | 9 | 1 | 5 | 8 | 4 | 3 |
| 5 | 1 | 4 | 6 | 7 | 2 | 3 | 8 | 9 |
| 8 | 7 | 9 | 5 | 3 | 4 | 6 | 1 | 2 |
| 6 | 3 | 2 | 8 | 9 | 1 | 5 | 7 | 4 |

## Solution 53

| 5 | 7 | 2 | 1 | 3 | 6 | 8 | 4 | 9 |
|---|---|---|---|---|---|---|---|---|
| 6 | 8 | 3 | 4 | 2 | 9 | 7 | 5 | 1 |
| 1 | 9 | 4 | 8 | 5 | 7 | 3 | 2 | 6 |
| 8 | 3 | 5 | 2 | 7 | 1 | 6 | 9 | 4 |
| 2 | 1 | 9 | 6 | 8 | 4 | 5 | 7 | 3 |
| 7 | 4 | 6 | 5 | 9 | 3 | 2 | 1 | 8 |
| 4 | 6 | 8 | 7 | 1 | 2 | 9 | 3 | 5 |
| 9 | 5 | 7 | 3 | 4 | 8 | 1 | 6 | 2 |
| 3 | 2 | 1 | 9 | 6 | 5 | 4 | 8 | 7 |

## Solution 54

| 1 | 7 | 2 | 5 | 4 | 6 | 8 | 3 | 9 |
|---|---|---|---|---|---|---|---|---|
| 5 | 3 | 8 | 7 | 2 | 9 | 1 | 4 | 6 |
| 6 | 9 | 4 | 8 | 1 | 3 | 5 | 2 | 7 |
| 7 | 4 | 6 | 3 | 8 | 5 | 2 | 9 | 1 |
| 3 | 5 | 9 | 2 | 7 | 1 | 4 | 6 | 8 |
| 8 | 2 | 1 | 6 | 9 | 4 | 7 | 5 | 3 |
| 2 | 6 | 5 | 1 | 3 | 7 | 9 | 8 | 4 |
| 9 | 8 | 7 | 4 | 6 | 2 | 3 | 1 | 5 |
| 4 | 1 | 3 | 9 | 5 | 8 | 6 | 7 | 2 |

## Solution 55

| 1 | 7 | 6 | 3 | 4 | 9 | 5 | 8 | 2 |
|---|---|---|---|---|---|---|---|---|
| 5 | 4 | 8 | 2 | 1 | 7 | 3 | 6 | 9 |
| 3 | 2 | 9 | 6 | 8 | 5 | 4 | 7 | 1 |
| 2 | 9 | 3 | 1 | 6 | 4 | 7 | 5 | 8 |
| 6 | 1 | 4 | 5 | 7 | 8 | 2 | 9 | 3 |
| 8 | 5 | 7 | 9 | 2 | 3 | 1 | 4 | 6 |
| 4 | 6 | 1 | 7 | 9 | 2 | 8 | 3 | 5 |
| 7 | 3 | 2 | 8 | 5 | 6 | 9 | 1 | 4 |
| 9 | 8 | 5 | 4 | 3 | 1 | 6 | 2 | 7 |

## Solution 56

| 7 | 5 | 2 | 6 | 4 | 8 | 1 | 3 | 9 |
|---|---|---|---|---|---|---|---|---|
| 1 | 6 | 3 | 2 | 7 | 9 | 4 | 8 | 5 |
| 4 | 8 | 9 | 1 | 5 | 3 | 7 | 6 | 2 |
| 6 | 3 | 5 | 7 | 8 | 1 | 2 | 9 | 4 |
| 8 | 7 | 4 | 9 | 2 | 6 | 3 | 5 | 1 |
| 9 | 2 | 1 | 4 | 3 | 5 | 6 | 7 | 8 |
| 3 | 9 | 7 | 8 | 1 | 4 | 5 | 2 | 6 |
| 5 | 4 | 6 | 3 | 9 | 2 | 8 | 1 | 7 |
| 2 | 1 | 8 | 5 | 6 | 7 | 9 | 4 | 3 |

## Solution 57

| 4 | 7 | 8 | 1 | 2 | 5 | 3 | 9 | 6 |
|---|---|---|---|---|---|---|---|---|
| 2 | 6 | 5 | 7 | 3 | 9 | 1 | 8 | 4 |
| 1 | 9 | 3 | 6 | 4 | 8 | 2 | 5 | 7 |
| 8 | 1 | 6 | 4 | 5 | 2 | 9 | 7 | 3 |
| 9 | 2 | 7 | 8 | 1 | 3 | 4 | 6 | 5 |
| 3 | 5 | 4 | 9 | 6 | 7 | 8 | 2 | 1 |
| 7 | 3 | 1 | 2 | 8 | 6 | 5 | 4 | 9 |
| 6 | 4 | 2 | 5 | 9 | 1 | 7 | 3 | 8 |
| 5 | 8 | 9 | 3 | 7 | 4 | 6 | 1 | 2 |

## Solution 58

| 1 | 6 | 7 | 5 | 2 | 8 | 4 | 9 | 3 |
|---|---|---|---|---|---|---|---|---|
| 9 | 3 | 5 | 6 | 4 | 1 | 8 | 7 | 2 |
| 8 | 4 | 2 | 3 | 9 | 7 | 6 | 5 | 1 |
| 7 | 5 | 8 | 2 | 1 | 4 | 9 | 3 | 6 |
| 3 | 2 | 4 | 7 | 6 | 9 | 5 | 1 | 8 |
| 6 | 1 | 9 | 8 | 5 | 3 | 2 | 4 | 7 |
| 5 | 7 | 1 | 9 | 8 | 2 | 3 | 6 | 4 |
| 2 | 9 | 3 | 4 | 7 | 6 | 1 | 8 | 5 |
| 4 | 8 | 6 | 1 | 3 | 5 | 7 | 2 | 9 |

## Solution 59

| 9 | 7 | 1 | 8 | 6 | 4 | 3 | 2 | 5 |
|---|---|---|---|---|---|---|---|---|
| 3 | 6 | 4 | 7 | 5 | 2 | 8 | 1 | 9 |
| 2 | 5 | 8 | 9 | 1 | 3 | 7 | 6 | 4 |
| 5 | 8 | 3 | 6 | 9 | 1 | 4 | 7 | 2 |
| 4 | 2 | 6 | 3 | 8 | 7 | 9 | 5 | 1 |
| 1 | 9 | 7 | 2 | 4 | 5 | 6 | 8 | 3 |
| 7 | 4 | 2 | 5 | 3 | 8 | 1 | 9 | 6 |
| 8 | 1 | 9 | 4 | 2 | 6 | 5 | 3 | 7 |
| 6 | 3 | 5 | 1 | 7 | 9 | 2 | 4 | 8 |

## Solution 60

| 7 | 9 | 4 | 5 | 8 | 1 | 2 | 6 | 3 |
|---|---|---|---|---|---|---|---|---|
| 2 | 8 | 5 | 6 | 3 | 7 | 9 | 4 | 1 |
| 3 | 6 | 1 | 9 | 2 | 4 | 7 | 8 | 5 |
| 6 | 7 | 9 | 3 | 1 | 5 | 4 | 2 | 8 |
| 1 | 3 | 2 | 4 | 6 | 8 | 5 | 9 | 7 |
| 4 | 5 | 8 | 7 | 9 | 2 | 3 | 1 | 6 |
| 5 | 2 | 6 | 1 | 7 | 9 | 8 | 3 | 4 |
| 9 | 4 | 3 | 8 | 5 | 6 | 1 | 7 | 2 |
| 8 | 1 | 7 | 2 | 4 | 3 | 6 | 5 | 9 |

## Solution 61

| 1 | 2 | 3 | 9 | 8 | 7 | 4 | 6 | 5 |
| 8 | 7 | 6 | 5 | 4 | 2 | 9 | 3 | 1 |
| 5 | 4 | 9 | 3 | 6 | 1 | 2 | 7 | 8 |
| 4 | 3 | 2 | 6 | 9 | 8 | 1 | 5 | 7 |
| 6 | 9 | 8 | 1 | 7 | 5 | 3 | 4 | 2 |
| 7 | 5 | 1 | 2 | 3 | 4 | 6 | 8 | 9 |
| 2 | 8 | 5 | 4 | 1 | 3 | 7 | 9 | 6 |
| 3 | 6 | 7 | 8 | 2 | 9 | 5 | 1 | 4 |
| 9 | 1 | 4 | 7 | 5 | 6 | 8 | 2 | 3 |

## Solution 62

| 9 | 6 | 8 | 5 | 2 | 3 | 4 | 1 | 7 |
| 3 | 1 | 2 | 8 | 7 | 4 | 6 | 5 | 9 |
| 7 | 4 | 5 | 6 | 1 | 9 | 3 | 2 | 8 |
| 4 | 9 | 3 | 1 | 8 | 6 | 2 | 7 | 5 |
| 1 | 5 | 7 | 4 | 3 | 2 | 8 | 9 | 6 |
| 2 | 8 | 6 | 9 | 5 | 7 | 1 | 3 | 4 |
| 8 | 3 | 1 | 7 | 4 | 5 | 9 | 6 | 2 |
| 5 | 2 | 9 | 3 | 6 | 8 | 7 | 4 | 1 |
| 6 | 7 | 4 | 2 | 9 | 1 | 5 | 8 | 3 |

## Solution 63

| 4 | 1 | 2 | 6 | 3 | 7 | 5 | 8 | 9 |
| 6 | 3 | 8 | 4 | 5 | 9 | 2 | 7 | 1 |
| 5 | 9 | 7 | 8 | 1 | 2 | 3 | 4 | 6 |
| 2 | 7 | 6 | 9 | 4 | 5 | 1 | 3 | 8 |
| 3 | 8 | 5 | 2 | 6 | 1 | 4 | 9 | 7 |
| 9 | 4 | 1 | 7 | 8 | 3 | 6 | 5 | 2 |
| 1 | 5 | 9 | 3 | 7 | 6 | 8 | 2 | 4 |
| 7 | 6 | 4 | 5 | 2 | 8 | 9 | 1 | 3 |
| 8 | 2 | 3 | 1 | 9 | 4 | 7 | 6 | 5 |

## Solution 64

| 1 | 2 | 6 | 3 | 8 | 7 | 9 | 4 | 5 |
| 9 | 7 | 5 | 2 | 6 | 4 | 8 | 1 | 3 |
| 4 | 8 | 3 | 5 | 1 | 9 | 7 | 2 | 6 |
| 7 | 5 | 9 | 6 | 4 | 1 | 3 | 8 | 2 |
| 2 | 6 | 4 | 8 | 7 | 3 | 1 | 5 | 9 |
| 8 | 3 | 1 | 9 | 2 | 5 | 4 | 6 | 7 |
| 5 | 1 | 7 | 4 | 9 | 6 | 2 | 3 | 8 |
| 3 | 4 | 8 | 7 | 5 | 2 | 6 | 9 | 1 |
| 6 | 9 | 2 | 1 | 3 | 8 | 5 | 7 | 4 |

## Solution 65

| 8 | 5 | 7 | 1 | 2 | 3 | 6 | 4 | 9 |
| 3 | 2 | 9 | 6 | 7 | 4 | 8 | 1 | 5 |
| 6 | 4 | 1 | 8 | 9 | 5 | 2 | 3 | 7 |
| 7 | 9 | 8 | 3 | 5 | 6 | 4 | 2 | 1 |
| 4 | 1 | 6 | 2 | 8 | 9 | 7 | 5 | 3 |
| 2 | 3 | 5 | 7 | 4 | 1 | 9 | 6 | 8 |
| 5 | 6 | 4 | 9 | 1 | 8 | 3 | 7 | 2 |
| 1 | 8 | 2 | 4 | 3 | 7 | 5 | 9 | 6 |
| 9 | 7 | 3 | 5 | 6 | 2 | 1 | 8 | 4 |

## Solution 66

| 5 | 2 | 9 | 7 | 1 | 6 | 4 | 3 | 8 |
| 4 | 1 | 6 | 3 | 5 | 8 | 9 | 7 | 2 |
| 8 | 7 | 3 | 4 | 9 | 2 | 1 | 6 | 5 |
| 9 | 3 | 7 | 2 | 6 | 1 | 5 | 8 | 4 |
| 6 | 5 | 1 | 8 | 4 | 7 | 3 | 2 | 9 |
| 2 | 8 | 4 | 5 | 3 | 9 | 6 | 1 | 7 |
| 3 | 6 | 8 | 9 | 2 | 4 | 7 | 5 | 1 |
| 1 | 4 | 2 | 6 | 7 | 5 | 8 | 9 | 3 |
| 7 | 9 | 5 | 1 | 8 | 3 | 2 | 4 | 6 |

## Solution 67

| 9 | 3 | 7 | 1 | 5 | 4 | 6 | 8 | 2 |
| 6 | 4 | 1 | 9 | 2 | 8 | 3 | 7 | 5 |
| 2 | 8 | 5 | 6 | 7 | 3 | 4 | 1 | 9 |
| 8 | 7 | 2 | 4 | 3 | 6 | 5 | 9 | 1 |
| 3 | 9 | 6 | 5 | 8 | 1 | 2 | 4 | 7 |
| 1 | 5 | 4 | 7 | 9 | 2 | 8 | 3 | 6 |
| 4 | 6 | 8 | 2 | 1 | 7 | 9 | 5 | 3 |
| 5 | 1 | 3 | 8 | 6 | 9 | 7 | 2 | 4 |
| 7 | 2 | 9 | 3 | 4 | 5 | 1 | 6 | 8 |

## Solution 68

| 9 | 2 | 5 | 1 | 8 | 7 | 4 | 3 | 6 |
| 8 | 7 | 4 | 6 | 3 | 9 | 2 | 1 | 5 |
| 3 | 1 | 6 | 5 | 4 | 2 | 9 | 7 | 8 |
| 1 | 8 | 7 | 3 | 5 | 4 | 6 | 2 | 9 |
| 4 | 5 | 2 | 7 | 9 | 6 | 3 | 8 | 1 |
| 6 | 3 | 9 | 8 | 2 | 1 | 5 | 4 | 7 |
| 2 | 6 | 1 | 4 | 7 | 5 | 8 | 9 | 3 |
| 5 | 4 | 8 | 9 | 1 | 3 | 7 | 6 | 2 |
| 7 | 9 | 3 | 2 | 6 | 8 | 1 | 5 | 4 |

## Solution 69

| 3 | 1 | 7 | 4 | 9 | 6 | 8 | 5 | 2 |
| 8 | 9 | 5 | 7 | 2 | 1 | 3 | 4 | 6 |
| 4 | 2 | 6 | 8 | 3 | 5 | 9 | 1 | 7 |
| 9 | 4 | 2 | 5 | 1 | 7 | 6 | 8 | 3 |
| 7 | 3 | 1 | 6 | 8 | 2 | 4 | 9 | 5 |
| 6 | 5 | 8 | 9 | 4 | 3 | 2 | 7 | 1 |
| 5 | 7 | 4 | 3 | 6 | 9 | 1 | 2 | 8 |
| 1 | 8 | 3 | 2 | 5 | 4 | 7 | 6 | 9 |
| 2 | 6 | 9 | 1 | 7 | 8 | 5 | 3 | 4 |

## Solution 70

| 7 | 2 | 5 | 9 | 8 | 3 | 4 | 6 | 1 |
| 8 | 9 | 6 | 2 | 1 | 4 | 3 | 7 | 5 |
| 1 | 4 | 3 | 6 | 5 | 7 | 9 | 8 | 2 |
| 6 | 3 | 1 | 4 | 2 | 9 | 7 | 5 | 8 |
| 4 | 7 | 2 | 5 | 6 | 8 | 1 | 9 | 3 |
| 5 | 8 | 9 | 3 | 7 | 1 | 6 | 2 | 4 |
| 2 | 6 | 7 | 1 | 4 | 5 | 8 | 3 | 9 |
| 9 | 5 | 4 | 8 | 3 | 6 | 2 | 1 | 7 |
| 3 | 1 | 8 | 7 | 9 | 2 | 5 | 4 | 6 |

## Solution 71

| 6 | 4 | 5 | 3 | 7 | 1 | 2 | 9 | 8 |
| 3 | 2 | 7 | 6 | 8 | 9 | 4 | 1 | 5 |
| 1 | 9 | 8 | 2 | 4 | 5 | 3 | 7 | 6 |
| 2 | 7 | 4 | 8 | 1 | 6 | 5 | 3 | 9 |
| 8 | 5 | 6 | 9 | 3 | 7 | 1 | 4 | 2 |
| 9 | 1 | 3 | 4 | 5 | 2 | 8 | 6 | 7 |
| 4 | 6 | 2 | 1 | 9 | 8 | 7 | 5 | 3 |
| 5 | 3 | 9 | 7 | 2 | 4 | 6 | 8 | 1 |
| 7 | 8 | 1 | 5 | 6 | 3 | 9 | 2 | 4 |

## Solution 72

| 9 | 7 | 6 | 4 | 1 | 5 | 8 | 3 | 2 |
| 8 | 3 | 4 | 2 | 7 | 9 | 6 | 5 | 1 |
| 2 | 5 | 1 | 6 | 8 | 3 | 4 | 7 | 9 |
| 4 | 9 | 5 | 3 | 6 | 2 | 7 | 1 | 8 |
| 6 | 2 | 7 | 8 | 5 | 1 | 3 | 9 | 4 |
| 1 | 8 | 3 | 9 | 4 | 7 | 2 | 6 | 5 |
| 3 | 6 | 2 | 1 | 9 | 8 | 5 | 4 | 7 |
| 5 | 4 | 9 | 7 | 2 | 6 | 1 | 8 | 3 |
| 7 | 1 | 8 | 5 | 3 | 4 | 9 | 2 | 6 |

## Solution 73

| | | | | | | | | |
|---|---|---|---|---|---|---|---|---|
| 1 | 5 | 6 | 9 | 8 | 4 | 7 | 2 | 3 |
| 4 | 2 | 3 | 6 | 5 | 7 | 9 | 1 | 8 |
| 9 | 8 | 7 | 2 | 3 | 1 | 5 | 6 | 4 |
| 7 | 6 | 8 | 4 | 9 | 5 | 2 | 3 | 1 |
| 3 | 9 | 4 | 7 | 1 | 2 | 6 | 8 | 5 |
| 5 | 1 | 2 | 8 | 6 | 3 | 4 | 9 | 7 |
| 8 | 4 | 5 | 1 | 2 | 9 | 3 | 7 | 6 |
| 6 | 3 | 9 | 5 | 7 | 8 | 1 | 4 | 2 |
| 2 | 7 | 1 | 3 | 4 | 6 | 8 | 5 | 9 |

## Solution 74

| | | | | | | | | |
|---|---|---|---|---|---|---|---|---|
| 7 | 9 | 3 | 4 | 2 | 8 | 6 | 5 | 1 |
| 5 | 4 | 8 | 1 | 9 | 6 | 3 | 2 | 7 |
| 6 | 2 | 1 | 3 | 5 | 7 | 9 | 8 | 4 |
| 1 | 7 | 2 | 6 | 3 | 4 | 5 | 9 | 8 |
| 3 | 6 | 4 | 5 | 8 | 9 | 1 | 7 | 2 |
| 8 | 5 | 9 | 2 | 7 | 1 | 4 | 3 | 6 |
| 2 | 1 | 7 | 9 | 4 | 5 | 8 | 6 | 3 |
| 9 | 3 | 6 | 8 | 1 | 2 | 7 | 4 | 5 |
| 4 | 8 | 5 | 7 | 6 | 3 | 2 | 1 | 9 |

## Solution 75

| | | | | | | | | |
|---|---|---|---|---|---|---|---|---|
| 6 | 5 | 9 | 4 | 8 | 1 | 7 | 3 | 2 |
| 2 | 4 | 1 | 3 | 6 | 7 | 5 | 8 | 9 |
| 8 | 7 | 3 | 2 | 9 | 5 | 6 | 1 | 4 |
| 1 | 3 | 7 | 9 | 4 | 8 | 2 | 6 | 5 |
| 5 | 9 | 8 | 7 | 2 | 6 | 3 | 4 | 1 |
| 4 | 6 | 2 | 5 | 1 | 3 | 8 | 9 | 7 |
| 9 | 2 | 6 | 8 | 7 | 4 | 1 | 5 | 3 |
| 3 | 1 | 4 | 6 | 5 | 2 | 9 | 7 | 8 |
| 7 | 8 | 5 | 1 | 3 | 9 | 4 | 2 | 6 |

## Solution 76

| | | | | | | | | |
|---|---|---|---|---|---|---|---|---|
| 2 | 1 | 4 | 5 | 9 | 6 | 3 | 7 | 8 |
| 3 | 9 | 7 | 4 | 2 | 8 | 1 | 6 | 5 |
| 6 | 5 | 8 | 3 | 1 | 7 | 9 | 2 | 4 |
| 8 | 7 | 9 | 6 | 5 | 2 | 4 | 1 | 3 |
| 5 | 6 | 3 | 1 | 8 | 4 | 2 | 9 | 7 |
| 1 | 4 | 2 | 9 | 7 | 3 | 5 | 8 | 6 |
| 7 | 3 | 1 | 8 | 4 | 9 | 6 | 5 | 2 |
| 4 | 2 | 5 | 7 | 6 | 1 | 8 | 3 | 9 |
| 9 | 8 | 6 | 2 | 3 | 5 | 7 | 4 | 1 |

## Solution 77

| | | | | | | | | |
|---|---|---|---|---|---|---|---|---|
| 7 | 4 | 6 | 3 | 2 | 5 | 1 | 9 | 8 |
| 8 | 3 | 9 | 4 | 7 | 1 | 2 | 5 | 6 |
| 2 | 5 | 1 | 8 | 6 | 9 | 4 | 3 | 7 |
| 6 | 9 | 8 | 1 | 3 | 7 | 5 | 2 | 4 |
| 3 | 1 | 2 | 6 | 5 | 4 | 7 | 8 | 9 |
| 5 | 7 | 4 | 2 | 9 | 8 | 6 | 1 | 3 |
| 1 | 8 | 3 | 5 | 4 | 6 | 9 | 7 | 2 |
| 9 | 6 | 5 | 7 | 8 | 2 | 3 | 4 | 1 |
| 4 | 2 | 7 | 9 | 1 | 3 | 8 | 6 | 5 |

## Solution 78

| | | | | | | | | |
|---|---|---|---|---|---|---|---|---|
| 1 | 4 | 8 | 7 | 6 | 5 | 9 | 3 | 2 |
| 2 | 5 | 6 | 3 | 4 | 9 | 8 | 7 | 1 |
| 3 | 9 | 7 | 2 | 1 | 8 | 5 | 6 | 4 |
| 4 | 8 | 2 | 6 | 5 | 3 | 1 | 9 | 7 |
| 9 | 6 | 3 | 8 | 7 | 1 | 2 | 4 | 5 |
| 7 | 1 | 5 | 4 | 9 | 2 | 6 | 8 | 3 |
| 5 | 3 | 1 | 9 | 8 | 4 | 7 | 2 | 6 |
| 8 | 7 | 4 | 1 | 2 | 6 | 3 | 5 | 9 |
| 6 | 2 | 9 | 5 | 3 | 7 | 4 | 1 | 8 |

## Solution 79

| | | | | | | | | |
|---|---|---|---|---|---|---|---|---|
| 5 | 7 | 4 | 8 | 1 | 2 | 6 | 9 | 3 |
| 6 | 9 | 1 | 5 | 4 | 3 | 2 | 8 | 7 |
| 3 | 2 | 8 | 9 | 7 | 6 | 1 | 4 | 5 |
| 1 | 8 | 6 | 7 | 9 | 5 | 3 | 2 | 4 |
| 7 | 5 | 2 | 3 | 8 | 4 | 9 | 1 | 6 |
| 9 | 4 | 3 | 6 | 2 | 1 | 5 | 7 | 8 |
| 2 | 6 | 9 | 4 | 5 | 7 | 8 | 3 | 1 |
| 4 | 1 | 5 | 2 | 3 | 8 | 7 | 6 | 9 |
| 8 | 3 | 7 | 1 | 6 | 9 | 4 | 5 | 2 |

## Solution 80

| | | | | | | | | |
|---|---|---|---|---|---|---|---|---|
| 2 | 1 | 5 | 7 | 4 | 9 | 8 | 6 | 3 |
| 8 | 9 | 4 | 5 | 6 | 3 | 1 | 7 | 2 |
| 3 | 6 | 7 | 2 | 8 | 1 | 9 | 5 | 4 |
| 6 | 2 | 9 | 3 | 7 | 8 | 4 | 1 | 5 |
| 4 | 3 | 8 | 1 | 5 | 6 | 2 | 9 | 7 |
| 7 | 5 | 1 | 9 | 2 | 4 | 6 | 3 | 8 |
| 1 | 4 | 2 | 6 | 3 | 5 | 7 | 8 | 9 |
| 9 | 7 | 3 | 8 | 1 | 2 | 5 | 4 | 6 |
| 5 | 8 | 6 | 4 | 9 | 7 | 3 | 2 | 1 |

## Solution 81

| | | | | | | | | |
|---|---|---|---|---|---|---|---|---|
| 9 | 8 | 3 | 7 | 4 | 5 | 2 | 1 | 6 |
| 5 | 2 | 6 | 1 | 3 | 9 | 8 | 4 | 7 |
| 4 | 7 | 1 | 8 | 2 | 6 | 3 | 9 | 5 |
| 1 | 5 | 4 | 6 | 7 | 8 | 9 | 2 | 3 |
| 2 | 6 | 9 | 3 | 1 | 4 | 7 | 5 | 8 |
| 7 | 3 | 8 | 5 | 9 | 2 | 1 | 6 | 4 |
| 3 | 9 | 2 | 4 | 5 | 7 | 6 | 8 | 1 |
| 8 | 4 | 7 | 9 | 6 | 1 | 5 | 3 | 2 |
| 6 | 1 | 5 | 2 | 8 | 3 | 4 | 7 | 9 |

## Solution 82

| | | | | | | | | |
|---|---|---|---|---|---|---|---|---|
| 9 | 8 | 3 | 1 | 5 | 6 | 4 | 2 | 7 |
| 1 | 5 | 2 | 7 | 8 | 4 | 3 | 9 | 6 |
| 7 | 4 | 6 | 3 | 2 | 9 | 1 | 8 | 5 |
| 6 | 7 | 5 | 8 | 9 | 1 | 2 | 3 | 4 |
| 4 | 1 | 9 | 2 | 3 | 5 | 7 | 6 | 8 |
| 3 | 2 | 8 | 6 | 4 | 7 | 9 | 5 | 1 |
| 2 | 9 | 7 | 4 | 6 | 8 | 5 | 1 | 3 |
| 5 | 6 | 1 | 9 | 7 | 3 | 8 | 4 | 2 |
| 8 | 3 | 4 | 5 | 1 | 2 | 6 | 7 | 9 |

## Solution 83

| | | | | | | | | |
|---|---|---|---|---|---|---|---|---|
| 1 | 8 | 4 | 2 | 5 | 9 | 3 | 6 | 7 |
| 3 | 6 | 5 | 7 | 4 | 8 | 1 | 9 | 2 |
| 7 | 2 | 9 | 1 | 6 | 3 | 8 | 5 | 4 |
| 4 | 3 | 8 | 9 | 2 | 7 | 5 | 1 | 6 |
| 2 | 7 | 6 | 5 | 8 | 1 | 9 | 4 | 3 |
| 9 | 5 | 1 | 4 | 3 | 6 | 7 | 2 | 8 |
| 8 | 4 | 2 | 3 | 1 | 5 | 6 | 7 | 9 |
| 6 | 1 | 7 | 8 | 9 | 4 | 2 | 3 | 5 |
| 5 | 9 | 3 | 6 | 7 | 2 | 4 | 8 | 1 |

## Solution 84

| | | | | | | | | |
|---|---|---|---|---|---|---|---|---|
| 8 | 5 | 7 | 9 | 4 | 2 | 3 | 6 | 1 |
| 2 | 9 | 3 | 6 | 1 | 5 | 4 | 8 | 7 |
| 4 | 1 | 6 | 7 | 8 | 3 | 5 | 2 | 9 |
| 7 | 2 | 9 | 4 | 3 | 8 | 1 | 5 | 6 |
| 5 | 4 | 8 | 1 | 7 | 6 | 2 | 9 | 3 |
| 3 | 6 | 1 | 2 | 5 | 9 | 8 | 7 | 4 |
| 9 | 8 | 5 | 3 | 6 | 4 | 7 | 1 | 2 |
| 1 | 3 | 2 | 5 | 9 | 7 | 6 | 4 | 8 |
| 6 | 7 | 4 | 8 | 2 | 1 | 9 | 3 | 5 |

## Solution 85

| 5 | 7 | 3 | 4 | 2 | 9 | 1 | 8 | 6 |
|---|---|---|---|---|---|---|---|---|
| 6 | 2 | 1 | 5 | 3 | 8 | 7 | 9 | 4 |
| 9 | 8 | 4 | 7 | 6 | 1 | 3 | 2 | 5 |
| 1 | 3 | 8 | 9 | 4 | 2 | 5 | 6 | 7 |
| 2 | 4 | 6 | 8 | 5 | 7 | 9 | 3 | 1 |
| 7 | 9 | 5 | 6 | 1 | 3 | 2 | 4 | 8 |
| 3 | 5 | 9 | 1 | 8 | 4 | 6 | 7 | 2 |
| 4 | 1 | 7 | 2 | 9 | 6 | 8 | 5 | 3 |
| 8 | 6 | 2 | 3 | 7 | 5 | 4 | 1 | 9 |

## Solution 86

| 1 | 7 | 2 | 8 | 4 | 6 | 5 | 3 | 9 |
|---|---|---|---|---|---|---|---|---|
| 9 | 5 | 8 | 2 | 3 | 1 | 7 | 6 | 4 |
| 6 | 3 | 4 | 5 | 9 | 7 | 8 | 1 | 2 |
| 2 | 1 | 6 | 9 | 8 | 5 | 4 | 7 | 3 |
| 4 | 9 | 7 | 1 | 2 | 3 | 6 | 8 | 5 |
| 5 | 8 | 3 | 6 | 7 | 4 | 2 | 9 | 1 |
| 8 | 4 | 5 | 7 | 1 | 9 | 3 | 2 | 6 |
| 3 | 2 | 1 | 4 | 6 | 8 | 9 | 5 | 7 |
| 7 | 6 | 9 | 3 | 5 | 2 | 1 | 4 | 8 |

## Solution 87

| 8 | 1 | 5 | 7 | 9 | 3 | 2 | 6 | 4 |
|---|---|---|---|---|---|---|---|---|
| 6 | 2 | 7 | 1 | 8 | 4 | 9 | 5 | 3 |
| 3 | 4 | 9 | 5 | 6 | 2 | 8 | 7 | 1 |
| 5 | 9 | 2 | 8 | 3 | 6 | 4 | 1 | 7 |
| 4 | 7 | 3 | 2 | 1 | 9 | 5 | 8 | 6 |
| 1 | 8 | 6 | 4 | 7 | 5 | 3 | 9 | 2 |
| 7 | 5 | 8 | 3 | 2 | 1 | 6 | 4 | 9 |
| 2 | 6 | 4 | 9 | 5 | 7 | 1 | 3 | 8 |
| 9 | 3 | 1 | 6 | 4 | 8 | 7 | 2 | 5 |

## Solution 88

| 8 | 5 | 4 | 6 | 3 | 7 | 2 | 9 | 1 |
|---|---|---|---|---|---|---|---|---|
| 3 | 2 | 1 | 5 | 4 | 9 | 7 | 8 | 6 |
| 9 | 7 | 6 | 8 | 1 | 2 | 5 | 3 | 4 |
| 2 | 9 | 5 | 3 | 8 | 6 | 1 | 4 | 7 |
| 4 | 1 | 8 | 9 | 7 | 5 | 6 | 2 | 3 |
| 7 | 6 | 3 | 4 | 2 | 1 | 9 | 5 | 8 |
| 6 | 8 | 2 | 1 | 5 | 3 | 4 | 7 | 9 |
| 5 | 4 | 9 | 7 | 6 | 8 | 3 | 1 | 2 |
| 1 | 3 | 7 | 2 | 9 | 4 | 8 | 6 | 5 |

## Solution 89

| 2 | 1 | 7 | 8 | 6 | 4 | 9 | 3 | 5 |
|---|---|---|---|---|---|---|---|---|
| 4 | 8 | 5 | 9 | 7 | 3 | 2 | 6 | 1 |
| 6 | 3 | 9 | 1 | 5 | 2 | 8 | 4 | 7 |
| 9 | 6 | 3 | 5 | 4 | 7 | 1 | 8 | 2 |
| 5 | 4 | 2 | 3 | 1 | 8 | 7 | 9 | 6 |
| 1 | 7 | 8 | 2 | 9 | 6 | 3 | 5 | 4 |
| 7 | 9 | 6 | 4 | 8 | 1 | 5 | 2 | 3 |
| 8 | 2 | 1 | 6 | 3 | 5 | 4 | 7 | 9 |
| 3 | 5 | 4 | 7 | 2 | 9 | 6 | 1 | 8 |

## Solution 90

| 9 | 4 | 5 | 2 | 8 | 7 | 1 | 6 | 3 |
|---|---|---|---|---|---|---|---|---|
| 8 | 1 | 2 | 3 | 6 | 4 | 7 | 5 | 9 |
| 3 | 6 | 7 | 1 | 9 | 5 | 8 | 2 | 4 |
| 5 | 8 | 1 | 6 | 2 | 9 | 4 | 3 | 7 |
| 6 | 2 | 9 | 4 | 7 | 3 | 5 | 8 | 1 |
| 4 | 7 | 3 | 5 | 1 | 8 | 6 | 9 | 2 |
| 7 | 9 | 6 | 8 | 4 | 2 | 3 | 1 | 5 |
| 2 | 5 | 8 | 7 | 3 | 1 | 9 | 4 | 6 |
| 1 | 3 | 4 | 9 | 5 | 6 | 2 | 7 | 8 |

## Solution 91

| 5 | 8 | 9 | 6 | 1 | 4 | 3 | 7 | 2 |
|---|---|---|---|---|---|---|---|---|
| 7 | 3 | 6 | 9 | 2 | 8 | 1 | 4 | 5 |
| 1 | 2 | 4 | 7 | 5 | 3 | 6 | 8 | 9 |
| 4 | 1 | 5 | 2 | 8 | 7 | 9 | 3 | 6 |
| 8 | 9 | 2 | 4 | 3 | 6 | 5 | 1 | 7 |
| 6 | 7 | 3 | 5 | 9 | 1 | 4 | 2 | 8 |
| 2 | 6 | 7 | 1 | 4 | 9 | 8 | 5 | 3 |
| 9 | 4 | 8 | 3 | 7 | 5 | 2 | 6 | 1 |
| 3 | 5 | 1 | 8 | 6 | 2 | 7 | 9 | 4 |

## Solution 92

| 5 | 3 | 9 | 7 | 6 | 2 | 4 | 8 | 1 |
|---|---|---|---|---|---|---|---|---|
| 1 | 4 | 2 | 3 | 8 | 9 | 6 | 7 | 5 |
| 7 | 6 | 8 | 4 | 5 | 1 | 3 | 2 | 9 |
| 6 | 9 | 5 | 8 | 7 | 3 | 2 | 1 | 4 |
| 4 | 8 | 3 | 1 | 2 | 5 | 7 | 9 | 6 |
| 2 | 7 | 1 | 6 | 9 | 4 | 8 | 5 | 3 |
| 8 | 1 | 7 | 5 | 3 | 6 | 9 | 4 | 2 |
| 9 | 5 | 6 | 2 | 4 | 8 | 1 | 3 | 7 |
| 3 | 2 | 4 | 9 | 1 | 7 | 5 | 6 | 8 |

## Solution 93

| 7 | 3 | 2 | 1 | 4 | 5 | 6 | 8 | 9 |
|---|---|---|---|---|---|---|---|---|
| 5 | 9 | 1 | 7 | 8 | 6 | 4 | 3 | 2 |
| 4 | 6 | 8 | 3 | 2 | 9 | 5 | 7 | 1 |
| 3 | 8 | 7 | 5 | 6 | 1 | 2 | 9 | 4 |
| 9 | 2 | 6 | 4 | 7 | 3 | 8 | 1 | 5 |
| 1 | 4 | 5 | 8 | 9 | 2 | 3 | 6 | 7 |
| 8 | 7 | 3 | 2 | 1 | 4 | 9 | 5 | 6 |
| 2 | 1 | 9 | 6 | 5 | 8 | 7 | 4 | 3 |
| 6 | 5 | 4 | 9 | 3 | 7 | 1 | 2 | 8 |

## Solution 94

| 2 | 9 | 5 | 1 | 7 | 6 | 4 | 3 | 8 |
|---|---|---|---|---|---|---|---|---|
| 6 | 7 | 4 | 8 | 3 | 9 | 2 | 1 | 5 |
| 3 | 8 | 1 | 5 | 2 | 4 | 6 | 9 | 7 |
| 1 | 4 | 7 | 2 | 9 | 8 | 3 | 5 | 6 |
| 8 | 6 | 2 | 7 | 5 | 3 | 1 | 4 | 9 |
| 9 | 5 | 3 | 6 | 4 | 1 | 7 | 8 | 2 |
| 7 | 3 | 9 | 4 | 6 | 5 | 8 | 2 | 1 |
| 4 | 1 | 6 | 9 | 8 | 2 | 5 | 7 | 3 |
| 5 | 2 | 8 | 3 | 1 | 7 | 9 | 6 | 4 |

## Solution 95

| 6 | 4 | 9 | 2 | 3 | 8 | 1 | 5 | 7 |
|---|---|---|---|---|---|---|---|---|
| 3 | 2 | 7 | 5 | 1 | 4 | 6 | 8 | 9 |
| 1 | 5 | 8 | 7 | 6 | 9 | 3 | 4 | 2 |
| 2 | 7 | 6 | 8 | 4 | 3 | 9 | 1 | 5 |
| 9 | 8 | 1 | 6 | 5 | 2 | 7 | 3 | 4 |
| 5 | 3 | 4 | 1 | 9 | 7 | 2 | 6 | 8 |
| 7 | 1 | 3 | 9 | 8 | 5 | 4 | 2 | 6 |
| 8 | 6 | 2 | 4 | 7 | 1 | 5 | 9 | 3 |
| 4 | 9 | 5 | 3 | 2 | 6 | 8 | 7 | 1 |

## Solution 96

| 6 | 8 | 5 | 3 | 9 | 1 | 2 | 4 | 7 |
|---|---|---|---|---|---|---|---|---|
| 4 | 7 | 9 | 2 | 6 | 5 | 8 | 3 | 1 |
| 1 | 3 | 2 | 4 | 7 | 8 | 5 | 9 | 6 |
| 5 | 6 | 8 | 9 | 3 | 4 | 7 | 1 | 2 |
| 3 | 9 | 1 | 8 | 2 | 7 | 4 | 6 | 5 |
| 2 | 4 | 7 | 1 | 5 | 6 | 9 | 8 | 3 |
| 9 | 2 | 4 | 7 | 1 | 3 | 6 | 5 | 8 |
| 8 | 1 | 6 | 5 | 4 | 2 | 3 | 7 | 9 |
| 7 | 5 | 3 | 6 | 8 | 9 | 1 | 2 | 4 |

## Solution 97

| 6 | 5 | 8 | 9 | 4 | 2 | 1 | 3 | 7 |
|---|---|---|---|---|---|---|---|---|
| 3 | 9 | 1 | 6 | 8 | 7 | 5 | 2 | 4 |
| 7 | 4 | 2 | 3 | 5 | 1 | 6 | 9 | 8 |
| 5 | 3 | 7 | 4 | 9 | 8 | 2 | 1 | 6 |
| 9 | 2 | 6 | 1 | 7 | 3 | 4 | 8 | 5 |
| 8 | 1 | 4 | 5 | 2 | 6 | 3 | 7 | 9 |
| 1 | 7 | 3 | 8 | 6 | 5 | 9 | 4 | 2 |
| 2 | 6 | 9 | 7 | 3 | 4 | 8 | 5 | 1 |
| 4 | 8 | 5 | 2 | 1 | 9 | 7 | 6 | 3 |

## Solution 98

| 1 | 7 | 6 | 2 | 5 | 4 | 8 | 3 | 9 |
|---|---|---|---|---|---|---|---|---|
| 3 | 9 | 4 | 8 | 1 | 6 | 7 | 5 | 2 |
| 2 | 8 | 5 | 3 | 9 | 7 | 6 | 4 | 1 |
| 4 | 3 | 1 | 6 | 8 | 9 | 5 | 2 | 7 |
| 6 | 2 | 7 | 5 | 3 | 1 | 9 | 8 | 4 |
| 9 | 5 | 8 | 4 | 7 | 2 | 1 | 6 | 3 |
| 5 | 6 | 9 | 7 | 2 | 3 | 4 | 1 | 8 |
| 7 | 4 | 2 | 1 | 6 | 8 | 3 | 9 | 5 |
| 8 | 1 | 3 | 9 | 4 | 5 | 2 | 7 | 6 |

## Solution 99

| 1 | 6 | 9 | 4 | 3 | 8 | 2 | 5 | 7 |
|---|---|---|---|---|---|---|---|---|
| 5 | 8 | 3 | 2 | 7 | 1 | 4 | 9 | 6 |
| 4 | 2 | 7 | 9 | 5 | 6 | 8 | 3 | 1 |
| 3 | 1 | 5 | 8 | 6 | 2 | 9 | 7 | 4 |
| 7 | 9 | 2 | 1 | 4 | 5 | 3 | 6 | 8 |
| 8 | 4 | 6 | 3 | 9 | 7 | 5 | 1 | 2 |
| 9 | 7 | 1 | 5 | 8 | 4 | 6 | 2 | 3 |
| 2 | 5 | 8 | 6 | 1 | 3 | 7 | 4 | 9 |
| 6 | 3 | 4 | 7 | 2 | 9 | 1 | 8 | 5 |

## Solution 100

| 3 | 7 | 8 | 6 | 2 | 5 | 4 | 1 | 9 |
|---|---|---|---|---|---|---|---|---|
| 1 | 4 | 6 | 3 | 9 | 7 | 5 | 2 | 8 |
| 5 | 9 | 2 | 1 | 8 | 4 | 3 | 7 | 6 |
| 7 | 1 | 3 | 4 | 5 | 9 | 8 | 6 | 2 |
| 8 | 2 | 5 | 7 | 1 | 6 | 9 | 4 | 3 |
| 4 | 6 | 9 | 2 | 3 | 8 | 7 | 5 | 1 |
| 6 | 3 | 4 | 9 | 7 | 1 | 2 | 8 | 5 |
| 9 | 8 | 7 | 5 | 6 | 2 | 1 | 3 | 4 |
| 2 | 5 | 1 | 8 | 4 | 3 | 6 | 9 | 7 |

## Solution 101

| 3 | 9 | 4 | 2 | 1 | 7 | 6 | 8 | 5 |
|---|---|---|---|---|---|---|---|---|
| 7 | 8 | 2 | 5 | 6 | 3 | 4 | 1 | 9 |
| 1 | 6 | 5 | 8 | 4 | 9 | 7 | 2 | 3 |
| 9 | 4 | 8 | 1 | 2 | 6 | 3 | 5 | 7 |
| 2 | 3 | 1 | 9 | 7 | 5 | 8 | 6 | 4 |
| 5 | 7 | 6 | 4 | 3 | 8 | 1 | 9 | 2 |
| 4 | 5 | 7 | 6 | 8 | 2 | 9 | 3 | 1 |
| 8 | 2 | 3 | 7 | 9 | 1 | 5 | 4 | 6 |
| 6 | 1 | 9 | 3 | 5 | 4 | 2 | 7 | 8 |

## Solution 102

| 8 | 2 | 4 | 5 | 3 | 6 | 7 | 9 | 1 |
|---|---|---|---|---|---|---|---|---|
| 7 | 1 | 6 | 4 | 2 | 9 | 5 | 3 | 8 |
| 5 | 9 | 3 | 7 | 8 | 1 | 6 | 2 | 4 |
| 6 | 4 | 8 | 1 | 5 | 2 | 3 | 7 | 9 |
| 1 | 7 | 9 | 6 | 4 | 3 | 8 | 5 | 2 |
| 3 | 5 | 2 | 9 | 7 | 8 | 4 | 1 | 6 |
| 9 | 3 | 7 | 8 | 1 | 4 | 2 | 6 | 5 |
| 2 | 8 | 1 | 3 | 6 | 5 | 9 | 4 | 7 |
| 4 | 6 | 5 | 2 | 9 | 7 | 1 | 8 | 3 |

## Solution 103

| 5 | 4 | 1 | 2 | 6 | 9 | 8 | 7 | 3 |
|---|---|---|---|---|---|---|---|---|
| 9 | 2 | 3 | 8 | 4 | 7 | 1 | 5 | 6 |
| 7 | 8 | 6 | 5 | 3 | 1 | 2 | 4 | 9 |
| 8 | 3 | 5 | 4 | 7 | 6 | 9 | 2 | 1 |
| 4 | 1 | 7 | 9 | 8 | 2 | 3 | 6 | 5 |
| 6 | 9 | 2 | 3 | 1 | 5 | 4 | 8 | 7 |
| 3 | 7 | 4 | 1 | 5 | 8 | 6 | 9 | 2 |
| 2 | 6 | 8 | 7 | 9 | 3 | 5 | 1 | 4 |
| 1 | 5 | 9 | 6 | 2 | 4 | 7 | 3 | 8 |

## Solution 104

| 4 | 2 | 8 | 6 | 5 | 9 | 3 | 7 | 1 |
|---|---|---|---|---|---|---|---|---|
| 5 | 1 | 6 | 2 | 7 | 3 | 4 | 9 | 8 |
| 9 | 7 | 3 | 4 | 1 | 8 | 6 | 2 | 5 |
| 1 | 6 | 5 | 9 | 3 | 7 | 8 | 4 | 2 |
| 2 | 3 | 9 | 8 | 4 | 5 | 7 | 1 | 6 |
| 8 | 4 | 7 | 1 | 6 | 2 | 9 | 5 | 3 |
| 6 | 9 | 1 | 5 | 8 | 4 | 2 | 3 | 7 |
| 7 | 5 | 2 | 3 | 9 | 6 | 1 | 8 | 4 |
| 3 | 8 | 4 | 7 | 2 | 1 | 5 | 6 | 9 |

## Solution 105

| 2 | 7 | 3 | 4 | 9 | 6 | 1 | 5 | 8 |
|---|---|---|---|---|---|---|---|---|
| 6 | 4 | 5 | 1 | 7 | 8 | 2 | 9 | 3 |
| 8 | 9 | 1 | 5 | 2 | 3 | 7 | 4 | 6 |
| 1 | 5 | 2 | 6 | 4 | 7 | 8 | 3 | 9 |
| 9 | 3 | 8 | 2 | 1 | 5 | 4 | 6 | 7 |
| 7 | 6 | 4 | 3 | 8 | 9 | 5 | 1 | 2 |
| 3 | 2 | 9 | 7 | 5 | 4 | 6 | 8 | 1 |
| 5 | 1 | 6 | 8 | 3 | 2 | 9 | 7 | 4 |
| 4 | 8 | 7 | 9 | 6 | 1 | 3 | 2 | 5 |

## Solution 106

| 7 | 9 | 4 | 8 | 3 | 5 | 6 | 2 | 1 |
|---|---|---|---|---|---|---|---|---|
| 8 | 6 | 5 | 1 | 9 | 2 | 4 | 3 | 7 |
| 3 | 2 | 1 | 4 | 7 | 6 | 8 | 9 | 5 |
| 4 | 3 | 2 | 7 | 6 | 8 | 5 | 1 | 9 |
| 1 | 8 | 6 | 2 | 5 | 9 | 3 | 7 | 4 |
| 5 | 7 | 9 | 3 | 4 | 1 | 2 | 6 | 8 |
| 2 | 4 | 7 | 5 | 1 | 3 | 9 | 8 | 6 |
| 6 | 1 | 3 | 9 | 8 | 4 | 7 | 5 | 2 |
| 9 | 5 | 8 | 6 | 2 | 7 | 1 | 4 | 3 |

## Solution 107

| 5 | 6 | 8 | 3 | 9 | 2 | 7 | 4 | 1 |
|---|---|---|---|---|---|---|---|---|
| 4 | 9 | 3 | 6 | 1 | 7 | 8 | 5 | 2 |
| 7 | 2 | 1 | 5 | 8 | 4 | 6 | 9 | 3 |
| 6 | 1 | 7 | 4 | 2 | 9 | 3 | 8 | 5 |
| 2 | 3 | 5 | 8 | 7 | 6 | 4 | 1 | 9 |
| 8 | 4 | 9 | 1 | 5 | 3 | 2 | 7 | 6 |
| 3 | 8 | 4 | 9 | 6 | 1 | 5 | 2 | 7 |
| 1 | 5 | 2 | 7 | 3 | 8 | 9 | 6 | 4 |
| 9 | 7 | 6 | 2 | 4 | 5 | 1 | 3 | 8 |

## Solution 108

| 2 | 5 | 9 | 1 | 6 | 4 | 3 | 8 | 7 |
|---|---|---|---|---|---|---|---|---|
| 1 | 8 | 7 | 2 | 5 | 3 | 4 | 6 | 9 |
| 3 | 4 | 6 | 9 | 7 | 8 | 5 | 2 | 1 |
| 4 | 6 | 8 | 3 | 1 | 2 | 9 | 7 | 5 |
| 7 | 3 | 2 | 5 | 9 | 6 | 8 | 1 | 4 |
| 5 | 9 | 1 | 8 | 4 | 7 | 2 | 3 | 6 |
| 6 | 2 | 4 | 7 | 8 | 9 | 1 | 5 | 3 |
| 9 | 1 | 3 | 6 | 2 | 5 | 7 | 4 | 8 |
| 8 | 7 | 5 | 4 | 3 | 1 | 6 | 9 | 2 |

## Solution 109

| 3 | 1 | 5 | 9 | 2 | 4 | 6 | 7 | 8 |
|---|---|---|---|---|---|---|---|---|
| 9 | 2 | 6 | 7 | 3 | 8 | 1 | 4 | 5 |
| 4 | 7 | 8 | 1 | 5 | 6 | 3 | 9 | 2 |
| 7 | 8 | 9 | 4 | 6 | 5 | 2 | 3 | 1 |
| 2 | 5 | 3 | 8 | 7 | 1 | 9 | 6 | 4 |
| 1 | 6 | 4 | 2 | 9 | 3 | 8 | 5 | 7 |
| 5 | 3 | 7 | 6 | 8 | 2 | 4 | 1 | 9 |
| 8 | 9 | 1 | 3 | 4 | 7 | 5 | 2 | 6 |
| 6 | 4 | 2 | 5 | 1 | 9 | 7 | 8 | 3 |

## Solution 110

| 3 | 1 | 4 | 5 | 7 | 2 | 6 | 9 | 8 |
|---|---|---|---|---|---|---|---|---|
| 9 | 5 | 8 | 6 | 4 | 3 | 2 | 1 | 7 |
| 2 | 6 | 7 | 9 | 8 | 1 | 5 | 4 | 3 |
| 7 | 2 | 9 | 3 | 1 | 6 | 4 | 8 | 5 |
| 4 | 8 | 5 | 7 | 2 | 9 | 3 | 6 | 1 |
| 6 | 3 | 1 | 4 | 5 | 8 | 9 | 7 | 2 |
| 8 | 7 | 3 | 2 | 9 | 4 | 1 | 5 | 6 |
| 5 | 9 | 2 | 1 | 6 | 7 | 8 | 3 | 4 |
| 1 | 4 | 6 | 8 | 3 | 5 | 7 | 2 | 9 |

## Solution 111

| 1 | 5 | 8 | 2 | 7 | 9 | 4 | 6 | 3 |
|---|---|---|---|---|---|---|---|---|
| 4 | 2 | 7 | 6 | 3 | 1 | 9 | 5 | 8 |
| 6 | 3 | 9 | 4 | 5 | 8 | 1 | 2 | 7 |
| 8 | 4 | 3 | 1 | 2 | 6 | 7 | 9 | 5 |
| 5 | 7 | 2 | 8 | 9 | 3 | 6 | 1 | 4 |
| 9 | 1 | 6 | 5 | 4 | 7 | 8 | 3 | 2 |
| 3 | 6 | 4 | 7 | 1 | 5 | 2 | 8 | 9 |
| 2 | 9 | 1 | 3 | 8 | 4 | 5 | 7 | 6 |
| 7 | 8 | 5 | 9 | 6 | 2 | 3 | 4 | 1 |

## Solution 112

| 7 | 6 | 1 | 9 | 2 | 3 | 4 | 5 | 8 |
|---|---|---|---|---|---|---|---|---|
| 5 | 8 | 2 | 4 | 6 | 7 | 9 | 3 | 1 |
| 9 | 3 | 4 | 5 | 8 | 1 | 7 | 6 | 2 |
| 8 | 1 | 9 | 3 | 4 | 2 | 5 | 7 | 6 |
| 2 | 5 | 7 | 1 | 9 | 6 | 3 | 8 | 4 |
| 3 | 4 | 6 | 7 | 5 | 8 | 1 | 2 | 9 |
| 1 | 9 | 8 | 2 | 7 | 5 | 6 | 4 | 3 |
| 6 | 7 | 3 | 8 | 1 | 4 | 2 | 9 | 5 |
| 4 | 2 | 5 | 6 | 3 | 9 | 8 | 1 | 7 |

## Solution 113

| 8 | 4 | 1 | 3 | 6 | 9 | 7 | 2 | 5 |
|---|---|---|---|---|---|---|---|---|
| 9 | 2 | 7 | 4 | 8 | 5 | 1 | 3 | 6 |
| 3 | 5 | 6 | 2 | 7 | 1 | 9 | 8 | 4 |
| 2 | 7 | 5 | 1 | 4 | 3 | 6 | 9 | 8 |
| 6 | 3 | 9 | 8 | 2 | 7 | 5 | 4 | 1 |
| 4 | 1 | 8 | 5 | 9 | 6 | 3 | 7 | 2 |
| 7 | 9 | 2 | 6 | 1 | 8 | 4 | 5 | 3 |
| 5 | 6 | 4 | 7 | 3 | 2 | 8 | 1 | 9 |
| 1 | 8 | 3 | 9 | 5 | 4 | 2 | 6 | 7 |

## Solution 114

| 5 | 6 | 9 | 7 | 8 | 2 | 3 | 4 | 1 |
|---|---|---|---|---|---|---|---|---|
| 2 | 7 | 3 | 4 | 1 | 6 | 8 | 5 | 9 |
| 4 | 8 | 1 | 5 | 9 | 3 | 6 | 2 | 7 |
| 8 | 3 | 5 | 1 | 7 | 9 | 2 | 6 | 4 |
| 7 | 9 | 2 | 6 | 3 | 4 | 5 | 1 | 8 |
| 6 | 1 | 4 | 2 | 5 | 8 | 7 | 9 | 3 |
| 9 | 2 | 8 | 3 | 4 | 5 | 1 | 7 | 6 |
| 3 | 5 | 7 | 9 | 6 | 1 | 4 | 8 | 2 |
| 1 | 4 | 6 | 8 | 2 | 7 | 9 | 3 | 5 |

## Solution 115

| 8 | 2 | 9 | 5 | 4 | 6 | 3 | 1 | 7 |
|---|---|---|---|---|---|---|---|---|
| 5 | 1 | 7 | 3 | 2 | 9 | 6 | 8 | 4 |
| 6 | 4 | 3 | 8 | 7 | 1 | 9 | 5 | 2 |
| 9 | 7 | 6 | 1 | 8 | 4 | 2 | 3 | 5 |
| 4 | 8 | 2 | 9 | 3 | 5 | 1 | 7 | 6 |
| 1 | 3 | 5 | 7 | 6 | 2 | 8 | 4 | 9 |
| 2 | 5 | 1 | 4 | 9 | 8 | 7 | 6 | 3 |
| 7 | 9 | 4 | 6 | 1 | 3 | 5 | 2 | 8 |
| 3 | 6 | 8 | 2 | 5 | 7 | 4 | 9 | 1 |

## Solution 116

| 2 | 9 | 4 | 6 | 7 | 8 | 5 | 1 | 3 |
|---|---|---|---|---|---|---|---|---|
| 7 | 6 | 5 | 1 | 3 | 4 | 2 | 9 | 8 |
| 8 | 3 | 1 | 5 | 2 | 9 | 7 | 4 | 6 |
| 5 | 8 | 3 | 7 | 4 | 6 | 1 | 2 | 9 |
| 1 | 4 | 7 | 2 | 9 | 3 | 6 | 8 | 5 |
| 9 | 2 | 6 | 8 | 5 | 1 | 4 | 3 | 7 |
| 4 | 7 | 8 | 3 | 1 | 5 | 9 | 6 | 2 |
| 3 | 1 | 2 | 9 | 6 | 7 | 8 | 5 | 4 |
| 6 | 5 | 9 | 4 | 8 | 2 | 3 | 7 | 1 |

## Solution 117

| 9 | 2 | 7 | 5 | 6 | 8 | 1 | 3 | 4 |
|---|---|---|---|---|---|---|---|---|
| 6 | 3 | 8 | 1 | 2 | 4 | 5 | 9 | 7 |
| 5 | 1 | 4 | 3 | 7 | 9 | 6 | 8 | 2 |
| 4 | 9 | 6 | 7 | 8 | 2 | 3 | 5 | 1 |
| 1 | 7 | 2 | 9 | 5 | 3 | 8 | 4 | 6 |
| 3 | 8 | 5 | 6 | 4 | 1 | 2 | 7 | 9 |
| 8 | 5 | 9 | 2 | 1 | 7 | 4 | 6 | 3 |
| 2 | 4 | 3 | 8 | 9 | 6 | 7 | 1 | 5 |
| 7 | 6 | 1 | 4 | 3 | 5 | 9 | 2 | 8 |

## Solution 118

| 4 | 5 | 6 | 2 | 8 | 9 | 1 | 7 | 3 |
|---|---|---|---|---|---|---|---|---|
| 8 | 9 | 7 | 6 | 1 | 3 | 5 | 4 | 2 |
| 1 | 3 | 2 | 7 | 5 | 4 | 9 | 6 | 8 |
| 5 | 8 | 9 | 3 | 4 | 2 | 7 | 1 | 6 |
| 7 | 1 | 4 | 9 | 6 | 8 | 2 | 3 | 5 |
| 2 | 6 | 3 | 1 | 7 | 5 | 4 | 8 | 9 |
| 3 | 7 | 5 | 4 | 2 | 6 | 8 | 9 | 1 |
| 9 | 4 | 8 | 5 | 3 | 1 | 6 | 2 | 7 |
| 6 | 2 | 1 | 8 | 9 | 7 | 3 | 5 | 4 |

## Solution 119

| 5 | 3 | 8 | 9 | 1 | 2 | 6 | 4 | 7 |
|---|---|---|---|---|---|---|---|---|
| 6 | 4 | 9 | 5 | 8 | 7 | 2 | 3 | 1 |
| 2 | 1 | 7 | 6 | 4 | 3 | 8 | 9 | 5 |
| 1 | 8 | 2 | 4 | 7 | 9 | 3 | 5 | 6 |
| 3 | 7 | 6 | 2 | 5 | 8 | 4 | 1 | 9 |
| 9 | 5 | 4 | 1 | 3 | 6 | 7 | 2 | 8 |
| 7 | 6 | 5 | 3 | 9 | 4 | 1 | 8 | 2 |
| 4 | 2 | 1 | 8 | 6 | 5 | 9 | 7 | 3 |
| 8 | 9 | 3 | 7 | 2 | 1 | 5 | 6 | 4 |

## Solution 120

| 1 | 4 | 3 | 6 | 7 | 2 | 8 | 5 | 9 |
|---|---|---|---|---|---|---|---|---|
| 6 | 9 | 2 | 5 | 3 | 8 | 1 | 7 | 4 |
| 5 | 7 | 8 | 1 | 9 | 4 | 2 | 6 | 3 |
| 4 | 5 | 6 | 9 | 2 | 3 | 7 | 1 | 8 |
| 9 | 2 | 7 | 4 | 8 | 1 | 6 | 3 | 5 |
| 8 | 3 | 1 | 7 | 6 | 5 | 9 | 4 | 2 |
| 7 | 8 | 5 | 2 | 4 | 6 | 3 | 9 | 1 |
| 3 | 6 | 4 | 8 | 1 | 9 | 5 | 2 | 7 |
| 2 | 1 | 9 | 3 | 5 | 7 | 4 | 8 | 6 |

## Solution 121

| 1 | 9 | 5 | 4 | 3 | 8 | 7 | 6 | 2 |
| 6 | 4 | 3 | 1 | 7 | 2 | 8 | 9 | 5 |
| 8 | 2 | 7 | 6 | 5 | 9 | 3 | 1 | 4 |
| 7 | 3 | 4 | 9 | 6 | 5 | 1 | 2 | 8 |
| 9 | 5 | 8 | 2 | 4 | 1 | 6 | 3 | 7 |
| 2 | 1 | 6 | 7 | 8 | 3 | 4 | 5 | 9 |
| 4 | 7 | 1 | 5 | 9 | 6 | 2 | 8 | 3 |
| 5 | 8 | 2 | 3 | 1 | 7 | 9 | 4 | 6 |
| 3 | 6 | 9 | 8 | 2 | 4 | 5 | 7 | 1 |

## Solution 122

| 4 | 2 | 6 | 8 | 5 | 9 | 7 | 3 | 1 |
| 9 | 7 | 1 | 4 | 6 | 3 | 2 | 8 | 5 |
| 5 | 3 | 8 | 2 | 1 | 7 | 4 | 6 | 9 |
| 3 | 9 | 5 | 1 | 2 | 6 | 8 | 4 | 7 |
| 1 | 4 | 7 | 3 | 8 | 5 | 6 | 9 | 2 |
| 8 | 6 | 2 | 7 | 9 | 4 | 1 | 5 | 3 |
| 7 | 8 | 9 | 6 | 3 | 1 | 5 | 2 | 4 |
| 2 | 5 | 4 | 9 | 7 | 8 | 3 | 1 | 6 |
| 6 | 1 | 3 | 5 | 4 | 2 | 9 | 7 | 8 |

## Solution 123

| 4 | 3 | 8 | 9 | 6 | 2 | 7 | 5 | 1 |
| 2 | 5 | 1 | 4 | 7 | 3 | 8 | 6 | 9 |
| 7 | 6 | 9 | 1 | 5 | 8 | 4 | 3 | 2 |
| 6 | 4 | 2 | 3 | 9 | 7 | 1 | 8 | 5 |
| 5 | 9 | 7 | 8 | 4 | 1 | 3 | 2 | 6 |
| 1 | 8 | 3 | 5 | 2 | 6 | 9 | 7 | 4 |
| 8 | 7 | 6 | 2 | 1 | 9 | 5 | 4 | 3 |
| 9 | 2 | 4 | 7 | 3 | 5 | 6 | 1 | 8 |
| 3 | 1 | 5 | 6 | 8 | 4 | 2 | 9 | 7 |

## Solution 124

| 2 | 1 | 3 | 8 | 7 | 6 | 9 | 5 | 4 |
| 5 | 6 | 8 | 9 | 2 | 4 | 3 | 7 | 1 |
| 9 | 4 | 7 | 3 | 1 | 5 | 6 | 2 | 8 |
| 1 | 9 | 2 | 6 | 3 | 7 | 4 | 8 | 5 |
| 7 | 5 | 6 | 4 | 8 | 1 | 2 | 9 | 3 |
| 8 | 3 | 4 | 5 | 9 | 2 | 7 | 1 | 6 |
| 4 | 8 | 9 | 7 | 5 | 3 | 1 | 6 | 2 |
| 6 | 7 | 1 | 2 | 4 | 8 | 5 | 3 | 9 |
| 3 | 2 | 5 | 1 | 6 | 9 | 8 | 4 | 7 |

## Solution 125

| 5 | 4 | 6 | 7 | 3 | 2 | 9 | 8 | 1 |
| 8 | 2 | 3 | 6 | 9 | 1 | 5 | 7 | 4 |
| 7 | 9 | 1 | 5 | 8 | 4 | 3 | 2 | 6 |
| 4 | 3 | 8 | 1 | 5 | 6 | 2 | 9 | 7 |
| 2 | 5 | 9 | 4 | 7 | 8 | 1 | 6 | 3 |
| 6 | 1 | 7 | 9 | 2 | 3 | 8 | 4 | 5 |
| 3 | 7 | 5 | 8 | 4 | 9 | 6 | 1 | 2 |
| 1 | 8 | 4 | 2 | 6 | 5 | 7 | 3 | 9 |
| 9 | 6 | 2 | 3 | 1 | 7 | 4 | 5 | 8 |

## Solution 126

| 6 | 5 | 9 | 4 | 8 | 3 | 1 | 2 | 7 |
| 4 | 8 | 7 | 1 | 2 | 9 | 5 | 6 | 3 |
| 3 | 2 | 1 | 5 | 6 | 7 | 8 | 4 | 9 |
| 2 | 6 | 8 | 3 | 4 | 5 | 7 | 9 | 1 |
| 1 | 9 | 3 | 6 | 7 | 8 | 4 | 5 | 2 |
| 5 | 7 | 4 | 9 | 1 | 2 | 3 | 8 | 6 |
| 9 | 3 | 2 | 7 | 5 | 4 | 6 | 1 | 8 |
| 7 | 1 | 5 | 8 | 9 | 6 | 2 | 3 | 4 |
| 8 | 4 | 6 | 2 | 3 | 1 | 9 | 7 | 5 |

## Solution 127

| 4 | 5 | 7 | 3 | 6 | 9 | 1 | 8 | 2 |
| 1 | 2 | 3 | 5 | 8 | 4 | 9 | 6 | 7 |
| 9 | 6 | 8 | 1 | 2 | 7 | 5 | 4 | 3 |
| 2 | 8 | 5 | 7 | 1 | 6 | 4 | 3 | 9 |
| 7 | 9 | 1 | 4 | 3 | 8 | 2 | 5 | 6 |
| 6 | 3 | 4 | 9 | 5 | 2 | 7 | 1 | 8 |
| 5 | 1 | 2 | 8 | 7 | 3 | 6 | 9 | 4 |
| 3 | 7 | 9 | 6 | 4 | 5 | 8 | 2 | 1 |
| 8 | 4 | 6 | 2 | 9 | 1 | 3 | 7 | 5 |

## Solution 128

| 5 | 7 | 6 | 9 | 1 | 8 | 4 | 3 | 2 |
| 1 | 4 | 9 | 2 | 3 | 5 | 8 | 7 | 6 |
| 2 | 3 | 8 | 4 | 6 | 7 | 1 | 5 | 9 |
| 8 | 6 | 2 | 3 | 5 | 4 | 7 | 9 | 1 |
| 3 | 1 | 5 | 6 | 7 | 9 | 2 | 8 | 4 |
| 7 | 9 | 4 | 1 | 8 | 2 | 3 | 6 | 5 |
| 9 | 8 | 1 | 5 | 4 | 3 | 6 | 2 | 7 |
| 4 | 5 | 7 | 8 | 2 | 6 | 9 | 1 | 3 |
| 6 | 2 | 3 | 7 | 9 | 1 | 5 | 4 | 8 |

## Solution 129

| 6 | 8 | 2 | 5 | 7 | 4 | 1 | 9 | 3 |
| 4 | 1 | 7 | 8 | 9 | 3 | 2 | 5 | 6 |
| 5 | 3 | 9 | 1 | 2 | 6 | 8 | 7 | 4 |
| 9 | 2 | 8 | 6 | 3 | 5 | 4 | 1 | 7 |
| 1 | 6 | 5 | 7 | 4 | 8 | 3 | 2 | 9 |
| 3 | 7 | 4 | 2 | 1 | 9 | 6 | 8 | 5 |
| 2 | 9 | 6 | 4 | 8 | 7 | 5 | 3 | 1 |
| 7 | 4 | 1 | 3 | 5 | 2 | 9 | 6 | 8 |
| 8 | 5 | 3 | 9 | 6 | 1 | 7 | 4 | 2 |

## Solution 130

| 1 | 6 | 5 | 8 | 9 | 3 | 7 | 2 | 4 |
| 9 | 7 | 4 | 1 | 6 | 2 | 8 | 3 | 5 |
| 3 | 2 | 8 | 4 | 7 | 5 | 1 | 6 | 9 |
| 6 | 4 | 9 | 7 | 2 | 1 | 5 | 8 | 3 |
| 8 | 5 | 1 | 6 | 3 | 9 | 2 | 4 | 7 |
| 2 | 3 | 7 | 5 | 8 | 4 | 6 | 9 | 1 |
| 4 | 8 | 6 | 9 | 1 | 7 | 3 | 5 | 2 |
| 5 | 1 | 2 | 3 | 4 | 8 | 9 | 7 | 6 |
| 7 | 9 | 3 | 2 | 5 | 6 | 4 | 1 | 8 |

## Solution 131

| 8 | 3 | 2 | 5 | 1 | 9 | 7 | 6 | 4 |
| 5 | 7 | 9 | 6 | 8 | 4 | 1 | 2 | 3 |
| 1 | 4 | 6 | 3 | 7 | 2 | 9 | 5 | 8 |
| 9 | 5 | 3 | 1 | 6 | 8 | 4 | 7 | 2 |
| 2 | 6 | 7 | 9 | 4 | 5 | 3 | 8 | 1 |
| 4 | 8 | 1 | 7 | 2 | 3 | 5 | 9 | 6 |
| 7 | 1 | 4 | 8 | 9 | 6 | 2 | 3 | 5 |
| 6 | 9 | 5 | 2 | 3 | 1 | 8 | 4 | 7 |
| 3 | 2 | 8 | 4 | 5 | 7 | 6 | 1 | 9 |

## Solution 132

| 8 | 4 | 9 | 2 | 7 | 5 | 3 | 6 | 1 |
| 7 | 2 | 6 | 3 | 9 | 1 | 8 | 5 | 4 |
| 1 | 3 | 5 | 6 | 8 | 4 | 2 | 7 | 9 |
| 9 | 7 | 8 | 5 | 6 | 3 | 1 | 4 | 2 |
| 5 | 6 | 2 | 1 | 4 | 9 | 7 | 8 | 3 |
| 3 | 1 | 4 | 8 | 2 | 7 | 6 | 9 | 5 |
| 6 | 8 | 1 | 9 | 5 | 2 | 4 | 3 | 7 |
| 4 | 9 | 3 | 7 | 1 | 6 | 5 | 2 | 8 |
| 2 | 5 | 7 | 4 | 3 | 8 | 9 | 1 | 6 |

## Solution 133

| 4 | 9 | 8 | 6 | 5 | 1 | 3 | 7 | 2 |
|---|---|---|---|---|---|---|---|---|
| 1 | 7 | 5 | 9 | 2 | 3 | 4 | 8 | 6 |
| 3 | 2 | 6 | 7 | 8 | 4 | 5 | 9 | 1 |
| 9 | 5 | 3 | 8 | 1 | 2 | 7 | 6 | 4 |
| 2 | 8 | 7 | 5 | 4 | 6 | 1 | 3 | 9 |
| 6 | 4 | 1 | 3 | 9 | 7 | 2 | 5 | 8 |
| 5 | 3 | 2 | 1 | 6 | 9 | 8 | 4 | 7 |
| 7 | 1 | 9 | 4 | 3 | 8 | 6 | 2 | 5 |
| 8 | 6 | 4 | 2 | 7 | 5 | 9 | 1 | 3 |

## Solution 134

| 9 | 6 | 4 | 7 | 1 | 8 | 5 | 2 | 3 |
|---|---|---|---|---|---|---|---|---|
| 1 | 5 | 3 | 6 | 4 | 2 | 8 | 7 | 9 |
| 7 | 8 | 2 | 9 | 5 | 3 | 1 | 4 | 6 |
| 4 | 7 | 8 | 2 | 6 | 1 | 9 | 3 | 5 |
| 2 | 3 | 1 | 5 | 7 | 9 | 4 | 6 | 8 |
| 6 | 9 | 5 | 3 | 8 | 4 | 7 | 1 | 2 |
| 8 | 2 | 7 | 4 | 3 | 5 | 6 | 9 | 1 |
| 3 | 1 | 6 | 8 | 9 | 7 | 2 | 5 | 4 |
| 5 | 4 | 9 | 1 | 2 | 6 | 3 | 8 | 7 |

## Solution 135

| 2 | 5 | 8 | 7 | 6 | 4 | 1 | 3 | 9 |
|---|---|---|---|---|---|---|---|---|
| 1 | 9 | 4 | 3 | 2 | 5 | 8 | 6 | 7 |
| 6 | 7 | 3 | 8 | 1 | 9 | 2 | 5 | 4 |
| 8 | 6 | 5 | 9 | 4 | 3 | 7 | 1 | 2 |
| 3 | 2 | 1 | 6 | 7 | 8 | 9 | 4 | 5 |
| 9 | 4 | 7 | 1 | 5 | 2 | 6 | 8 | 3 |
| 4 | 8 | 9 | 2 | 3 | 1 | 5 | 7 | 6 |
| 5 | 1 | 6 | 4 | 9 | 7 | 3 | 2 | 8 |
| 7 | 3 | 2 | 5 | 8 | 6 | 4 | 9 | 1 |

## Solution 136

| 2 | 6 | 8 | 5 | 3 | 4 | 7 | 9 | 1 |
|---|---|---|---|---|---|---|---|---|
| 1 | 7 | 3 | 8 | 9 | 2 | 4 | 5 | 6 |
| 9 | 5 | 4 | 1 | 6 | 7 | 2 | 3 | 8 |
| 6 | 8 | 1 | 3 | 2 | 9 | 5 | 7 | 4 |
| 5 | 4 | 9 | 7 | 8 | 6 | 1 | 2 | 3 |
| 3 | 2 | 7 | 4 | 5 | 1 | 6 | 8 | 9 |
| 4 | 9 | 5 | 6 | 7 | 3 | 8 | 1 | 2 |
| 7 | 1 | 2 | 9 | 4 | 8 | 3 | 6 | 5 |
| 8 | 3 | 6 | 2 | 1 | 5 | 9 | 4 | 7 |

## Solution 137

| 1 | 7 | 3 | 4 | 5 | 2 | 6 | 9 | 8 |
|---|---|---|---|---|---|---|---|---|
| 4 | 6 | 5 | 1 | 9 | 8 | 2 | 7 | 3 |
| 2 | 9 | 8 | 7 | 6 | 3 | 5 | 1 | 4 |
| 6 | 4 | 7 | 8 | 1 | 9 | 3 | 5 | 2 |
| 3 | 5 | 9 | 2 | 4 | 7 | 1 | 8 | 6 |
| 8 | 2 | 1 | 6 | 3 | 5 | 9 | 4 | 7 |
| 9 | 1 | 4 | 3 | 7 | 6 | 8 | 2 | 5 |
| 7 | 3 | 2 | 5 | 8 | 1 | 4 | 6 | 9 |
| 5 | 8 | 6 | 9 | 2 | 4 | 7 | 3 | 1 |

## Solution 138

| 9 | 4 | 2 | 3 | 6 | 1 | 8 | 7 | 5 |
|---|---|---|---|---|---|---|---|---|
| 8 | 5 | 7 | 9 | 2 | 4 | 3 | 6 | 1 |
| 1 | 6 | 3 | 7 | 8 | 5 | 2 | 4 | 9 |
| 5 | 9 | 6 | 8 | 3 | 7 | 1 | 2 | 4 |
| 2 | 3 | 8 | 1 | 4 | 6 | 5 | 9 | 7 |
| 4 | 7 | 1 | 5 | 9 | 2 | 6 | 8 | 3 |
| 7 | 8 | 5 | 6 | 1 | 9 | 4 | 3 | 2 |
| 3 | 1 | 4 | 2 | 7 | 8 | 9 | 5 | 6 |
| 6 | 2 | 9 | 4 | 5 | 3 | 7 | 1 | 8 |

## Solution 139

| 4 | 7 | 1 | 9 | 5 | 2 | 8 | 6 | 3 |
|---|---|---|---|---|---|---|---|---|
| 9 | 3 | 2 | 4 | 8 | 6 | 5 | 7 | 1 |
| 8 | 6 | 5 | 3 | 1 | 7 | 4 | 2 | 9 |
| 1 | 2 | 8 | 5 | 9 | 4 | 7 | 3 | 6 |
| 7 | 9 | 6 | 2 | 3 | 8 | 1 | 4 | 5 |
| 3 | 5 | 4 | 7 | 6 | 1 | 2 | 9 | 8 |
| 2 | 8 | 9 | 6 | 7 | 5 | 3 | 1 | 4 |
| 5 | 4 | 3 | 1 | 2 | 9 | 6 | 8 | 7 |
| 6 | 1 | 7 | 8 | 4 | 3 | 9 | 5 | 2 |

## Solution 140

| 8 | 6 | 4 | 1 | 7 | 9 | 5 | 3 | 2 |
|---|---|---|---|---|---|---|---|---|
| 9 | 2 | 3 | 8 | 5 | 4 | 1 | 7 | 6 |
| 7 | 1 | 5 | 6 | 2 | 3 | 9 | 8 | 4 |
| 6 | 4 | 2 | 7 | 9 | 8 | 3 | 5 | 1 |
| 1 | 8 | 7 | 3 | 4 | 5 | 2 | 6 | 9 |
| 3 | 5 | 9 | 2 | 1 | 6 | 8 | 4 | 7 |
| 5 | 9 | 8 | 4 | 6 | 2 | 7 | 1 | 3 |
| 4 | 3 | 1 | 9 | 8 | 7 | 6 | 2 | 5 |
| 2 | 7 | 6 | 5 | 3 | 1 | 4 | 9 | 8 |

## Solution 141

| 7 | 8 | 6 | 5 | 2 | 9 | 4 | 1 | 3 |
|---|---|---|---|---|---|---|---|---|
| 5 | 1 | 2 | 8 | 4 | 3 | 6 | 9 | 7 |
| 9 | 4 | 3 | 1 | 7 | 6 | 8 | 2 | 5 |
| 3 | 6 | 8 | 9 | 1 | 4 | 7 | 5 | 2 |
| 2 | 5 | 1 | 7 | 3 | 8 | 9 | 6 | 4 |
| 4 | 7 | 9 | 6 | 5 | 2 | 3 | 8 | 1 |
| 6 | 3 | 5 | 2 | 8 | 7 | 1 | 4 | 9 |
| 8 | 2 | 7 | 4 | 9 | 1 | 5 | 3 | 6 |
| 1 | 9 | 4 | 3 | 6 | 5 | 2 | 7 | 8 |

## Solution 142

| 7 | 4 | 9 | 8 | 1 | 5 | 6 | 2 | 3 |
|---|---|---|---|---|---|---|---|---|
| 6 | 5 | 2 | 9 | 4 | 3 | 1 | 8 | 7 |
| 3 | 8 | 1 | 6 | 7 | 2 | 5 | 9 | 4 |
| 5 | 9 | 4 | 1 | 3 | 7 | 2 | 6 | 8 |
| 1 | 7 | 3 | 2 | 6 | 8 | 9 | 4 | 5 |
| 8 | 2 | 6 | 5 | 9 | 4 | 3 | 7 | 1 |
| 2 | 1 | 5 | 4 | 8 | 9 | 7 | 3 | 6 |
| 9 | 3 | 8 | 7 | 5 | 6 | 4 | 1 | 2 |
| 4 | 6 | 7 | 3 | 2 | 1 | 8 | 5 | 9 |

## Solution 143

| 3 | 5 | 7 | 8 | 4 | 9 | 2 | 6 | 1 |
|---|---|---|---|---|---|---|---|---|
| 9 | 1 | 8 | 6 | 3 | 2 | 5 | 7 | 4 |
| 4 | 6 | 2 | 1 | 5 | 7 | 8 | 9 | 3 |
| 6 | 8 | 3 | 9 | 7 | 1 | 4 | 5 | 2 |
| 2 | 9 | 1 | 5 | 8 | 4 | 6 | 3 | 7 |
| 5 | 7 | 4 | 2 | 6 | 3 | 9 | 1 | 8 |
| 8 | 3 | 9 | 7 | 2 | 5 | 1 | 4 | 6 |
| 7 | 2 | 5 | 4 | 1 | 6 | 3 | 8 | 9 |
| 1 | 4 | 6 | 3 | 9 | 8 | 7 | 2 | 5 |

## Solution 144

| 8 | 6 | 5 | 7 | 4 | 9 | 1 | 3 | 2 |
|---|---|---|---|---|---|---|---|---|
| 9 | 4 | 7 | 3 | 2 | 1 | 5 | 6 | 8 |
| 2 | 3 | 1 | 8 | 6 | 5 | 7 | 9 | 4 |
| 7 | 1 | 4 | 5 | 3 | 2 | 9 | 8 | 6 |
| 3 | 8 | 9 | 6 | 1 | 4 | 2 | 7 | 5 |
| 6 | 5 | 2 | 9 | 8 | 7 | 4 | 1 | 3 |
| 5 | 7 | 3 | 2 | 9 | 6 | 8 | 4 | 1 |
| 1 | 9 | 8 | 4 | 5 | 3 | 6 | 2 | 7 |
| 4 | 2 | 6 | 1 | 7 | 8 | 3 | 5 | 9 |

## Solution 145

| 4 | 2 | 8 | 5 | 6 | 1 | 9 | 7 | 3 |
|---|---|---|---|---|---|---|---|---|
| 9 | 1 | 5 | 7 | 3 | 4 | 6 | 2 | 8 |
| 6 | 3 | 7 | 8 | 9 | 2 | 4 | 1 | 5 |
| 2 | 4 | 9 | 6 | 7 | 3 | 5 | 8 | 1 |
| 5 | 6 | 3 | 4 | 1 | 8 | 7 | 9 | 2 |
| 8 | 7 | 1 | 2 | 5 | 9 | 3 | 4 | 6 |
| 1 | 9 | 4 | 3 | 2 | 5 | 8 | 6 | 7 |
| 7 | 5 | 2 | 9 | 8 | 6 | 1 | 3 | 4 |
| 3 | 8 | 6 | 1 | 4 | 7 | 2 | 5 | 9 |

## Solution 146

| 5 | 8 | 4 | 7 | 3 | 2 | 6 | 9 | 1 |
|---|---|---|---|---|---|---|---|---|
| 1 | 7 | 2 | 6 | 9 | 8 | 4 | 5 | 3 |
| 9 | 6 | 3 | 4 | 1 | 5 | 2 | 8 | 7 |
| 6 | 5 | 9 | 3 | 7 | 4 | 8 | 1 | 2 |
| 8 | 3 | 7 | 1 | 2 | 9 | 5 | 4 | 6 |
| 4 | 2 | 1 | 5 | 8 | 6 | 3 | 7 | 9 |
| 7 | 1 | 8 | 2 | 4 | 3 | 9 | 6 | 5 |
| 2 | 4 | 5 | 9 | 6 | 7 | 1 | 3 | 8 |
| 3 | 9 | 6 | 8 | 5 | 1 | 7 | 2 | 4 |

## Solution 147

| 2 | 5 | 7 | 3 | 1 | 4 | 6 | 8 | 9 |
|---|---|---|---|---|---|---|---|---|
| 3 | 6 | 9 | 7 | 8 | 2 | 1 | 5 | 4 |
| 4 | 8 | 1 | 9 | 5 | 6 | 3 | 7 | 2 |
| 5 | 4 | 8 | 1 | 9 | 3 | 2 | 6 | 7 |
| 7 | 9 | 6 | 2 | 4 | 5 | 8 | 3 | 1 |
| 1 | 3 | 2 | 6 | 7 | 8 | 9 | 4 | 5 |
| 9 | 1 | 4 | 8 | 6 | 7 | 5 | 2 | 3 |
| 6 | 2 | 5 | 4 | 3 | 1 | 7 | 9 | 8 |
| 8 | 7 | 3 | 5 | 2 | 9 | 4 | 1 | 6 |

## Solution 148

| 8 | 7 | 6 | 5 | 3 | 9 | 4 | 2 | 1 |
|---|---|---|---|---|---|---|---|---|
| 1 | 9 | 2 | 6 | 4 | 8 | 3 | 5 | 7 |
| 5 | 3 | 4 | 1 | 2 | 7 | 8 | 9 | 6 |
| 2 | 8 | 3 | 9 | 1 | 5 | 7 | 6 | 4 |
| 6 | 4 | 1 | 2 | 7 | 3 | 9 | 8 | 5 |
| 7 | 5 | 9 | 8 | 6 | 4 | 2 | 1 | 3 |
| 3 | 1 | 8 | 7 | 9 | 6 | 5 | 4 | 2 |
| 9 | 6 | 7 | 4 | 5 | 2 | 1 | 3 | 8 |
| 4 | 2 | 5 | 3 | 8 | 1 | 6 | 7 | 9 |

## Solution 149

| 4 | 5 | 6 | 7 | 1 | 3 | 8 | 9 | 2 |
|---|---|---|---|---|---|---|---|---|
| 7 | 8 | 1 | 2 | 5 | 9 | 6 | 3 | 4 |
| 2 | 3 | 9 | 8 | 6 | 4 | 5 | 7 | 1 |
| 1 | 4 | 8 | 5 | 3 | 2 | 7 | 6 | 9 |
| 9 | 7 | 2 | 1 | 8 | 6 | 4 | 5 | 3 |
| 5 | 6 | 3 | 9 | 4 | 7 | 1 | 2 | 8 |
| 3 | 1 | 7 | 6 | 2 | 8 | 9 | 4 | 5 |
| 6 | 2 | 5 | 4 | 9 | 1 | 3 | 8 | 7 |
| 8 | 9 | 4 | 3 | 7 | 5 | 2 | 1 | 6 |

## Solution 150

| 4 | 7 | 6 | 3 | 1 | 8 | 2 | 5 | 9 |
|---|---|---|---|---|---|---|---|---|
| 3 | 5 | 2 | 7 | 4 | 9 | 8 | 6 | 1 |
| 9 | 8 | 1 | 2 | 5 | 6 | 7 | 4 | 3 |
| 7 | 9 | 8 | 6 | 3 | 5 | 1 | 2 | 4 |
| 2 | 4 | 3 | 1 | 9 | 7 | 5 | 8 | 6 |
| 1 | 6 | 5 | 4 | 8 | 2 | 3 | 9 | 7 |
| 5 | 3 | 7 | 9 | 2 | 4 | 6 | 1 | 8 |
| 8 | 1 | 9 | 5 | 6 | 3 | 4 | 7 | 2 |
| 6 | 2 | 4 | 8 | 7 | 1 | 9 | 3 | 5 |

## Solution 151

| 8 | 4 | 5 | 9 | 2 | 3 | 7 | 6 | 1 |
|---|---|---|---|---|---|---|---|---|
| 1 | 9 | 3 | 6 | 7 | 5 | 4 | 8 | 2 |
| 7 | 6 | 2 | 1 | 8 | 4 | 3 | 9 | 5 |
| 6 | 1 | 7 | 4 | 3 | 8 | 5 | 2 | 9 |
| 9 | 3 | 4 | 5 | 1 | 2 | 8 | 7 | 6 |
| 5 | 2 | 8 | 7 | 9 | 6 | 1 | 3 | 4 |
| 2 | 7 | 1 | 8 | 4 | 9 | 6 | 5 | 3 |
| 3 | 8 | 6 | 2 | 5 | 1 | 9 | 4 | 7 |
| 4 | 5 | 9 | 3 | 6 | 7 | 2 | 1 | 8 |

## Solution 152

| 2 | 4 | 9 | 1 | 6 | 3 | 5 | 8 | 7 |
|---|---|---|---|---|---|---|---|---|
| 8 | 1 | 3 | 7 | 4 | 5 | 2 | 9 | 6 |
| 6 | 7 | 5 | 9 | 8 | 2 | 1 | 4 | 3 |
| 4 | 5 | 8 | 6 | 7 | 1 | 9 | 3 | 2 |
| 1 | 3 | 2 | 5 | 9 | 8 | 6 | 7 | 4 |
| 7 | 9 | 6 | 2 | 3 | 4 | 8 | 5 | 1 |
| 9 | 8 | 1 | 4 | 2 | 7 | 3 | 6 | 5 |
| 5 | 6 | 7 | 3 | 1 | 9 | 4 | 2 | 8 |
| 3 | 2 | 4 | 8 | 5 | 6 | 7 | 1 | 9 |

## Solution 153

| 7 | 4 | 2 | 8 | 3 | 5 | 9 | 1 | 6 |
|---|---|---|---|---|---|---|---|---|
| 1 | 6 | 5 | 9 | 2 | 7 | 3 | 4 | 8 |
| 3 | 8 | 9 | 6 | 4 | 1 | 5 | 2 | 7 |
| 9 | 7 | 3 | 2 | 5 | 6 | 1 | 8 | 4 |
| 8 | 2 | 1 | 4 | 7 | 9 | 6 | 5 | 3 |
| 4 | 5 | 6 | 1 | 8 | 3 | 7 | 9 | 2 |
| 5 | 9 | 4 | 3 | 6 | 2 | 8 | 7 | 1 |
| 2 | 3 | 7 | 5 | 1 | 8 | 4 | 6 | 9 |
| 6 | 1 | 8 | 7 | 9 | 4 | 2 | 3 | 5 |

## Solution 154

| 2 | 8 | 1 | 9 | 4 | 6 | 3 | 5 | 7 |
|---|---|---|---|---|---|---|---|---|
| 9 | 6 | 7 | 3 | 8 | 5 | 1 | 4 | 2 |
| 3 | 4 | 5 | 2 | 1 | 7 | 9 | 6 | 8 |
| 1 | 5 | 3 | 8 | 6 | 4 | 7 | 2 | 9 |
| 7 | 9 | 6 | 1 | 2 | 3 | 4 | 8 | 5 |
| 8 | 2 | 4 | 5 | 7 | 9 | 6 | 1 | 3 |
| 4 | 1 | 9 | 7 | 5 | 2 | 8 | 3 | 6 |
| 6 | 3 | 2 | 4 | 9 | 8 | 5 | 7 | 1 |
| 5 | 7 | 8 | 6 | 3 | 1 | 2 | 9 | 4 |

## Solution 155

| 3 | 4 | 1 | 7 | 2 | 9 | 5 | 6 | 8 |
|---|---|---|---|---|---|---|---|---|
| 7 | 5 | 9 | 1 | 8 | 6 | 3 | 2 | 4 |
| 6 | 8 | 2 | 3 | 4 | 5 | 7 | 1 | 9 |
| 2 | 7 | 4 | 8 | 1 | 3 | 9 | 5 | 6 |
| 9 | 3 | 8 | 6 | 5 | 2 | 4 | 7 | 1 |
| 5 | 1 | 6 | 4 | 9 | 7 | 8 | 3 | 2 |
| 1 | 9 | 7 | 5 | 6 | 8 | 2 | 4 | 3 |
| 8 | 6 | 3 | 2 | 7 | 4 | 1 | 9 | 5 |
| 4 | 2 | 5 | 9 | 3 | 1 | 6 | 8 | 7 |

## Solution 156

| 3 | 6 | 2 | 5 | 1 | 8 | 9 | 4 | 7 |
|---|---|---|---|---|---|---|---|---|
| 9 | 1 | 4 | 7 | 3 | 2 | 8 | 5 | 6 |
| 8 | 7 | 5 | 9 | 6 | 4 | 1 | 3 | 2 |
| 5 | 3 | 6 | 8 | 4 | 7 | 2 | 9 | 1 |
| 7 | 4 | 8 | 1 | 2 | 9 | 5 | 6 | 3 |
| 1 | 2 | 9 | 3 | 5 | 6 | 7 | 8 | 4 |
| 4 | 8 | 1 | 2 | 9 | 3 | 6 | 7 | 5 |
| 2 | 9 | 3 | 6 | 7 | 5 | 4 | 1 | 8 |
| 6 | 5 | 7 | 4 | 8 | 1 | 3 | 2 | 9 |

## Solution 157

| 2 | 5 | 1 | 9 | 8 | 7 | 4 | 3 | 6 |
|---|---|---|---|---|---|---|---|---|
| 4 | 9 | 6 | 2 | 5 | 3 | 8 | 1 | 7 |
| 7 | 3 | 8 | 4 | 6 | 1 | 9 | 2 | 5 |
| 5 | 8 | 4 | 3 | 1 | 2 | 7 | 6 | 9 |
| 6 | 2 | 9 | 8 | 7 | 5 | 3 | 4 | 1 |
| 1 | 7 | 3 | 6 | 4 | 9 | 2 | 5 | 8 |
| 8 | 1 | 2 | 7 | 3 | 6 | 5 | 9 | 4 |
| 3 | 6 | 7 | 5 | 9 | 4 | 1 | 8 | 2 |
| 9 | 4 | 5 | 1 | 2 | 8 | 6 | 7 | 3 |

## Solution 158

| 1 | 9 | 8 | 2 | 6 | 5 | 7 | 3 | 4 |
|---|---|---|---|---|---|---|---|---|
| 3 | 6 | 7 | 9 | 4 | 1 | 5 | 2 | 8 |
| 4 | 2 | 5 | 8 | 3 | 7 | 6 | 9 | 1 |
| 7 | 1 | 6 | 5 | 2 | 3 | 8 | 4 | 9 |
| 2 | 3 | 9 | 6 | 8 | 4 | 1 | 7 | 5 |
| 8 | 5 | 4 | 1 | 7 | 9 | 3 | 6 | 2 |
| 5 | 4 | 1 | 7 | 9 | 6 | 2 | 8 | 3 |
| 6 | 8 | 3 | 4 | 1 | 2 | 9 | 5 | 7 |
| 9 | 7 | 2 | 3 | 5 | 8 | 4 | 1 | 6 |

## Solution 159

| 5 | 6 | 9 | 4 | 2 | 3 | 7 | 1 | 8 |
|---|---|---|---|---|---|---|---|---|
| 3 | 2 | 8 | 7 | 1 | 6 | 9 | 4 | 5 |
| 7 | 1 | 4 | 9 | 5 | 8 | 6 | 3 | 2 |
| 6 | 8 | 3 | 2 | 7 | 1 | 5 | 9 | 4 |
| 2 | 4 | 5 | 8 | 6 | 9 | 1 | 7 | 3 |
| 9 | 7 | 1 | 3 | 4 | 5 | 8 | 2 | 6 |
| 8 | 9 | 2 | 6 | 3 | 7 | 4 | 5 | 1 |
| 4 | 5 | 6 | 1 | 9 | 2 | 3 | 8 | 7 |
| 1 | 3 | 7 | 5 | 8 | 4 | 2 | 6 | 9 |

## Solution 160

| 4 | 3 | 2 | 1 | 7 | 8 | 5 | 9 | 6 |
|---|---|---|---|---|---|---|---|---|
| 5 | 6 | 8 | 9 | 4 | 2 | 3 | 7 | 1 |
| 1 | 7 | 9 | 3 | 5 | 6 | 4 | 8 | 2 |
| 7 | 8 | 5 | 4 | 2 | 9 | 6 | 1 | 3 |
| 2 | 9 | 6 | 8 | 1 | 3 | 7 | 4 | 5 |
| 3 | 1 | 4 | 5 | 6 | 7 | 9 | 2 | 8 |
| 8 | 5 | 1 | 7 | 3 | 4 | 2 | 6 | 9 |
| 6 | 4 | 3 | 2 | 9 | 1 | 8 | 5 | 7 |
| 9 | 2 | 7 | 6 | 8 | 5 | 1 | 3 | 4 |

## Solution 161

| 7 | 5 | 8 | 4 | 9 | 3 | 1 | 2 | 6 |
|---|---|---|---|---|---|---|---|---|
| 2 | 1 | 4 | 8 | 5 | 6 | 7 | 3 | 9 |
| 3 | 9 | 6 | 2 | 7 | 1 | 4 | 8 | 5 |
| 9 | 8 | 1 | 5 | 4 | 7 | 2 | 6 | 3 |
| 5 | 6 | 7 | 1 | 3 | 2 | 9 | 4 | 8 |
| 4 | 3 | 2 | 6 | 8 | 9 | 5 | 7 | 1 |
| 8 | 4 | 3 | 9 | 2 | 5 | 6 | 1 | 7 |
| 6 | 7 | 9 | 3 | 1 | 4 | 8 | 5 | 2 |
| 1 | 2 | 5 | 7 | 6 | 8 | 3 | 9 | 4 |

## Solution 162

| 2 | 5 | 7 | 8 | 6 | 1 | 4 | 9 | 3 |
|---|---|---|---|---|---|---|---|---|
| 6 | 9 | 3 | 7 | 2 | 4 | 1 | 5 | 8 |
| 8 | 4 | 1 | 3 | 5 | 9 | 2 | 7 | 6 |
| 4 | 3 | 6 | 1 | 9 | 8 | 5 | 2 | 7 |
| 5 | 2 | 9 | 6 | 4 | 7 | 3 | 8 | 1 |
| 1 | 7 | 8 | 5 | 3 | 2 | 9 | 6 | 4 |
| 9 | 6 | 2 | 4 | 7 | 3 | 8 | 1 | 5 |
| 3 | 1 | 5 | 9 | 8 | 6 | 7 | 4 | 2 |
| 7 | 8 | 4 | 2 | 1 | 5 | 6 | 3 | 9 |

## Solution 163

| 5 | 3 | 4 | 7 | 6 | 9 | 2 | 8 | 1 |
|---|---|---|---|---|---|---|---|---|
| 7 | 8 | 2 | 3 | 1 | 4 | 6 | 9 | 5 |
| 1 | 6 | 9 | 8 | 2 | 5 | 3 | 7 | 4 |
| 3 | 4 | 1 | 2 | 9 | 7 | 8 | 5 | 6 |
| 8 | 2 | 5 | 1 | 4 | 6 | 7 | 3 | 9 |
| 9 | 7 | 6 | 5 | 8 | 3 | 1 | 4 | 2 |
| 4 | 1 | 3 | 6 | 5 | 8 | 9 | 2 | 7 |
| 2 | 5 | 8 | 9 | 7 | 1 | 4 | 6 | 3 |
| 6 | 9 | 7 | 4 | 3 | 2 | 5 | 1 | 8 |

## Solution 164

| 3 | 6 | 2 | 8 | 9 | 5 | 7 | 4 | 1 |
|---|---|---|---|---|---|---|---|---|
| 5 | 8 | 4 | 6 | 1 | 7 | 2 | 9 | 3 |
| 9 | 7 | 1 | 4 | 2 | 3 | 5 | 8 | 6 |
| 6 | 1 | 3 | 7 | 8 | 9 | 4 | 2 | 5 |
| 4 | 5 | 7 | 2 | 6 | 1 | 9 | 3 | 8 |
| 8 | 2 | 9 | 5 | 3 | 4 | 6 | 1 | 7 |
| 7 | 9 | 8 | 3 | 5 | 2 | 1 | 6 | 4 |
| 2 | 3 | 5 | 1 | 4 | 6 | 8 | 7 | 9 |
| 1 | 4 | 6 | 9 | 7 | 8 | 3 | 5 | 2 |

## Solution 165

| 3 | 2 | 6 | 1 | 4 | 9 | 5 | 7 | 8 |
|---|---|---|---|---|---|---|---|---|
| 4 | 1 | 8 | 3 | 7 | 5 | 2 | 9 | 6 |
| 5 | 9 | 7 | 6 | 8 | 2 | 3 | 1 | 4 |
| 7 | 6 | 3 | 5 | 1 | 8 | 9 | 4 | 2 |
| 9 | 8 | 5 | 4 | 2 | 7 | 6 | 3 | 1 |
| 1 | 4 | 2 | 9 | 6 | 3 | 7 | 8 | 5 |
| 2 | 5 | 4 | 7 | 9 | 1 | 8 | 6 | 3 |
| 6 | 3 | 9 | 8 | 5 | 4 | 1 | 2 | 7 |
| 8 | 7 | 1 | 2 | 3 | 6 | 4 | 5 | 9 |

## Solution 166

| 6 | 4 | 9 | 5 | 1 | 7 | 3 | 2 | 8 |
|---|---|---|---|---|---|---|---|---|
| 7 | 2 | 5 | 3 | 9 | 8 | 4 | 6 | 1 |
| 1 | 3 | 8 | 2 | 6 | 4 | 9 | 7 | 5 |
| 4 | 6 | 3 | 9 | 2 | 5 | 8 | 1 | 7 |
| 2 | 9 | 1 | 7 | 8 | 6 | 5 | 3 | 4 |
| 5 | 8 | 7 | 4 | 3 | 1 | 2 | 9 | 6 |
| 9 | 5 | 6 | 8 | 7 | 2 | 1 | 4 | 3 |
| 3 | 7 | 4 | 1 | 5 | 9 | 6 | 8 | 2 |
| 8 | 1 | 2 | 6 | 4 | 3 | 7 | 5 | 9 |

## Solution 167

| 9 | 3 | 7 | 6 | 1 | 2 | 5 | 4 | 8 |
|---|---|---|---|---|---|---|---|---|
| 2 | 8 | 4 | 3 | 5 | 9 | 6 | 1 | 7 |
| 6 | 5 | 1 | 4 | 7 | 8 | 9 | 2 | 3 |
| 7 | 1 | 3 | 2 | 9 | 5 | 8 | 6 | 4 |
| 5 | 2 | 6 | 8 | 4 | 7 | 1 | 3 | 9 |
| 8 | 4 | 9 | 1 | 3 | 6 | 2 | 7 | 5 |
| 1 | 7 | 8 | 9 | 2 | 4 | 3 | 5 | 6 |
| 4 | 9 | 2 | 5 | 6 | 3 | 7 | 8 | 1 |
| 3 | 6 | 5 | 7 | 8 | 1 | 4 | 9 | 2 |

## Solution 168

| 7 | 5 | 1 | 3 | 9 | 4 | 6 | 2 | 8 |
|---|---|---|---|---|---|---|---|---|
| 8 | 9 | 4 | 6 | 2 | 5 | 7 | 1 | 3 |
| 2 | 3 | 6 | 7 | 1 | 8 | 9 | 4 | 5 |
| 3 | 4 | 2 | 9 | 8 | 7 | 1 | 5 | 6 |
| 1 | 6 | 7 | 4 | 5 | 3 | 8 | 9 | 2 |
| 5 | 8 | 9 | 1 | 6 | 2 | 4 | 3 | 7 |
| 4 | 2 | 5 | 8 | 7 | 1 | 3 | 6 | 9 |
| 9 | 7 | 3 | 2 | 4 | 6 | 5 | 8 | 1 |
| 6 | 1 | 8 | 5 | 3 | 9 | 2 | 7 | 4 |

## Solution 169

| 1 | 4 | 3 | 7 | 6 | 2 | 9 | 8 | 5 |
| 2 | 9 | 8 | 4 | 5 | 3 | 7 | 1 | 6 |
| 7 | 5 | 6 | 1 | 8 | 9 | 2 | 3 | 4 |
| 4 | 8 | 9 | 5 | 7 | 1 | 3 | 6 | 2 |
| 5 | 3 | 7 | 2 | 9 | 6 | 1 | 4 | 8 |
| 6 | 2 | 1 | 8 | 3 | 4 | 5 | 7 | 9 |
| 9 | 6 | 2 | 3 | 1 | 8 | 4 | 5 | 7 |
| 8 | 1 | 5 | 9 | 4 | 7 | 6 | 2 | 3 |
| 3 | 7 | 4 | 6 | 2 | 5 | 8 | 9 | 1 |

## Solution 170

| 4 | 2 | 3 | 7 | 9 | 5 | 1 | 6 | 8 |
| 7 | 6 | 5 | 4 | 8 | 1 | 3 | 9 | 2 |
| 1 | 8 | 9 | 6 | 2 | 3 | 4 | 7 | 5 |
| 9 | 1 | 2 | 8 | 3 | 7 | 5 | 4 | 6 |
| 8 | 4 | 6 | 5 | 1 | 2 | 7 | 3 | 9 |
| 5 | 3 | 7 | 9 | 6 | 4 | 2 | 8 | 1 |
| 3 | 5 | 8 | 1 | 4 | 9 | 6 | 2 | 7 |
| 2 | 9 | 1 | 3 | 7 | 6 | 8 | 5 | 4 |
| 6 | 7 | 4 | 2 | 5 | 8 | 9 | 1 | 3 |

## Solution 171

| 7 | 8 | 5 | 9 | 1 | 4 | 6 | 2 | 3 |
| 6 | 2 | 9 | 7 | 5 | 3 | 4 | 8 | 1 |
| 4 | 3 | 1 | 8 | 6 | 2 | 7 | 9 | 5 |
| 8 | 1 | 4 | 2 | 7 | 5 | 9 | 3 | 6 |
| 3 | 9 | 6 | 1 | 4 | 8 | 2 | 5 | 7 |
| 2 | 5 | 7 | 3 | 9 | 6 | 1 | 4 | 8 |
| 5 | 4 | 2 | 6 | 3 | 1 | 8 | 7 | 9 |
| 9 | 6 | 8 | 5 | 2 | 7 | 3 | 1 | 4 |
| 1 | 7 | 3 | 4 | 8 | 9 | 5 | 6 | 2 |

## Solution 172

| 3 | 1 | 5 | 2 | 4 | 7 | 9 | 6 | 8 |
| 9 | 8 | 7 | 5 | 6 | 1 | 2 | 4 | 3 |
| 6 | 2 | 4 | 9 | 8 | 3 | 5 | 1 | 7 |
| 5 | 4 | 8 | 1 | 7 | 9 | 3 | 2 | 6 |
| 1 | 6 | 3 | 4 | 2 | 8 | 7 | 5 | 9 |
| 2 | 7 | 9 | 3 | 5 | 6 | 1 | 8 | 4 |
| 8 | 5 | 1 | 7 | 9 | 4 | 6 | 3 | 2 |
| 4 | 9 | 2 | 6 | 3 | 5 | 8 | 7 | 1 |
| 7 | 3 | 6 | 8 | 1 | 2 | 4 | 9 | 5 |

## Solution 173

| 7 | 4 | 8 | 6 | 1 | 3 | 9 | 5 | 2 |
| 5 | 6 | 1 | 8 | 9 | 2 | 3 | 4 | 7 |
| 2 | 3 | 9 | 7 | 4 | 5 | 6 | 8 | 1 |
| 4 | 9 | 3 | 1 | 6 | 7 | 5 | 2 | 8 |
| 1 | 7 | 5 | 9 | 2 | 8 | 4 | 3 | 6 |
| 6 | 8 | 2 | 5 | 3 | 4 | 1 | 7 | 9 |
| 8 | 2 | 6 | 3 | 5 | 9 | 7 | 1 | 4 |
| 9 | 5 | 7 | 4 | 8 | 1 | 2 | 6 | 3 |
| 3 | 1 | 4 | 2 | 7 | 6 | 8 | 9 | 5 |

## Solution 174

| 4 | 5 | 1 | 9 | 8 | 3 | 6 | 2 | 7 |
| 2 | 7 | 6 | 1 | 5 | 4 | 8 | 9 | 3 |
| 8 | 9 | 3 | 6 | 7 | 2 | 5 | 4 | 1 |
| 9 | 3 | 7 | 4 | 6 | 8 | 1 | 5 | 2 |
| 5 | 8 | 4 | 2 | 1 | 9 | 3 | 7 | 6 |
| 1 | 6 | 2 | 7 | 3 | 5 | 4 | 8 | 9 |
| 7 | 4 | 5 | 3 | 2 | 6 | 9 | 1 | 8 |
| 6 | 1 | 8 | 5 | 9 | 7 | 2 | 3 | 4 |
| 3 | 2 | 9 | 8 | 4 | 1 | 7 | 6 | 5 |

## Solution 175

| 4 | 2 | 5 | 9 | 6 | 3 | 7 | 1 | 8 |
| 3 | 9 | 8 | 5 | 1 | 7 | 4 | 6 | 2 |
| 7 | 1 | 6 | 2 | 4 | 8 | 3 | 5 | 9 |
| 5 | 3 | 1 | 6 | 2 | 9 | 8 | 7 | 4 |
| 9 | 8 | 7 | 4 | 3 | 5 | 6 | 2 | 1 |
| 6 | 4 | 2 | 7 | 8 | 1 | 5 | 9 | 3 |
| 1 | 7 | 3 | 8 | 5 | 2 | 9 | 4 | 6 |
| 2 | 5 | 4 | 3 | 9 | 6 | 1 | 8 | 7 |
| 8 | 6 | 9 | 1 | 7 | 4 | 2 | 3 | 5 |

## Solution 176

| 4 | 5 | 3 | 1 | 7 | 8 | 2 | 6 | 9 |
| 9 | 7 | 2 | 5 | 3 | 6 | 8 | 4 | 1 |
| 8 | 6 | 1 | 2 | 9 | 4 | 5 | 7 | 3 |
| 1 | 9 | 5 | 4 | 2 | 3 | 7 | 8 | 6 |
| 3 | 4 | 6 | 8 | 5 | 7 | 9 | 1 | 2 |
| 2 | 8 | 7 | 6 | 1 | 9 | 3 | 5 | 4 |
| 6 | 3 | 8 | 9 | 4 | 5 | 1 | 2 | 7 |
| 5 | 1 | 9 | 7 | 6 | 2 | 4 | 3 | 8 |
| 7 | 2 | 4 | 3 | 8 | 1 | 6 | 9 | 5 |

## Solution 177

| 7 | 8 | 6 | 5 | 1 | 2 | 3 | 9 | 4 |
| 3 | 5 | 1 | 9 | 8 | 4 | 2 | 6 | 7 |
| 9 | 2 | 4 | 7 | 3 | 6 | 5 | 8 | 1 |
| 1 | 9 | 8 | 6 | 4 | 5 | 7 | 2 | 3 |
| 5 | 6 | 7 | 8 | 2 | 3 | 4 | 1 | 9 |
| 4 | 3 | 2 | 1 | 7 | 9 | 8 | 5 | 6 |
| 6 | 4 | 3 | 2 | 9 | 8 | 1 | 7 | 5 |
| 8 | 1 | 9 | 3 | 5 | 7 | 6 | 4 | 2 |
| 2 | 7 | 5 | 4 | 6 | 1 | 9 | 3 | 8 |

## Solution 178

| 8 | 5 | 3 | 6 | 9 | 1 | 7 | 4 | 2 |
| 1 | 2 | 7 | 8 | 3 | 4 | 5 | 6 | 9 |
| 4 | 9 | 6 | 5 | 2 | 7 | 8 | 3 | 1 |
| 7 | 6 | 1 | 9 | 4 | 2 | 3 | 8 | 5 |
| 3 | 4 | 2 | 7 | 5 | 8 | 1 | 9 | 6 |
| 5 | 8 | 9 | 1 | 6 | 3 | 2 | 7 | 4 |
| 6 | 1 | 4 | 3 | 7 | 5 | 9 | 2 | 8 |
| 9 | 7 | 8 | 2 | 1 | 6 | 4 | 5 | 3 |
| 2 | 3 | 5 | 4 | 8 | 9 | 6 | 1 | 7 |

## Solution 179

| 6 | 4 | 9 | 3 | 2 | 8 | 5 | 1 | 7 |
| 3 | 7 | 1 | 9 | 6 | 5 | 2 | 4 | 8 |
| 5 | 8 | 2 | 4 | 7 | 1 | 6 | 9 | 3 |
| 7 | 3 | 4 | 1 | 8 | 2 | 9 | 5 | 6 |
| 1 | 6 | 8 | 7 | 5 | 9 | 3 | 2 | 4 |
| 9 | 2 | 5 | 6 | 3 | 4 | 7 | 8 | 1 |
| 8 | 9 | 3 | 5 | 4 | 6 | 1 | 7 | 2 |
| 4 | 5 | 7 | 2 | 1 | 3 | 8 | 6 | 9 |
| 2 | 1 | 6 | 8 | 9 | 7 | 4 | 3 | 5 |

## Solution 180

| 7 | 8 | 5 | 9 | 2 | 6 | 1 | 4 | 3 |
| 4 | 6 | 1 | 5 | 7 | 3 | 8 | 9 | 2 |
| 3 | 9 | 2 | 8 | 1 | 4 | 6 | 5 | 7 |
| 8 | 5 | 4 | 3 | 6 | 1 | 2 | 7 | 9 |
| 9 | 2 | 7 | 4 | 5 | 8 | 3 | 1 | 6 |
| 6 | 1 | 3 | 7 | 9 | 2 | 5 | 8 | 4 |
| 5 | 7 | 6 | 1 | 3 | 9 | 4 | 2 | 8 |
| 2 | 4 | 9 | 6 | 8 | 5 | 7 | 3 | 1 |
| 1 | 3 | 8 | 2 | 4 | 7 | 9 | 6 | 5 |

## Solution 181

| 9 | 1 | 5 | 6 | 8 | 4 | 3 | 2 | 7 |
|---|---|---|---|---|---|---|---|---|
| 3 | 8 | 4 | 1 | 2 | 7 | 6 | 5 | 9 |
| 7 | 6 | 2 | 5 | 3 | 9 | 1 | 8 | 4 |
| 5 | 2 | 6 | 4 | 1 | 3 | 9 | 7 | 8 |
| 8 | 4 | 7 | 9 | 6 | 2 | 5 | 3 | 1 |
| 1 | 9 | 3 | 8 | 7 | 5 | 4 | 6 | 2 |
| 2 | 5 | 1 | 3 | 4 | 8 | 7 | 9 | 6 |
| 6 | 7 | 9 | 2 | 5 | 1 | 8 | 4 | 3 |
| 4 | 3 | 8 | 7 | 9 | 6 | 2 | 1 | 5 |

## Solution 182

| 7 | 3 | 8 | 9 | 6 | 1 | 4 | 5 | 2 |
|---|---|---|---|---|---|---|---|---|
| 9 | 2 | 6 | 4 | 8 | 5 | 7 | 3 | 1 |
| 5 | 4 | 1 | 7 | 3 | 2 | 8 | 9 | 6 |
| 8 | 9 | 3 | 5 | 1 | 7 | 6 | 2 | 4 |
| 6 | 7 | 4 | 2 | 9 | 3 | 1 | 8 | 5 |
| 1 | 5 | 2 | 6 | 4 | 8 | 3 | 7 | 9 |
| 3 | 8 | 5 | 1 | 2 | 6 | 9 | 4 | 7 |
| 2 | 6 | 9 | 8 | 7 | 4 | 5 | 1 | 3 |
| 4 | 1 | 7 | 3 | 5 | 9 | 2 | 6 | 8 |

## Solution 183

| 5 | 6 | 2 | 8 | 9 | 3 | 1 | 4 | 7 |
|---|---|---|---|---|---|---|---|---|
| 9 | 7 | 4 | 2 | 1 | 6 | 8 | 5 | 3 |
| 3 | 1 | 8 | 7 | 4 | 5 | 2 | 9 | 6 |
| 6 | 2 | 9 | 3 | 5 | 1 | 7 | 8 | 4 |
| 4 | 3 | 7 | 6 | 8 | 2 | 5 | 1 | 9 |
| 1 | 8 | 5 | 4 | 7 | 9 | 6 | 3 | 2 |
| 8 | 9 | 3 | 5 | 2 | 7 | 4 | 6 | 1 |
| 7 | 4 | 1 | 9 | 6 | 8 | 3 | 2 | 5 |
| 2 | 5 | 6 | 1 | 3 | 4 | 9 | 7 | 8 |

## Solution 184

| 5 | 3 | 6 | 1 | 7 | 2 | 9 | 8 | 4 |
|---|---|---|---|---|---|---|---|---|
| 7 | 1 | 8 | 6 | 4 | 9 | 3 | 2 | 5 |
| 9 | 4 | 2 | 8 | 5 | 3 | 7 | 6 | 1 |
| 2 | 6 | 3 | 4 | 9 | 5 | 8 | 1 | 7 |
| 1 | 8 | 5 | 7 | 3 | 6 | 4 | 9 | 2 |
| 4 | 9 | 7 | 2 | 8 | 1 | 5 | 3 | 6 |
| 8 | 2 | 9 | 5 | 1 | 7 | 6 | 4 | 3 |
| 3 | 7 | 1 | 9 | 6 | 4 | 2 | 5 | 8 |
| 6 | 5 | 4 | 3 | 2 | 8 | 1 | 7 | 9 |

## Solution 185

| 1 | 9 | 5 | 8 | 4 | 3 | 7 | 2 | 6 |
|---|---|---|---|---|---|---|---|---|
| 3 | 8 | 7 | 2 | 6 | 9 | 1 | 4 | 5 |
| 4 | 2 | 6 | 7 | 1 | 5 | 3 | 9 | 8 |
| 6 | 3 | 8 | 4 | 5 | 2 | 9 | 1 | 7 |
| 7 | 4 | 9 | 3 | 8 | 1 | 6 | 5 | 2 |
| 2 | 5 | 1 | 6 | 9 | 7 | 4 | 8 | 3 |
| 5 | 7 | 2 | 1 | 3 | 4 | 8 | 6 | 9 |
| 9 | 6 | 4 | 5 | 7 | 8 | 2 | 3 | 1 |
| 8 | 1 | 3 | 9 | 2 | 6 | 5 | 7 | 4 |

## Solution 186

| 8 | 4 | 6 | 1 | 3 | 9 | 5 | 7 | 2 |
|---|---|---|---|---|---|---|---|---|
| 1 | 7 | 3 | 4 | 5 | 2 | 8 | 6 | 9 |
| 5 | 9 | 2 | 7 | 8 | 6 | 1 | 4 | 3 |
| 4 | 6 | 5 | 8 | 7 | 3 | 2 | 9 | 1 |
| 7 | 2 | 1 | 6 | 9 | 5 | 3 | 8 | 4 |
| 9 | 3 | 8 | 2 | 4 | 1 | 7 | 5 | 6 |
| 3 | 8 | 4 | 9 | 2 | 7 | 6 | 1 | 5 |
| 6 | 5 | 9 | 3 | 1 | 8 | 4 | 2 | 7 |
| 2 | 1 | 7 | 5 | 6 | 4 | 9 | 3 | 8 |

## Solution 187

| 8 | 9 | 6 | 5 | 4 | 1 | 3 | 2 | 7 |
|---|---|---|---|---|---|---|---|---|
| 2 | 1 | 5 | 8 | 7 | 3 | 9 | 6 | 4 |
| 7 | 3 | 4 | 6 | 9 | 2 | 5 | 1 | 8 |
| 4 | 6 | 3 | 2 | 1 | 8 | 7 | 9 | 5 |
| 1 | 5 | 7 | 9 | 3 | 6 | 4 | 8 | 2 |
| 9 | 2 | 8 | 4 | 5 | 7 | 1 | 3 | 6 |
| 5 | 4 | 2 | 1 | 8 | 9 | 6 | 7 | 3 |
| 3 | 8 | 1 | 7 | 6 | 4 | 2 | 5 | 9 |
| 6 | 7 | 9 | 3 | 2 | 5 | 8 | 4 | 1 |

## Solution 188

| 5 | 2 | 3 | 6 | 1 | 7 | 8 | 4 | 9 |
|---|---|---|---|---|---|---|---|---|
| 1 | 4 | 6 | 5 | 8 | 9 | 2 | 3 | 7 |
| 7 | 8 | 9 | 3 | 2 | 4 | 6 | 1 | 5 |
| 8 | 6 | 5 | 1 | 9 | 3 | 4 | 7 | 2 |
| 9 | 3 | 4 | 8 | 7 | 2 | 5 | 6 | 1 |
| 2 | 7 | 1 | 4 | 5 | 6 | 3 | 9 | 8 |
| 4 | 9 | 8 | 7 | 3 | 5 | 1 | 2 | 6 |
| 3 | 1 | 7 | 2 | 6 | 8 | 9 | 5 | 4 |
| 6 | 5 | 2 | 9 | 4 | 1 | 7 | 8 | 3 |

## Solution 189

| 1 | 4 | 6 | 8 | 5 | 9 | 2 | 3 | 7 |
|---|---|---|---|---|---|---|---|---|
| 8 | 3 | 7 | 6 | 4 | 2 | 9 | 5 | 1 |
| 9 | 5 | 2 | 7 | 1 | 3 | 8 | 6 | 4 |
| 4 | 2 | 9 | 3 | 7 | 5 | 6 | 1 | 8 |
| 3 | 6 | 8 | 1 | 2 | 4 | 5 | 7 | 9 |
| 7 | 1 | 5 | 9 | 8 | 6 | 3 | 4 | 2 |
| 5 | 8 | 3 | 4 | 9 | 7 | 1 | 2 | 6 |
| 6 | 7 | 1 | 2 | 3 | 8 | 4 | 9 | 5 |
| 2 | 9 | 4 | 5 | 6 | 1 | 7 | 8 | 3 |

## Solution 190

| 5 | 9 | 7 | 3 | 8 | 2 | 4 | 6 | 1 |
|---|---|---|---|---|---|---|---|---|
| 3 | 8 | 6 | 4 | 1 | 5 | 2 | 9 | 7 |
| 4 | 2 | 1 | 6 | 7 | 9 | 5 | 8 | 3 |
| 9 | 4 | 3 | 7 | 2 | 6 | 1 | 5 | 8 |
| 7 | 1 | 2 | 5 | 3 | 8 | 6 | 4 | 9 |
| 8 | 6 | 5 | 9 | 4 | 1 | 7 | 3 | 2 |
| 2 | 3 | 4 | 8 | 6 | 7 | 9 | 1 | 5 |
| 1 | 5 | 8 | 2 | 9 | 4 | 3 | 7 | 6 |
| 6 | 7 | 9 | 1 | 5 | 3 | 8 | 2 | 4 |

## Solution 191

| 9 | 3 | 2 | 5 | 4 | 6 | 8 | 1 | 7 |
|---|---|---|---|---|---|---|---|---|
| 6 | 4 | 7 | 3 | 1 | 8 | 2 | 5 | 9 |
| 1 | 5 | 8 | 2 | 7 | 9 | 4 | 3 | 6 |
| 5 | 8 | 3 | 7 | 2 | 1 | 6 | 9 | 4 |
| 7 | 1 | 9 | 4 | 6 | 3 | 5 | 8 | 2 |
| 4 | 2 | 6 | 8 | 9 | 5 | 1 | 7 | 3 |
| 3 | 6 | 4 | 1 | 8 | 7 | 9 | 2 | 5 |
| 2 | 7 | 1 | 9 | 5 | 4 | 3 | 6 | 8 |
| 8 | 9 | 5 | 6 | 3 | 2 | 7 | 4 | 1 |

## Solution 192

| 3 | 6 | 9 | 4 | 2 | 7 | 8 | 1 | 5 |
|---|---|---|---|---|---|---|---|---|
| 4 | 2 | 5 | 9 | 8 | 1 | 3 | 7 | 6 |
| 7 | 8 | 1 | 5 | 3 | 6 | 4 | 2 | 9 |
| 1 | 9 | 2 | 6 | 5 | 3 | 7 | 8 | 4 |
| 5 | 3 | 7 | 8 | 4 | 9 | 1 | 6 | 2 |
| 6 | 4 | 8 | 1 | 7 | 2 | 9 | 5 | 3 |
| 8 | 1 | 4 | 3 | 6 | 5 | 2 | 9 | 7 |
| 9 | 7 | 6 | 2 | 1 | 4 | 5 | 3 | 8 |
| 2 | 5 | 3 | 7 | 9 | 8 | 6 | 4 | 1 |

## Solution 193

| | | | | | | | | |
|---|---|---|---|---|---|---|---|---|
| 2 | 8 | 1 | 3 | 6 | 7 | 9 | 4 | 5 |
| 9 | 5 | 7 | 4 | 1 | 8 | 6 | 3 | 2 |
| 6 | 4 | 3 | 2 | 9 | 5 | 7 | 8 | 1 |
| 4 | 1 | 9 | 5 | 8 | 6 | 3 | 2 | 7 |
| 8 | 6 | 2 | 7 | 3 | 9 | 5 | 1 | 4 |
| 3 | 7 | 5 | 1 | 4 | 2 | 8 | 6 | 9 |
| 5 | 2 | 4 | 8 | 7 | 3 | 1 | 9 | 6 |
| 7 | 9 | 8 | 6 | 2 | 1 | 4 | 5 | 3 |
| 1 | 3 | 6 | 9 | 5 | 4 | 2 | 7 | 8 |

## Solution 194

| | | | | | | | | |
|---|---|---|---|---|---|---|---|---|
| 6 | 5 | 4 | 8 | 9 | 2 | 3 | 7 | 1 |
| 9 | 1 | 2 | 3 | 5 | 7 | 6 | 8 | 4 |
| 7 | 8 | 3 | 6 | 4 | 1 | 9 | 2 | 5 |
| 1 | 7 | 9 | 5 | 3 | 4 | 8 | 6 | 2 |
| 3 | 2 | 5 | 1 | 8 | 6 | 4 | 9 | 7 |
| 4 | 6 | 8 | 2 | 7 | 9 | 5 | 1 | 3 |
| 5 | 3 | 6 | 7 | 1 | 8 | 2 | 4 | 9 |
| 8 | 4 | 1 | 9 | 2 | 3 | 7 | 5 | 6 |
| 2 | 9 | 7 | 4 | 6 | 5 | 1 | 3 | 8 |

## Solution 195

| | | | | | | | | |
|---|---|---|---|---|---|---|---|---|
| 8 | 9 | 2 | 4 | 5 | 1 | 6 | 3 | 7 |
| 5 | 3 | 1 | 2 | 7 | 6 | 4 | 8 | 9 |
| 7 | 6 | 4 | 3 | 8 | 9 | 5 | 2 | 1 |
| 1 | 7 | 5 | 8 | 3 | 4 | 9 | 6 | 2 |
| 2 | 8 | 6 | 7 | 9 | 5 | 1 | 4 | 3 |
| 9 | 4 | 3 | 1 | 6 | 2 | 8 | 7 | 5 |
| 6 | 1 | 8 | 5 | 2 | 3 | 7 | 9 | 4 |
| 4 | 2 | 7 | 9 | 1 | 8 | 3 | 5 | 6 |
| 3 | 5 | 9 | 6 | 4 | 7 | 2 | 1 | 8 |

## Solution 196

| | | | | | | | | |
|---|---|---|---|---|---|---|---|---|
| 6 | 1 | 7 | 4 | 8 | 5 | 9 | 2 | 3 |
| 4 | 2 | 5 | 3 | 9 | 1 | 7 | 6 | 8 |
| 3 | 9 | 8 | 7 | 6 | 2 | 1 | 4 | 5 |
| 2 | 8 | 9 | 5 | 4 | 3 | 6 | 7 | 1 |
| 1 | 3 | 4 | 9 | 7 | 6 | 8 | 5 | 2 |
| 7 | 5 | 6 | 1 | 2 | 8 | 3 | 9 | 4 |
| 9 | 7 | 2 | 8 | 1 | 4 | 5 | 3 | 6 |
| 5 | 6 | 1 | 2 | 3 | 9 | 4 | 8 | 7 |
| 8 | 4 | 3 | 6 | 5 | 7 | 2 | 1 | 9 |

## Solution 197

| | | | | | | | | |
|---|---|---|---|---|---|---|---|---|
| 5 | 7 | 6 | 9 | 3 | 4 | 2 | 1 | 8 |
| 8 | 4 | 2 | 1 | 6 | 7 | 9 | 3 | 5 |
| 1 | 3 | 9 | 5 | 2 | 8 | 6 | 7 | 4 |
| 4 | 2 | 5 | 6 | 1 | 9 | 3 | 8 | 7 |
| 7 | 6 | 3 | 4 | 8 | 5 | 1 | 9 | 2 |
| 9 | 8 | 1 | 2 | 7 | 3 | 4 | 5 | 6 |
| 2 | 5 | 8 | 3 | 9 | 6 | 7 | 4 | 1 |
| 6 | 9 | 7 | 8 | 4 | 1 | 5 | 2 | 3 |
| 3 | 1 | 4 | 7 | 5 | 2 | 8 | 6 | 9 |

## Solution 198

| | | | | | | | | |
|---|---|---|---|---|---|---|---|---|
| 2 | 8 | 9 | 7 | 1 | 3 | 5 | 6 | 4 |
| 5 | 3 | 7 | 6 | 4 | 8 | 9 | 2 | 1 |
| 4 | 6 | 1 | 9 | 2 | 5 | 8 | 7 | 3 |
| 6 | 9 | 8 | 1 | 7 | 4 | 3 | 5 | 2 |
| 1 | 7 | 2 | 3 | 5 | 6 | 4 | 9 | 8 |
| 3 | 5 | 4 | 8 | 9 | 2 | 6 | 1 | 7 |
| 7 | 1 | 3 | 4 | 6 | 9 | 2 | 8 | 5 |
| 9 | 4 | 5 | 2 | 8 | 7 | 1 | 3 | 6 |
| 8 | 2 | 6 | 5 | 3 | 1 | 7 | 4 | 9 |

## Solution 199

| | | | | | | | | |
|---|---|---|---|---|---|---|---|---|
| 6 | 1 | 7 | 5 | 2 | 4 | 3 | 8 | 9 |
| 9 | 5 | 2 | 8 | 3 | 6 | 1 | 7 | 4 |
| 3 | 4 | 8 | 9 | 7 | 1 | 6 | 2 | 5 |
| 1 | 8 | 6 | 7 | 9 | 5 | 4 | 3 | 2 |
| 7 | 2 | 9 | 1 | 4 | 3 | 8 | 5 | 6 |
| 4 | 3 | 5 | 2 | 6 | 8 | 9 | 1 | 7 |
| 2 | 7 | 3 | 4 | 1 | 9 | 5 | 6 | 8 |
| 5 | 6 | 4 | 3 | 8 | 2 | 7 | 9 | 1 |
| 8 | 9 | 1 | 6 | 5 | 7 | 2 | 4 | 3 |

## Solution 200

| | | | | | | | | |
|---|---|---|---|---|---|---|---|---|
| 2 | 8 | 9 | 3 | 1 | 6 | 5 | 4 | 7 |
| 5 | 6 | 7 | 4 | 2 | 8 | 9 | 3 | 1 |
| 1 | 4 | 3 | 9 | 7 | 5 | 6 | 2 | 8 |
| 9 | 2 | 1 | 6 | 8 | 3 | 4 | 7 | 5 |
| 8 | 3 | 5 | 7 | 4 | 9 | 1 | 6 | 2 |
| 6 | 7 | 4 | 2 | 5 | 1 | 8 | 9 | 3 |
| 4 | 1 | 6 | 5 | 3 | 7 | 2 | 8 | 9 |
| 3 | 5 | 2 | 8 | 9 | 4 | 7 | 1 | 6 |
| 7 | 9 | 8 | 1 | 6 | 2 | 3 | 5 | 4 |

## Solution 201

| | | | | | | | | |
|---|---|---|---|---|---|---|---|---|
| 4 | 3 | 5 | 6 | 2 | 9 | 8 | 7 | 1 |
| 2 | 6 | 1 | 3 | 8 | 7 | 5 | 9 | 4 |
| 8 | 9 | 7 | 5 | 1 | 4 | 2 | 3 | 6 |
| 3 | 5 | 8 | 7 | 9 | 1 | 4 | 6 | 2 |
| 6 | 1 | 9 | 4 | 3 | 2 | 7 | 8 | 5 |
| 7 | 2 | 4 | 8 | 6 | 5 | 3 | 1 | 9 |
| 9 | 4 | 3 | 2 | 7 | 6 | 1 | 5 | 8 |
| 1 | 7 | 2 | 9 | 5 | 8 | 6 | 4 | 3 |
| 5 | 8 | 6 | 1 | 4 | 3 | 9 | 2 | 7 |

## Solution 202

| | | | | | | | | |
|---|---|---|---|---|---|---|---|---|
| 3 | 2 | 6 | 1 | 8 | 5 | 9 | 7 | 4 |
| 8 | 7 | 1 | 9 | 4 | 3 | 2 | 6 | 5 |
| 9 | 4 | 5 | 6 | 2 | 7 | 8 | 1 | 3 |
| 2 | 5 | 8 | 7 | 9 | 4 | 6 | 3 | 1 |
| 4 | 6 | 9 | 8 | 3 | 1 | 7 | 5 | 2 |
| 7 | 1 | 3 | 2 | 5 | 6 | 4 | 8 | 9 |
| 6 | 9 | 7 | 5 | 1 | 2 | 3 | 4 | 8 |
| 1 | 3 | 2 | 4 | 6 | 8 | 5 | 9 | 7 |
| 5 | 8 | 4 | 3 | 7 | 9 | 1 | 2 | 6 |

## Solution 203

| | | | | | | | | |
|---|---|---|---|---|---|---|---|---|
| 8 | 3 | 2 | 5 | 7 | 1 | 9 | 6 | 4 |
| 1 | 7 | 6 | 9 | 2 | 4 | 5 | 8 | 3 |
| 5 | 9 | 4 | 3 | 6 | 8 | 1 | 2 | 7 |
| 9 | 1 | 3 | 2 | 4 | 5 | 8 | 7 | 6 |
| 4 | 6 | 8 | 1 | 9 | 7 | 2 | 3 | 5 |
| 7 | 2 | 5 | 8 | 3 | 6 | 4 | 1 | 9 |
| 6 | 4 | 1 | 7 | 5 | 2 | 3 | 9 | 8 |
| 2 | 5 | 9 | 6 | 8 | 3 | 7 | 4 | 1 |
| 3 | 8 | 7 | 4 | 1 | 9 | 6 | 5 | 2 |

## Solution 204

| | | | | | | | | |
|---|---|---|---|---|---|---|---|---|
| 1 | 9 | 6 | 8 | 4 | 5 | 7 | 3 | 2 |
| 5 | 2 | 8 | 1 | 3 | 7 | 4 | 9 | 6 |
| 7 | 4 | 3 | 6 | 9 | 2 | 8 | 5 | 1 |
| 2 | 7 | 9 | 3 | 1 | 6 | 5 | 4 | 8 |
| 8 | 5 | 4 | 2 | 7 | 9 | 6 | 1 | 3 |
| 3 | 6 | 1 | 5 | 8 | 4 | 9 | 2 | 7 |
| 6 | 8 | 5 | 9 | 2 | 3 | 1 | 7 | 4 |
| 9 | 3 | 7 | 4 | 6 | 1 | 2 | 8 | 5 |
| 4 | 1 | 2 | 7 | 5 | 8 | 3 | 6 | 9 |

## Solution 205

| | | | | | | | | |
|---|---|---|---|---|---|---|---|---|
| 1 | 6 | 8 | 7 | 9 | 5 | 2 | 3 | 4 |
| 4 | 3 | 7 | 2 | 6 | 1 | 5 | 8 | 9 |
| 9 | 2 | 5 | 8 | 3 | 4 | 7 | 6 | 1 |
| 5 | 4 | 2 | 3 | 8 | 7 | 1 | 9 | 6 |
| 8 | 9 | 1 | 4 | 5 | 6 | 3 | 2 | 7 |
| 3 | 7 | 6 | 9 | 1 | 2 | 4 | 5 | 8 |
| 2 | 8 | 9 | 1 | 7 | 3 | 6 | 4 | 5 |
| 6 | 1 | 3 | 5 | 4 | 9 | 8 | 7 | 2 |
| 7 | 5 | 4 | 6 | 2 | 8 | 9 | 1 | 3 |

## Solution 206

| | | | | | | | | |
|---|---|---|---|---|---|---|---|---|
| 2 | 9 | 5 | 7 | 1 | 4 | 8 | 3 | 6 |
| 8 | 4 | 7 | 2 | 3 | 6 | 5 | 1 | 9 |
| 6 | 1 | 3 | 8 | 5 | 9 | 7 | 2 | 4 |
| 7 | 5 | 9 | 6 | 2 | 3 | 4 | 8 | 1 |
| 3 | 2 | 1 | 4 | 8 | 5 | 9 | 6 | 7 |
| 4 | 6 | 8 | 1 | 9 | 7 | 3 | 5 | 2 |
| 9 | 3 | 6 | 5 | 7 | 1 | 2 | 4 | 8 |
| 1 | 7 | 2 | 3 | 4 | 8 | 6 | 9 | 5 |
| 5 | 8 | 4 | 9 | 6 | 2 | 1 | 7 | 3 |

## Solution 207

| | | | | | | | | |
|---|---|---|---|---|---|---|---|---|
| 7 | 4 | 3 | 8 | 2 | 5 | 1 | 9 | 6 |
| 8 | 2 | 1 | 3 | 9 | 6 | 4 | 7 | 5 |
| 6 | 5 | 9 | 4 | 7 | 1 | 8 | 3 | 2 |
| 3 | 6 | 8 | 7 | 5 | 9 | 2 | 4 | 1 |
| 9 | 7 | 4 | 1 | 8 | 2 | 5 | 6 | 3 |
| 5 | 1 | 2 | 6 | 4 | 3 | 9 | 8 | 7 |
| 1 | 8 | 5 | 9 | 6 | 7 | 3 | 2 | 4 |
| 2 | 9 | 6 | 5 | 3 | 4 | 7 | 1 | 8 |
| 4 | 3 | 7 | 2 | 1 | 8 | 6 | 5 | 9 |

## Solution 208

| | | | | | | | | |
|---|---|---|---|---|---|---|---|---|
| 4 | 8 | 1 | 6 | 7 | 3 | 2 | 9 | 5 |
| 6 | 7 | 2 | 1 | 9 | 5 | 4 | 3 | 8 |
| 9 | 5 | 3 | 8 | 4 | 2 | 1 | 6 | 7 |
| 8 | 2 | 7 | 4 | 5 | 6 | 3 | 1 | 9 |
| 1 | 3 | 9 | 2 | 8 | 7 | 6 | 5 | 4 |
| 5 | 4 | 6 | 3 | 1 | 9 | 7 | 8 | 2 |
| 2 | 1 | 8 | 5 | 6 | 4 | 9 | 7 | 3 |
| 3 | 9 | 5 | 7 | 2 | 1 | 8 | 4 | 6 |
| 7 | 6 | 4 | 9 | 3 | 8 | 5 | 2 | 1 |

## Solution 209

| | | | | | | | | |
|---|---|---|---|---|---|---|---|---|
| 6 | 3 | 7 | 9 | 8 | 5 | 4 | 1 | 2 |
| 4 | 1 | 9 | 7 | 2 | 6 | 5 | 8 | 3 |
| 5 | 2 | 8 | 4 | 1 | 3 | 7 | 6 | 9 |
| 2 | 7 | 6 | 3 | 9 | 4 | 8 | 5 | 1 |
| 8 | 5 | 4 | 1 | 7 | 2 | 9 | 3 | 6 |
| 1 | 9 | 3 | 6 | 5 | 8 | 2 | 4 | 7 |
| 3 | 8 | 1 | 2 | 4 | 9 | 6 | 7 | 5 |
| 7 | 4 | 2 | 5 | 6 | 1 | 3 | 9 | 8 |
| 9 | 6 | 5 | 8 | 3 | 7 | 1 | 2 | 4 |

## Solution 210

| | | | | | | | | |
|---|---|---|---|---|---|---|---|---|
| 6 | 1 | 4 | 8 | 5 | 9 | 2 | 3 | 7 |
| 2 | 3 | 8 | 4 | 7 | 1 | 9 | 6 | 5 |
| 7 | 9 | 5 | 2 | 6 | 3 | 1 | 4 | 8 |
| 4 | 6 | 3 | 9 | 8 | 2 | 7 | 5 | 1 |
| 8 | 7 | 9 | 1 | 3 | 5 | 4 | 2 | 6 |
| 1 | 5 | 2 | 6 | 4 | 7 | 3 | 8 | 9 |
| 5 | 4 | 7 | 3 | 1 | 6 | 8 | 9 | 2 |
| 3 | 2 | 1 | 5 | 9 | 8 | 6 | 7 | 4 |
| 9 | 8 | 6 | 7 | 2 | 4 | 5 | 1 | 3 |

## Solution 211

| | | | | | | | | |
|---|---|---|---|---|---|---|---|---|
| 5 | 7 | 1 | 3 | 6 | 9 | 8 | 4 | 2 |
| 3 | 4 | 8 | 2 | 7 | 1 | 9 | 6 | 5 |
| 6 | 9 | 2 | 5 | 4 | 8 | 3 | 1 | 7 |
| 2 | 1 | 5 | 4 | 8 | 3 | 7 | 9 | 6 |
| 9 | 8 | 7 | 6 | 1 | 2 | 4 | 5 | 3 |
| 4 | 3 | 6 | 9 | 5 | 7 | 2 | 8 | 1 |
| 1 | 2 | 4 | 8 | 3 | 6 | 5 | 7 | 9 |
| 7 | 5 | 9 | 1 | 2 | 4 | 6 | 3 | 8 |
| 8 | 6 | 3 | 7 | 9 | 5 | 1 | 2 | 4 |

## Solution 212

| | | | | | | | | |
|---|---|---|---|---|---|---|---|---|
| 9 | 7 | 3 | 1 | 5 | 4 | 8 | 2 | 6 |
| 6 | 2 | 5 | 8 | 9 | 7 | 4 | 1 | 3 |
| 8 | 4 | 1 | 6 | 2 | 3 | 9 | 7 | 5 |
| 4 | 1 | 6 | 9 | 3 | 5 | 2 | 8 | 7 |
| 5 | 9 | 8 | 7 | 1 | 2 | 3 | 6 | 4 |
| 7 | 3 | 2 | 4 | 6 | 8 | 1 | 5 | 9 |
| 2 | 5 | 9 | 3 | 8 | 6 | 7 | 4 | 1 |
| 3 | 6 | 4 | 2 | 7 | 1 | 5 | 9 | 8 |
| 1 | 8 | 7 | 5 | 4 | 9 | 6 | 3 | 2 |

## Solution 213

| | | | | | | | | |
|---|---|---|---|---|---|---|---|---|
| 2 | 8 | 3 | 9 | 7 | 6 | 1 | 4 | 5 |
| 4 | 6 | 1 | 3 | 2 | 5 | 7 | 8 | 9 |
| 9 | 5 | 7 | 4 | 1 | 8 | 2 | 6 | 3 |
| 6 | 4 | 2 | 5 | 3 | 1 | 8 | 9 | 7 |
| 5 | 3 | 8 | 7 | 9 | 4 | 6 | 1 | 2 |
| 1 | 7 | 9 | 8 | 6 | 2 | 3 | 5 | 4 |
| 7 | 2 | 6 | 1 | 4 | 9 | 5 | 3 | 8 |
| 8 | 1 | 4 | 2 | 5 | 3 | 9 | 7 | 6 |
| 3 | 9 | 5 | 6 | 8 | 7 | 4 | 2 | 1 |

## Solution 214

| | | | | | | | | |
|---|---|---|---|---|---|---|---|---|
| 5 | 2 | 8 | 1 | 7 | 9 | 3 | 4 | 6 |
| 1 | 6 | 3 | 5 | 8 | 4 | 7 | 9 | 2 |
| 7 | 4 | 9 | 6 | 3 | 2 | 5 | 8 | 1 |
| 4 | 9 | 1 | 2 | 5 | 7 | 6 | 3 | 8 |
| 2 | 8 | 7 | 4 | 6 | 3 | 9 | 1 | 5 |
| 6 | 3 | 5 | 8 | 9 | 1 | 2 | 7 | 4 |
| 9 | 5 | 6 | 3 | 4 | 8 | 1 | 2 | 7 |
| 3 | 1 | 4 | 7 | 2 | 5 | 8 | 6 | 9 |
| 8 | 7 | 2 | 9 | 1 | 6 | 4 | 5 | 3 |

## Solution 215

| | | | | | | | | |
|---|---|---|---|---|---|---|---|---|
| 3 | 6 | 9 | 4 | 1 | 7 | 5 | 2 | 8 |
| 1 | 2 | 7 | 5 | 8 | 6 | 3 | 9 | 4 |
| 5 | 8 | 4 | 2 | 9 | 3 | 1 | 6 | 7 |
| 2 | 1 | 6 | 7 | 4 | 8 | 9 | 5 | 3 |
| 9 | 3 | 8 | 1 | 6 | 5 | 4 | 7 | 2 |
| 4 | 7 | 5 | 9 | 3 | 2 | 6 | 8 | 1 |
| 6 | 9 | 2 | 3 | 7 | 1 | 8 | 4 | 5 |
| 7 | 4 | 3 | 8 | 5 | 9 | 2 | 1 | 6 |
| 8 | 5 | 1 | 6 | 2 | 4 | 7 | 3 | 9 |

## Solution 216

| | | | | | | | | |
|---|---|---|---|---|---|---|---|---|
| 6 | 8 | 7 | 2 | 3 | 5 | 9 | 4 | 1 |
| 5 | 1 | 2 | 8 | 9 | 4 | 6 | 7 | 3 |
| 9 | 4 | 3 | 6 | 7 | 1 | 5 | 2 | 8 |
| 2 | 5 | 1 | 7 | 6 | 3 | 8 | 9 | 4 |
| 4 | 3 | 9 | 5 | 2 | 8 | 7 | 1 | 6 |
| 8 | 7 | 6 | 4 | 1 | 9 | 3 | 5 | 2 |
| 1 | 6 | 8 | 9 | 4 | 7 | 2 | 3 | 5 |
| 7 | 2 | 4 | 3 | 5 | 6 | 1 | 8 | 9 |
| 3 | 9 | 5 | 1 | 8 | 2 | 4 | 6 | 7 |

## Solution 217

| 4 | 7 | 3 | 8 | 2 | 6 | 1 | 5 | 9 |
|---|---|---|---|---|---|---|---|---|
| 6 | 8 | 1 | 7 | 5 | 9 | 3 | 4 | 2 |
| 5 | 2 | 9 | 4 | 1 | 3 | 7 | 6 | 8 |
| 8 | 5 | 2 | 1 | 3 | 4 | 9 | 7 | 6 |
| 1 | 3 | 6 | 2 | 9 | 7 | 5 | 8 | 4 |
| 9 | 4 | 7 | 6 | 8 | 5 | 2 | 3 | 1 |
| 3 | 6 | 8 | 9 | 7 | 1 | 4 | 2 | 5 |
| 2 | 9 | 5 | 3 | 4 | 8 | 6 | 1 | 7 |
| 7 | 1 | 4 | 5 | 6 | 2 | 8 | 9 | 3 |

## Solution 218

| 2 | 7 | 1 | 6 | 9 | 4 | 3 | 8 | 5 |
|---|---|---|---|---|---|---|---|---|
| 3 | 9 | 6 | 7 | 8 | 5 | 1 | 4 | 2 |
| 4 | 8 | 5 | 2 | 1 | 3 | 7 | 9 | 6 |
| 5 | 6 | 9 | 4 | 3 | 7 | 8 | 2 | 1 |
| 1 | 3 | 8 | 9 | 5 | 2 | 4 | 6 | 7 |
| 7 | 4 | 2 | 1 | 6 | 8 | 9 | 5 | 3 |
| 9 | 5 | 3 | 8 | 2 | 1 | 6 | 7 | 4 |
| 8 | 1 | 4 | 5 | 7 | 6 | 2 | 3 | 9 |
| 6 | 2 | 7 | 3 | 4 | 9 | 5 | 1 | 8 |

## Solution 219

| 1 | 6 | 8 | 5 | 2 | 4 | 7 | 3 | 9 |
|---|---|---|---|---|---|---|---|---|
| 5 | 2 | 7 | 9 | 1 | 3 | 4 | 8 | 6 |
| 3 | 4 | 9 | 8 | 7 | 6 | 1 | 2 | 5 |
| 7 | 9 | 6 | 1 | 3 | 2 | 5 | 4 | 8 |
| 2 | 8 | 1 | 7 | 4 | 5 | 9 | 6 | 3 |
| 4 | 3 | 5 | 6 | 8 | 9 | 2 | 1 | 7 |
| 6 | 5 | 3 | 2 | 9 | 1 | 8 | 7 | 4 |
| 9 | 7 | 2 | 4 | 6 | 8 | 3 | 5 | 1 |
| 8 | 1 | 4 | 3 | 5 | 7 | 6 | 9 | 2 |

## Solution 220

| 6 | 7 | 1 | 3 | 9 | 8 | 5 | 4 | 2 |
|---|---|---|---|---|---|---|---|---|
| 3 | 2 | 4 | 7 | 5 | 6 | 8 | 1 | 9 |
| 5 | 9 | 8 | 1 | 2 | 4 | 6 | 3 | 7 |
| 9 | 8 | 6 | 2 | 4 | 7 | 3 | 5 | 1 |
| 1 | 4 | 7 | 5 | 6 | 3 | 9 | 2 | 8 |
| 2 | 3 | 5 | 8 | 1 | 9 | 7 | 6 | 4 |
| 7 | 6 | 9 | 4 | 3 | 1 | 2 | 8 | 5 |
| 4 | 5 | 3 | 9 | 8 | 2 | 1 | 7 | 6 |
| 8 | 1 | 2 | 6 | 7 | 5 | 4 | 9 | 3 |

## Solution 221

| 2 | 8 | 7 | 1 | 9 | 4 | 3 | 6 | 5 |
|---|---|---|---|---|---|---|---|---|
| 9 | 5 | 3 | 2 | 6 | 8 | 1 | 7 | 4 |
| 1 | 4 | 6 | 5 | 7 | 3 | 8 | 9 | 2 |
| 3 | 7 | 1 | 6 | 2 | 9 | 5 | 4 | 8 |
| 8 | 6 | 5 | 4 | 1 | 7 | 9 | 2 | 3 |
| 4 | 2 | 9 | 8 | 3 | 5 | 7 | 1 | 6 |
| 6 | 1 | 8 | 9 | 5 | 2 | 4 | 3 | 7 |
| 7 | 9 | 4 | 3 | 8 | 6 | 2 | 5 | 1 |
| 5 | 3 | 2 | 7 | 4 | 1 | 6 | 8 | 9 |

## Solution 222

| 6 | 8 | 4 | 9 | 3 | 2 | 1 | 7 | 5 |
|---|---|---|---|---|---|---|---|---|
| 3 | 9 | 7 | 5 | 1 | 4 | 2 | 8 | 6 |
| 2 | 1 | 5 | 6 | 7 | 8 | 3 | 4 | 9 |
| 8 | 3 | 2 | 7 | 5 | 9 | 6 | 1 | 4 |
| 5 | 6 | 1 | 4 | 2 | 3 | 8 | 9 | 7 |
| 4 | 7 | 9 | 8 | 6 | 1 | 5 | 3 | 2 |
| 7 | 5 | 3 | 1 | 9 | 6 | 4 | 2 | 8 |
| 1 | 4 | 6 | 2 | 8 | 7 | 9 | 5 | 3 |
| 9 | 2 | 8 | 3 | 4 | 5 | 7 | 6 | 1 |

## Solution 223

| 5 | 3 | 6 | 8 | 2 | 1 | 7 | 9 | 4 |
|---|---|---|---|---|---|---|---|---|
| 7 | 4 | 9 | 6 | 5 | 3 | 2 | 8 | 1 |
| 8 | 2 | 1 | 9 | 4 | 7 | 5 | 6 | 3 |
| 4 | 5 | 2 | 1 | 9 | 8 | 6 | 3 | 7 |
| 3 | 1 | 8 | 7 | 6 | 4 | 9 | 5 | 2 |
| 6 | 9 | 7 | 2 | 3 | 5 | 4 | 1 | 8 |
| 1 | 8 | 4 | 5 | 7 | 6 | 3 | 2 | 9 |
| 2 | 7 | 5 | 3 | 8 | 9 | 1 | 4 | 6 |
| 9 | 6 | 3 | 4 | 1 | 2 | 8 | 7 | 5 |

## Solution 224

| 3 | 8 | 9 | 1 | 2 | 4 | 6 | 5 | 7 |
|---|---|---|---|---|---|---|---|---|
| 1 | 4 | 7 | 5 | 9 | 6 | 8 | 2 | 3 |
| 2 | 5 | 6 | 8 | 7 | 3 | 4 | 1 | 9 |
| 9 | 3 | 4 | 2 | 6 | 1 | 7 | 8 | 5 |
| 6 | 2 | 8 | 7 | 4 | 5 | 3 | 9 | 1 |
| 5 | 7 | 1 | 3 | 8 | 9 | 2 | 6 | 4 |
| 4 | 6 | 3 | 9 | 1 | 8 | 5 | 7 | 2 |
| 8 | 1 | 2 | 4 | 5 | 7 | 9 | 3 | 6 |
| 7 | 9 | 5 | 6 | 3 | 2 | 1 | 4 | 8 |

## Solution 225

| 4 | 3 | 5 | 2 | 6 | 1 | 7 | 8 | 9 |
|---|---|---|---|---|---|---|---|---|
| 1 | 2 | 7 | 8 | 9 | 4 | 3 | 6 | 5 |
| 6 | 9 | 8 | 5 | 3 | 7 | 4 | 2 | 1 |
| 9 | 5 | 6 | 4 | 7 | 8 | 1 | 3 | 2 |
| 7 | 4 | 1 | 6 | 2 | 3 | 9 | 5 | 8 |
| 2 | 8 | 3 | 1 | 5 | 9 | 6 | 4 | 7 |
| 8 | 6 | 4 | 9 | 1 | 2 | 5 | 7 | 3 |
| 3 | 1 | 2 | 7 | 4 | 5 | 8 | 9 | 6 |
| 5 | 7 | 9 | 3 | 8 | 6 | 2 | 1 | 4 |

## Solution 226

| 6 | 1 | 4 | 2 | 5 | 8 | 9 | 3 | 7 |
|---|---|---|---|---|---|---|---|---|
| 7 | 9 | 3 | 1 | 4 | 6 | 8 | 5 | 2 |
| 8 | 5 | 2 | 7 | 3 | 9 | 1 | 6 | 4 |
| 2 | 6 | 8 | 4 | 7 | 5 | 3 | 1 | 9 |
| 1 | 4 | 9 | 8 | 2 | 3 | 5 | 7 | 6 |
| 3 | 7 | 5 | 6 | 9 | 1 | 4 | 2 | 8 |
| 9 | 2 | 1 | 5 | 6 | 4 | 7 | 8 | 3 |
| 4 | 8 | 7 | 3 | 1 | 2 | 6 | 9 | 5 |
| 5 | 3 | 6 | 9 | 8 | 7 | 2 | 4 | 1 |

## Solution 227

| 3 | 9 | 6 | 5 | 2 | 8 | 7 | 1 | 4 |
|---|---|---|---|---|---|---|---|---|
| 5 | 4 | 7 | 9 | 1 | 6 | 2 | 8 | 3 |
| 2 | 1 | 8 | 4 | 7 | 3 | 9 | 5 | 6 |
| 8 | 7 | 4 | 2 | 6 | 5 | 1 | 3 | 9 |
| 1 | 2 | 9 | 8 | 3 | 4 | 6 | 7 | 5 |
| 6 | 3 | 5 | 1 | 9 | 7 | 4 | 2 | 8 |
| 7 | 8 | 2 | 3 | 4 | 9 | 5 | 6 | 1 |
| 4 | 5 | 1 | 6 | 8 | 2 | 3 | 9 | 7 |
| 9 | 6 | 3 | 7 | 5 | 1 | 8 | 4 | 2 |

## Solution 228

| 3 | 4 | 7 | 2 | 1 | 9 | 6 | 5 | 8 |
|---|---|---|---|---|---|---|---|---|
| 8 | 1 | 6 | 3 | 4 | 5 | 9 | 7 | 2 |
| 5 | 2 | 9 | 6 | 7 | 8 | 4 | 3 | 1 |
| 6 | 3 | 2 | 7 | 9 | 4 | 1 | 8 | 5 |
| 4 | 5 | 1 | 8 | 2 | 6 | 3 | 9 | 7 |
| 7 | 9 | 8 | 5 | 3 | 1 | 2 | 4 | 6 |
| 9 | 6 | 5 | 4 | 8 | 2 | 7 | 1 | 3 |
| 2 | 7 | 4 | 1 | 5 | 3 | 8 | 6 | 9 |
| 1 | 8 | 3 | 9 | 6 | 7 | 5 | 2 | 4 |

## Solution 229

| 7 | 4 | 2 | 6 | 1 | 9 | 3 | 8 | 5 |
| 5 | 8 | 9 | 7 | 2 | 3 | 1 | 4 | 6 |
| 3 | 1 | 6 | 4 | 5 | 8 | 7 | 9 | 2 |
| 9 | 5 | 1 | 8 | 6 | 4 | 2 | 7 | 3 |
| 8 | 7 | 4 | 1 | 3 | 2 | 6 | 5 | 9 |
| 6 | 2 | 3 | 5 | 9 | 7 | 4 | 1 | 8 |
| 4 | 9 | 5 | 2 | 7 | 6 | 8 | 3 | 1 |
| 2 | 3 | 8 | 9 | 4 | 1 | 5 | 6 | 7 |
| 1 | 6 | 7 | 3 | 8 | 5 | 9 | 2 | 4 |

## Solution 230

| 4 | 8 | 5 | 6 | 2 | 1 | 9 | 3 | 7 |
| 9 | 1 | 7 | 8 | 3 | 4 | 6 | 5 | 2 |
| 3 | 2 | 6 | 9 | 5 | 7 | 1 | 4 | 8 |
| 1 | 5 | 3 | 2 | 6 | 8 | 7 | 9 | 4 |
| 7 | 4 | 8 | 3 | 1 | 9 | 5 | 2 | 6 |
| 6 | 9 | 2 | 4 | 7 | 5 | 3 | 8 | 1 |
| 8 | 3 | 4 | 7 | 9 | 6 | 2 | 1 | 5 |
| 2 | 7 | 1 | 5 | 4 | 3 | 8 | 6 | 9 |
| 5 | 6 | 9 | 1 | 8 | 2 | 4 | 7 | 3 |

## Solution 231

| 7 | 9 | 6 | 2 | 3 | 1 | 4 | 5 | 8 |
| 5 | 4 | 1 | 9 | 6 | 8 | 2 | 3 | 7 |
| 3 | 8 | 2 | 5 | 4 | 7 | 9 | 1 | 6 |
| 9 | 6 | 5 | 1 | 2 | 3 | 7 | 8 | 4 |
| 4 | 2 | 3 | 8 | 7 | 5 | 1 | 6 | 9 |
| 1 | 7 | 8 | 6 | 9 | 4 | 3 | 2 | 5 |
| 2 | 5 | 7 | 4 | 1 | 6 | 8 | 9 | 3 |
| 6 | 3 | 9 | 7 | 8 | 2 | 5 | 4 | 1 |
| 8 | 1 | 4 | 3 | 5 | 9 | 6 | 7 | 2 |

## Solution 232

| 5 | 6 | 7 | 1 | 8 | 3 | 4 | 2 | 9 |
| 4 | 2 | 8 | 9 | 5 | 6 | 1 | 3 | 7 |
| 9 | 3 | 1 | 2 | 4 | 7 | 5 | 8 | 6 |
| 2 | 8 | 4 | 3 | 6 | 9 | 7 | 5 | 1 |
| 6 | 5 | 9 | 7 | 1 | 8 | 2 | 4 | 3 |
| 1 | 7 | 3 | 4 | 2 | 5 | 6 | 9 | 8 |
| 3 | 9 | 5 | 6 | 7 | 4 | 8 | 1 | 2 |
| 7 | 4 | 2 | 8 | 9 | 1 | 3 | 6 | 5 |
| 8 | 1 | 6 | 5 | 3 | 2 | 9 | 7 | 4 |

## Solution 233

| 1 | 7 | 2 | 4 | 8 | 9 | 3 | 5 | 6 |
| 6 | 4 | 3 | 5 | 1 | 7 | 2 | 8 | 9 |
| 9 | 5 | 8 | 6 | 3 | 2 | 7 | 4 | 1 |
| 2 | 9 | 6 | 3 | 5 | 4 | 8 | 1 | 7 |
| 8 | 3 | 4 | 9 | 7 | 1 | 5 | 6 | 2 |
| 5 | 1 | 7 | 8 | 2 | 6 | 9 | 3 | 4 |
| 3 | 2 | 9 | 1 | 6 | 8 | 4 | 7 | 5 |
| 7 | 6 | 5 | 2 | 4 | 3 | 1 | 9 | 8 |
| 4 | 8 | 1 | 7 | 9 | 5 | 6 | 2 | 3 |

## Solution 234

| 2 | 1 | 8 | 9 | 4 | 6 | 5 | 7 | 3 |
| 4 | 7 | 9 | 2 | 5 | 3 | 6 | 8 | 1 |
| 3 | 5 | 6 | 1 | 8 | 7 | 2 | 4 | 9 |
| 1 | 4 | 3 | 5 | 7 | 8 | 9 | 6 | 2 |
| 9 | 6 | 7 | 4 | 3 | 2 | 8 | 1 | 5 |
| 8 | 2 | 5 | 6 | 1 | 9 | 7 | 3 | 4 |
| 7 | 3 | 1 | 8 | 9 | 5 | 4 | 2 | 6 |
| 6 | 9 | 4 | 7 | 2 | 1 | 3 | 5 | 8 |
| 5 | 8 | 2 | 3 | 6 | 4 | 1 | 9 | 7 |

## Solution 235

| 5 | 9 | 2 | 1 | 7 | 6 | 3 | 4 | 8 |
| 7 | 8 | 6 | 3 | 9 | 4 | 2 | 1 | 5 |
| 1 | 3 | 4 | 5 | 2 | 8 | 9 | 6 | 7 |
| 2 | 7 | 3 | 8 | 1 | 9 | 6 | 5 | 4 |
| 6 | 1 | 9 | 4 | 5 | 7 | 8 | 2 | 3 |
| 4 | 5 | 8 | 6 | 3 | 2 | 7 | 9 | 1 |
| 9 | 4 | 5 | 7 | 6 | 3 | 1 | 8 | 2 |
| 3 | 6 | 1 | 2 | 8 | 5 | 4 | 7 | 9 |
| 8 | 2 | 7 | 9 | 4 | 1 | 5 | 3 | 6 |

## Solution 236

| 5 | 2 | 9 | 8 | 3 | 1 | 7 | 6 | 4 |
| 1 | 4 | 8 | 9 | 7 | 6 | 3 | 5 | 2 |
| 3 | 6 | 7 | 4 | 5 | 2 | 1 | 9 | 8 |
| 8 | 9 | 3 | 1 | 4 | 7 | 5 | 2 | 6 |
| 4 | 1 | 2 | 5 | 6 | 3 | 8 | 7 | 9 |
| 6 | 7 | 5 | 2 | 8 | 9 | 4 | 3 | 1 |
| 7 | 3 | 4 | 6 | 9 | 8 | 2 | 1 | 5 |
| 9 | 5 | 1 | 7 | 2 | 4 | 6 | 8 | 3 |
| 2 | 8 | 6 | 3 | 1 | 5 | 9 | 4 | 7 |

## Solution 237

| 1 | 7 | 3 | 2 | 9 | 5 | 8 | 4 | 6 |
| 8 | 4 | 2 | 6 | 3 | 1 | 7 | 5 | 9 |
| 9 | 6 | 5 | 7 | 8 | 4 | 3 | 2 | 1 |
| 5 | 3 | 6 | 9 | 2 | 7 | 1 | 8 | 4 |
| 4 | 1 | 9 | 3 | 5 | 8 | 2 | 6 | 7 |
| 2 | 8 | 7 | 1 | 4 | 6 | 5 | 9 | 3 |
| 3 | 5 | 1 | 4 | 6 | 2 | 9 | 7 | 8 |
| 7 | 2 | 4 | 8 | 1 | 9 | 6 | 3 | 5 |
| 6 | 9 | 8 | 5 | 7 | 3 | 4 | 1 | 2 |

## Solution 238

| 5 | 7 | 6 | 2 | 9 | 1 | 3 | 4 | 8 |
| 8 | 9 | 2 | 4 | 5 | 3 | 6 | 1 | 7 |
| 3 | 1 | 4 | 8 | 7 | 6 | 2 | 9 | 5 |
| 7 | 2 | 9 | 5 | 8 | 4 | 1 | 3 | 6 |
| 4 | 6 | 3 | 7 | 1 | 9 | 8 | 5 | 2 |
| 1 | 8 | 5 | 3 | 6 | 2 | 9 | 7 | 4 |
| 9 | 5 | 1 | 6 | 2 | 7 | 4 | 8 | 3 |
| 6 | 3 | 8 | 9 | 4 | 5 | 7 | 2 | 1 |
| 2 | 4 | 7 | 1 | 3 | 8 | 5 | 6 | 9 |

## Solution 239

| 5 | 4 | 3 | 1 | 7 | 9 | 6 | 8 | 2 |
| 6 | 1 | 2 | 5 | 8 | 3 | 9 | 7 | 4 |
| 8 | 7 | 9 | 6 | 2 | 4 | 3 | 1 | 5 |
| 1 | 8 | 7 | 9 | 4 | 6 | 2 | 5 | 3 |
| 4 | 9 | 5 | 2 | 3 | 1 | 7 | 6 | 8 |
| 3 | 2 | 6 | 8 | 5 | 7 | 4 | 9 | 1 |
| 2 | 3 | 1 | 7 | 6 | 5 | 8 | 4 | 9 |
| 7 | 5 | 8 | 4 | 9 | 2 | 1 | 3 | 6 |
| 9 | 6 | 4 | 3 | 1 | 8 | 5 | 2 | 7 |

## Solution 240

| 9 | 3 | 5 | 6 | 2 | 8 | 1 | 7 | 4 |
| 1 | 4 | 7 | 3 | 9 | 5 | 2 | 6 | 8 |
| 8 | 6 | 2 | 7 | 4 | 1 | 9 | 5 | 3 |
| 6 | 1 | 3 | 9 | 5 | 4 | 7 | 8 | 2 |
| 7 | 8 | 4 | 1 | 3 | 2 | 5 | 9 | 6 |
| 5 | 2 | 9 | 8 | 6 | 7 | 3 | 4 | 1 |
| 2 | 5 | 6 | 4 | 7 | 3 | 8 | 1 | 9 |
| 3 | 9 | 1 | 5 | 8 | 6 | 4 | 2 | 7 |
| 4 | 7 | 8 | 2 | 1 | 9 | 6 | 3 | 5 |

## Solution 241

| 3 | 8 | 2 | 4 | 5 | 9 | 7 | 6 | 1 |
|---|---|---|---|---|---|---|---|---|
| 5 | 1 | 6 | 3 | 2 | 7 | 9 | 8 | 4 |
| 9 | 7 | 4 | 1 | 8 | 6 | 3 | 5 | 2 |
| 2 | 3 | 7 | 8 | 4 | 5 | 6 | 1 | 9 |
| 8 | 9 | 1 | 7 | 6 | 3 | 2 | 4 | 5 |
| 4 | 6 | 5 | 9 | 1 | 2 | 8 | 3 | 7 |
| 1 | 4 | 3 | 2 | 7 | 8 | 5 | 9 | 6 |
| 7 | 5 | 9 | 6 | 3 | 4 | 1 | 2 | 8 |
| 6 | 2 | 8 | 5 | 9 | 1 | 4 | 7 | 3 |

## Solution 242

| 7 | 1 | 6 | 2 | 4 | 9 | 8 | 5 | 3 |
|---|---|---|---|---|---|---|---|---|
| 5 | 9 | 2 | 3 | 7 | 8 | 1 | 4 | 6 |
| 8 | 3 | 4 | 1 | 6 | 5 | 9 | 2 | 7 |
| 9 | 5 | 1 | 8 | 3 | 4 | 6 | 7 | 2 |
| 4 | 6 | 3 | 7 | 2 | 1 | 5 | 8 | 9 |
| 2 | 8 | 7 | 5 | 9 | 6 | 4 | 3 | 1 |
| 6 | 2 | 9 | 4 | 5 | 3 | 7 | 1 | 8 |
| 3 | 4 | 8 | 9 | 1 | 7 | 2 | 6 | 5 |
| 1 | 7 | 5 | 6 | 8 | 2 | 3 | 9 | 4 |

## Solution 243

| 4 | 3 | 9 | 5 | 8 | 6 | 1 | 7 | 2 |
|---|---|---|---|---|---|---|---|---|
| 6 | 7 | 5 | 2 | 1 | 9 | 8 | 4 | 3 |
| 2 | 1 | 8 | 7 | 4 | 3 | 5 | 6 | 9 |
| 8 | 2 | 4 | 9 | 5 | 7 | 3 | 1 | 6 |
| 1 | 9 | 6 | 4 | 3 | 8 | 7 | 2 | 5 |
| 7 | 5 | 3 | 6 | 2 | 1 | 4 | 9 | 8 |
| 3 | 8 | 2 | 1 | 9 | 4 | 6 | 5 | 7 |
| 9 | 4 | 7 | 8 | 6 | 5 | 2 | 3 | 1 |
| 5 | 6 | 1 | 3 | 7 | 2 | 9 | 8 | 4 |

## Solution 244

| 7 | 6 | 1 | 2 | 4 | 3 | 8 | 9 | 5 |
|---|---|---|---|---|---|---|---|---|
| 2 | 4 | 8 | 5 | 1 | 9 | 6 | 7 | 3 |
| 9 | 3 | 5 | 7 | 8 | 6 | 2 | 4 | 1 |
| 5 | 7 | 3 | 6 | 9 | 8 | 1 | 2 | 4 |
| 4 | 8 | 9 | 1 | 5 | 2 | 7 | 3 | 6 |
| 6 | 1 | 2 | 4 | 3 | 7 | 9 | 5 | 8 |
| 1 | 2 | 4 | 9 | 6 | 5 | 3 | 8 | 7 |
| 3 | 9 | 6 | 8 | 7 | 4 | 5 | 1 | 2 |
| 8 | 5 | 7 | 3 | 2 | 1 | 4 | 6 | 9 |

## Solution 245

| 1 | 6 | 5 | 3 | 8 | 4 | 9 | 2 | 7 |
|---|---|---|---|---|---|---|---|---|
| 2 | 8 | 3 | 1 | 7 | 9 | 5 | 4 | 6 |
| 9 | 7 | 4 | 2 | 5 | 6 | 8 | 1 | 3 |
| 5 | 9 | 6 | 4 | 2 | 1 | 7 | 3 | 8 |
| 8 | 4 | 1 | 9 | 3 | 7 | 6 | 5 | 2 |
| 3 | 2 | 7 | 5 | 6 | 8 | 4 | 9 | 1 |
| 7 | 5 | 9 | 6 | 1 | 3 | 2 | 8 | 4 |
| 6 | 3 | 2 | 8 | 4 | 5 | 1 | 7 | 9 |
| 4 | 1 | 8 | 7 | 9 | 2 | 3 | 6 | 5 |

## Solution 246

| 5 | 1 | 8 | 6 | 3 | 2 | 4 | 9 | 7 |
|---|---|---|---|---|---|---|---|---|
| 4 | 2 | 9 | 8 | 1 | 7 | 3 | 5 | 6 |
| 7 | 6 | 3 | 9 | 4 | 5 | 8 | 1 | 2 |
| 3 | 9 | 4 | 7 | 2 | 6 | 5 | 8 | 1 |
| 1 | 5 | 2 | 3 | 8 | 9 | 7 | 6 | 4 |
| 6 | 8 | 7 | 1 | 5 | 4 | 2 | 3 | 9 |
| 8 | 7 | 1 | 2 | 6 | 3 | 9 | 4 | 5 |
| 2 | 3 | 5 | 4 | 9 | 1 | 6 | 7 | 8 |
| 9 | 4 | 6 | 5 | 7 | 8 | 1 | 2 | 3 |

## Solution 247

| 1 | 7 | 3 | 6 | 2 | 8 | 5 | 4 | 9 |
|---|---|---|---|---|---|---|---|---|
| 8 | 9 | 2 | 3 | 5 | 4 | 1 | 7 | 6 |
| 6 | 4 | 5 | 7 | 1 | 9 | 3 | 2 | 8 |
| 5 | 1 | 7 | 9 | 4 | 6 | 2 | 8 | 3 |
| 4 | 6 | 8 | 2 | 7 | 3 | 9 | 5 | 1 |
| 3 | 2 | 9 | 5 | 8 | 1 | 7 | 6 | 4 |
| 7 | 8 | 4 | 1 | 3 | 2 | 6 | 9 | 5 |
| 2 | 3 | 6 | 4 | 9 | 5 | 8 | 1 | 7 |
| 9 | 5 | 1 | 8 | 6 | 7 | 4 | 3 | 2 |

## Solution 248

| 3 | 8 | 2 | 4 | 9 | 5 | 7 | 1 | 6 |
|---|---|---|---|---|---|---|---|---|
| 9 | 7 | 6 | 2 | 1 | 3 | 4 | 5 | 8 |
| 5 | 4 | 1 | 8 | 6 | 7 | 2 | 9 | 3 |
| 6 | 2 | 3 | 5 | 8 | 1 | 9 | 4 | 7 |
| 4 | 1 | 9 | 7 | 3 | 2 | 6 | 8 | 5 |
| 8 | 5 | 7 | 9 | 4 | 6 | 1 | 3 | 2 |
| 2 | 9 | 4 | 3 | 7 | 8 | 5 | 6 | 1 |
| 7 | 6 | 8 | 1 | 5 | 4 | 3 | 2 | 9 |
| 1 | 3 | 5 | 6 | 2 | 9 | 8 | 7 | 4 |

## Solution 249

| 3 | 8 | 1 | 2 | 9 | 4 | 6 | 5 | 7 |
|---|---|---|---|---|---|---|---|---|
| 9 | 2 | 4 | 5 | 7 | 6 | 3 | 1 | 8 |
| 7 | 5 | 6 | 1 | 8 | 3 | 9 | 2 | 4 |
| 2 | 1 | 7 | 9 | 5 | 8 | 4 | 6 | 3 |
| 6 | 3 | 9 | 7 | 4 | 1 | 5 | 8 | 2 |
| 8 | 4 | 5 | 3 | 6 | 2 | 7 | 9 | 1 |
| 5 | 7 | 8 | 4 | 1 | 9 | 2 | 3 | 6 |
| 1 | 9 | 3 | 6 | 2 | 7 | 8 | 4 | 5 |
| 4 | 6 | 2 | 8 | 3 | 5 | 1 | 7 | 9 |

## Solution 250

| 3 | 7 | 4 | 8 | 9 | 5 | 6 | 1 | 2 |
|---|---|---|---|---|---|---|---|---|
| 8 | 1 | 5 | 2 | 7 | 6 | 9 | 3 | 4 |
| 9 | 2 | 6 | 3 | 1 | 4 | 7 | 5 | 8 |
| 2 | 3 | 9 | 6 | 8 | 7 | 1 | 4 | 5 |
| 6 | 4 | 8 | 9 | 5 | 1 | 2 | 7 | 3 |
| 7 | 5 | 1 | 4 | 2 | 3 | 8 | 6 | 9 |
| 4 | 8 | 3 | 1 | 6 | 2 | 5 | 9 | 7 |
| 1 | 9 | 7 | 5 | 3 | 8 | 4 | 2 | 6 |
| 5 | 6 | 2 | 7 | 4 | 9 | 3 | 8 | 1 |

## Solution 251

| 5 | 9 | 6 | 1 | 7 | 8 | 4 | 3 | 2 |
|---|---|---|---|---|---|---|---|---|
| 2 | 1 | 8 | 9 | 4 | 3 | 5 | 7 | 6 |
| 4 | 7 | 3 | 5 | 6 | 2 | 1 | 9 | 8 |
| 3 | 8 | 4 | 6 | 1 | 9 | 7 | 2 | 5 |
| 1 | 5 | 2 | 4 | 8 | 7 | 3 | 6 | 9 |
| 7 | 6 | 9 | 2 | 3 | 5 | 8 | 1 | 4 |
| 8 | 2 | 1 | 3 | 5 | 6 | 9 | 4 | 7 |
| 9 | 4 | 5 | 7 | 2 | 1 | 6 | 8 | 3 |
| 6 | 3 | 7 | 8 | 9 | 4 | 2 | 5 | 1 |

## Solution 252

| 5 | 8 | 2 | 6 | 7 | 3 | 9 | 4 | 1 |
|---|---|---|---|---|---|---|---|---|
| 7 | 9 | 4 | 1 | 2 | 5 | 3 | 8 | 6 |
| 6 | 1 | 3 | 9 | 4 | 8 | 7 | 5 | 2 |
| 4 | 2 | 7 | 5 | 9 | 6 | 1 | 3 | 8 |
| 1 | 6 | 5 | 3 | 8 | 7 | 4 | 2 | 9 |
| 8 | 3 | 9 | 2 | 1 | 4 | 6 | 7 | 5 |
| 2 | 4 | 6 | 7 | 5 | 9 | 8 | 1 | 3 |
| 3 | 7 | 1 | 8 | 6 | 2 | 5 | 9 | 4 |
| 9 | 5 | 8 | 4 | 3 | 1 | 2 | 6 | 7 |

## Solution 253

| 3 | 9 | 6 | 4 | 5 | 7 | 1 | 8 | 2 |
| 5 | 8 | 2 | 3 | 1 | 9 | 6 | 7 | 4 |
| 1 | 7 | 4 | 2 | 6 | 8 | 3 | 5 | 9 |
| 4 | 3 | 9 | 6 | 8 | 1 | 7 | 2 | 5 |
| 7 | 6 | 5 | 9 | 4 | 2 | 8 | 1 | 3 |
| 2 | 1 | 8 | 7 | 3 | 5 | 4 | 9 | 6 |
| 6 | 2 | 1 | 8 | 9 | 3 | 5 | 4 | 7 |
| 8 | 4 | 7 | 5 | 2 | 6 | 9 | 3 | 1 |
| 9 | 5 | 3 | 1 | 7 | 4 | 2 | 6 | 8 |

## Solution 254

| 3 | 4 | 7 | 8 | 1 | 9 | 5 | 6 | 2 |
| 8 | 1 | 9 | 5 | 6 | 2 | 7 | 4 | 3 |
| 2 | 5 | 6 | 7 | 3 | 4 | 1 | 8 | 9 |
| 6 | 8 | 3 | 1 | 4 | 5 | 9 | 2 | 7 |
| 5 | 7 | 2 | 6 | 9 | 8 | 3 | 1 | 4 |
| 4 | 9 | 1 | 2 | 7 | 3 | 6 | 5 | 8 |
| 9 | 3 | 5 | 4 | 2 | 6 | 8 | 7 | 1 |
| 7 | 2 | 8 | 3 | 5 | 1 | 4 | 9 | 6 |
| 1 | 6 | 4 | 9 | 8 | 7 | 2 | 3 | 5 |

## Solution 255

| 6 | 1 | 9 | 2 | 4 | 3 | 8 | 5 | 7 |
| 4 | 5 | 7 | 8 | 1 | 9 | 2 | 6 | 3 |
| 2 | 8 | 3 | 5 | 7 | 6 | 4 | 9 | 1 |
| 3 | 4 | 8 | 1 | 5 | 2 | 9 | 7 | 6 |
| 1 | 2 | 5 | 9 | 6 | 7 | 3 | 8 | 4 |
| 9 | 7 | 6 | 4 | 3 | 8 | 5 | 1 | 2 |
| 5 | 3 | 1 | 7 | 9 | 4 | 6 | 2 | 8 |
| 7 | 6 | 2 | 3 | 8 | 5 | 1 | 4 | 9 |
| 8 | 9 | 4 | 6 | 2 | 1 | 7 | 3 | 5 |

## Solution 256

| 9 | 7 | 3 | 2 | 6 | 1 | 8 | 5 | 4 |
| 5 | 2 | 8 | 7 | 3 | 4 | 9 | 6 | 1 |
| 1 | 6 | 4 | 8 | 5 | 9 | 7 | 2 | 3 |
| 2 | 9 | 6 | 1 | 8 | 5 | 4 | 3 | 7 |
| 8 | 1 | 5 | 4 | 7 | 3 | 2 | 9 | 6 |
| 4 | 3 | 7 | 9 | 2 | 6 | 1 | 8 | 5 |
| 7 | 5 | 1 | 6 | 9 | 2 | 3 | 4 | 8 |
| 6 | 4 | 2 | 3 | 1 | 8 | 5 | 7 | 9 |
| 3 | 8 | 9 | 5 | 4 | 7 | 6 | 1 | 2 |

## Solution 257

| 1 | 8 | 5 | 3 | 6 | 4 | 7 | 9 | 2 |
| 3 | 4 | 6 | 9 | 2 | 7 | 8 | 1 | 5 |
| 2 | 7 | 9 | 8 | 5 | 1 | 3 | 6 | 4 |
| 6 | 9 | 2 | 4 | 1 | 8 | 5 | 3 | 7 |
| 8 | 3 | 1 | 5 | 7 | 6 | 4 | 2 | 9 |
| 4 | 5 | 7 | 2 | 9 | 3 | 1 | 8 | 6 |
| 9 | 2 | 8 | 7 | 3 | 5 | 6 | 4 | 1 |
| 7 | 1 | 3 | 6 | 4 | 2 | 9 | 5 | 8 |
| 5 | 6 | 4 | 1 | 8 | 9 | 2 | 7 | 3 |

## Solution 258

| 4 | 5 | 3 | 9 | 7 | 6 | 2 | 1 | 8 |
| 2 | 1 | 8 | 3 | 5 | 4 | 6 | 9 | 7 |
| 7 | 6 | 9 | 2 | 8 | 1 | 3 | 5 | 4 |
| 3 | 8 | 4 | 5 | 9 | 7 | 1 | 6 | 2 |
| 1 | 7 | 5 | 4 | 6 | 2 | 9 | 8 | 3 |
| 9 | 2 | 6 | 8 | 1 | 3 | 4 | 7 | 5 |
| 5 | 9 | 2 | 6 | 4 | 8 | 7 | 3 | 1 |
| 6 | 3 | 1 | 7 | 2 | 5 | 8 | 4 | 9 |
| 8 | 4 | 7 | 1 | 3 | 9 | 5 | 2 | 6 |

## Solution 259

| 6 | 1 | 4 | 5 | 9 | 3 | 2 | 8 | 7 |
| 7 | 8 | 3 | 2 | 1 | 6 | 4 | 9 | 5 |
| 5 | 9 | 2 | 4 | 8 | 7 | 6 | 3 | 1 |
| 2 | 4 | 5 | 3 | 7 | 1 | 9 | 6 | 8 |
| 8 | 3 | 7 | 9 | 6 | 4 | 1 | 5 | 2 |
| 9 | 6 | 1 | 8 | 5 | 2 | 3 | 7 | 4 |
| 4 | 7 | 8 | 6 | 2 | 9 | 5 | 1 | 3 |
| 1 | 2 | 9 | 7 | 3 | 5 | 8 | 4 | 6 |
| 3 | 5 | 6 | 1 | 4 | 8 | 7 | 2 | 9 |

## Solution 260

| 3 | 1 | 6 | 5 | 4 | 2 | 9 | 8 | 7 |
| 2 | 9 | 4 | 1 | 7 | 8 | 5 | 6 | 3 |
| 7 | 5 | 8 | 9 | 6 | 3 | 4 | 1 | 2 |
| 9 | 4 | 2 | 3 | 1 | 7 | 8 | 5 | 6 |
| 1 | 6 | 7 | 8 | 5 | 4 | 3 | 2 | 9 |
| 5 | 8 | 3 | 2 | 9 | 6 | 1 | 7 | 4 |
| 8 | 7 | 5 | 6 | 3 | 9 | 2 | 4 | 1 |
| 4 | 3 | 1 | 7 | 2 | 5 | 6 | 9 | 8 |
| 6 | 2 | 9 | 4 | 8 | 1 | 7 | 3 | 5 |

## Solution 261

| 6 | 9 | 1 | 8 | 7 | 4 | 2 | 5 | 3 |
| 4 | 8 | 7 | 5 | 3 | 2 | 1 | 6 | 9 |
| 5 | 3 | 2 | 1 | 6 | 9 | 4 | 7 | 8 |
| 3 | 6 | 4 | 2 | 5 | 1 | 8 | 9 | 7 |
| 2 | 7 | 8 | 4 | 9 | 3 | 6 | 1 | 5 |
| 9 | 1 | 5 | 6 | 8 | 7 | 3 | 2 | 4 |
| 1 | 5 | 3 | 9 | 2 | 8 | 7 | 4 | 6 |
| 7 | 4 | 6 | 3 | 1 | 5 | 9 | 8 | 2 |
| 8 | 2 | 9 | 7 | 4 | 6 | 5 | 3 | 1 |

## Solution 262

| 3 | 7 | 5 | 8 | 9 | 6 | 1 | 2 | 4 |
| 9 | 8 | 1 | 2 | 4 | 3 | 5 | 6 | 7 |
| 4 | 2 | 6 | 5 | 1 | 7 | 8 | 3 | 9 |
| 5 | 3 | 8 | 7 | 2 | 1 | 4 | 9 | 6 |
| 6 | 9 | 2 | 3 | 8 | 4 | 7 | 1 | 5 |
| 1 | 4 | 7 | 6 | 5 | 9 | 2 | 8 | 3 |
| 7 | 1 | 3 | 4 | 6 | 8 | 9 | 5 | 2 |
| 2 | 6 | 9 | 1 | 7 | 5 | 3 | 4 | 8 |
| 8 | 5 | 4 | 9 | 3 | 2 | 6 | 7 | 1 |

## Solution 263

| 4 | 1 | 2 | 6 | 9 | 5 | 7 | 3 | 8 |
| 3 | 9 | 7 | 4 | 8 | 2 | 6 | 5 | 1 |
| 5 | 8 | 6 | 7 | 3 | 1 | 4 | 9 | 2 |
| 8 | 2 | 5 | 9 | 1 | 7 | 3 | 6 | 4 |
| 7 | 3 | 9 | 2 | 4 | 6 | 8 | 1 | 5 |
| 1 | 6 | 4 | 8 | 5 | 3 | 2 | 7 | 9 |
| 2 | 5 | 3 | 1 | 6 | 4 | 9 | 8 | 7 |
| 9 | 4 | 1 | 3 | 7 | 8 | 5 | 2 | 6 |
| 6 | 7 | 8 | 5 | 2 | 9 | 1 | 4 | 3 |

## Solution 264

| 4 | 8 | 5 | 3 | 6 | 9 | 1 | 2 | 7 |
| 7 | 9 | 2 | 1 | 5 | 4 | 3 | 8 | 6 |
| 6 | 3 | 1 | 7 | 8 | 2 | 9 | 4 | 5 |
| 2 | 1 | 7 | 5 | 3 | 6 | 8 | 9 | 4 |
| 9 | 6 | 3 | 8 | 4 | 7 | 2 | 5 | 1 |
| 8 | 5 | 4 | 2 | 9 | 1 | 6 | 7 | 3 |
| 3 | 7 | 9 | 4 | 1 | 8 | 5 | 6 | 2 |
| 5 | 4 | 6 | 9 | 2 | 3 | 7 | 1 | 8 |
| 1 | 2 | 8 | 6 | 7 | 5 | 4 | 3 | 9 |

## Solution 265

| | | | | | | | | |
|---|---|---|---|---|---|---|---|---|
| 2 | 9 | 8 | 6 | 7 | 3 | 5 | 4 | 1 |
| 3 | 6 | 4 | 1 | 9 | 5 | 8 | 2 | 7 |
| 1 | 5 | 7 | 2 | 8 | 4 | 9 | 3 | 6 |
| 7 | 3 | 5 | 4 | 6 | 1 | 2 | 8 | 9 |
| 4 | 2 | 1 | 8 | 5 | 9 | 7 | 6 | 3 |
| 6 | 8 | 9 | 7 | 3 | 2 | 4 | 1 | 5 |
| 5 | 1 | 3 | 9 | 2 | 8 | 6 | 7 | 4 |
| 9 | 7 | 2 | 3 | 4 | 6 | 1 | 5 | 8 |
| 8 | 4 | 6 | 5 | 1 | 7 | 3 | 9 | 2 |

## Solution 266

| | | | | | | | | |
|---|---|---|---|---|---|---|---|---|
| 6 | 8 | 5 | 4 | 7 | 9 | 3 | 2 | 1 |
| 2 | 9 | 3 | 6 | 5 | 1 | 4 | 7 | 8 |
| 7 | 4 | 1 | 3 | 2 | 8 | 6 | 5 | 9 |
| 9 | 6 | 7 | 5 | 4 | 3 | 8 | 1 | 2 |
| 4 | 3 | 2 | 1 | 8 | 7 | 9 | 6 | 5 |
| 1 | 5 | 8 | 9 | 6 | 2 | 7 | 4 | 3 |
| 3 | 7 | 4 | 8 | 1 | 5 | 2 | 9 | 6 |
| 5 | 2 | 9 | 7 | 3 | 6 | 1 | 8 | 4 |
| 8 | 1 | 6 | 2 | 9 | 4 | 5 | 3 | 7 |

## Solution 267

| | | | | | | | | |
|---|---|---|---|---|---|---|---|---|
| 1 | 9 | 5 | 4 | 7 | 8 | 2 | 3 | 6 |
| 7 | 2 | 6 | 1 | 5 | 3 | 4 | 9 | 8 |
| 4 | 8 | 3 | 6 | 9 | 2 | 5 | 7 | 1 |
| 3 | 6 | 7 | 5 | 2 | 1 | 8 | 4 | 9 |
| 2 | 4 | 8 | 3 | 6 | 9 | 7 | 1 | 5 |
| 9 | 5 | 1 | 8 | 4 | 7 | 3 | 6 | 2 |
| 5 | 3 | 4 | 9 | 8 | 6 | 1 | 2 | 7 |
| 6 | 1 | 2 | 7 | 3 | 5 | 9 | 8 | 4 |
| 8 | 7 | 9 | 2 | 1 | 4 | 6 | 5 | 3 |

## Solution 268

| | | | | | | | | |
|---|---|---|---|---|---|---|---|---|
| 8 | 4 | 7 | 2 | 5 | 6 | 9 | 1 | 3 |
| 3 | 2 | 1 | 4 | 7 | 9 | 5 | 8 | 6 |
| 9 | 5 | 6 | 3 | 1 | 8 | 7 | 2 | 4 |
| 2 | 7 | 4 | 5 | 8 | 3 | 1 | 6 | 9 |
| 6 | 8 | 3 | 1 | 9 | 7 | 4 | 5 | 2 |
| 5 | 1 | 9 | 6 | 4 | 2 | 3 | 7 | 8 |
| 7 | 6 | 8 | 9 | 3 | 5 | 2 | 4 | 1 |
| 4 | 3 | 2 | 7 | 6 | 1 | 8 | 9 | 5 |
| 1 | 9 | 5 | 8 | 2 | 4 | 6 | 3 | 7 |

## Solution 269

| | | | | | | | | |
|---|---|---|---|---|---|---|---|---|
| 8 | 1 | 5 | 4 | 2 | 6 | 7 | 9 | 3 |
| 7 | 6 | 3 | 8 | 9 | 1 | 4 | 5 | 2 |
| 9 | 4 | 2 | 7 | 3 | 5 | 1 | 8 | 6 |
| 4 | 9 | 8 | 6 | 7 | 3 | 2 | 1 | 5 |
| 3 | 2 | 6 | 5 | 1 | 8 | 9 | 4 | 7 |
| 1 | 5 | 7 | 2 | 4 | 9 | 6 | 3 | 8 |
| 5 | 8 | 4 | 9 | 6 | 7 | 3 | 2 | 1 |
| 6 | 3 | 9 | 1 | 5 | 2 | 8 | 7 | 4 |
| 2 | 7 | 1 | 3 | 8 | 4 | 5 | 6 | 9 |

## Solution 270

| | | | | | | | | |
|---|---|---|---|---|---|---|---|---|
| 4 | 1 | 3 | 8 | 2 | 7 | 6 | 5 | 9 |
| 9 | 8 | 5 | 1 | 6 | 4 | 2 | 7 | 3 |
| 6 | 2 | 7 | 3 | 5 | 9 | 4 | 1 | 8 |
| 8 | 4 | 2 | 9 | 1 | 6 | 7 | 3 | 5 |
| 7 | 3 | 6 | 5 | 8 | 2 | 1 | 9 | 4 |
| 1 | 5 | 9 | 7 | 4 | 3 | 8 | 6 | 2 |
| 5 | 6 | 8 | 4 | 3 | 1 | 9 | 2 | 7 |
| 2 | 9 | 4 | 6 | 7 | 5 | 3 | 8 | 1 |
| 3 | 7 | 1 | 2 | 9 | 8 | 5 | 4 | 6 |

## Solution 271

| | | | | | | | | |
|---|---|---|---|---|---|---|---|---|
| 2 | 7 | 3 | 5 | 6 | 8 | 4 | 1 | 9 |
| 6 | 4 | 8 | 1 | 3 | 9 | 5 | 2 | 7 |
| 5 | 1 | 9 | 4 | 7 | 2 | 8 | 6 | 3 |
| 4 | 9 | 7 | 8 | 2 | 1 | 3 | 5 | 6 |
| 1 | 2 | 6 | 3 | 9 | 5 | 7 | 4 | 8 |
| 3 | 8 | 5 | 7 | 4 | 6 | 1 | 9 | 2 |
| 7 | 3 | 2 | 6 | 1 | 4 | 9 | 8 | 5 |
| 8 | 6 | 4 | 9 | 5 | 3 | 2 | 7 | 1 |
| 9 | 5 | 1 | 2 | 8 | 7 | 6 | 3 | 4 |

## Solution 272

| | | | | | | | | |
|---|---|---|---|---|---|---|---|---|
| 3 | 9 | 7 | 6 | 5 | 2 | 1 | 4 | 8 |
| 2 | 6 | 1 | 9 | 4 | 8 | 7 | 5 | 3 |
| 5 | 4 | 8 | 3 | 1 | 7 | 9 | 6 | 2 |
| 1 | 5 | 2 | 4 | 3 | 9 | 8 | 7 | 6 |
| 9 | 7 | 6 | 2 | 8 | 5 | 4 | 3 | 1 |
| 4 | 8 | 3 | 1 | 7 | 6 | 2 | 9 | 5 |
| 6 | 1 | 9 | 5 | 2 | 4 | 3 | 8 | 7 |
| 8 | 3 | 5 | 7 | 9 | 1 | 6 | 2 | 4 |
| 7 | 2 | 4 | 8 | 6 | 3 | 5 | 1 | 9 |

## Solution 273

| | | | | | | | | |
|---|---|---|---|---|---|---|---|---|
| 6 | 3 | 5 | 9 | 4 | 7 | 1 | 2 | 8 |
| 2 | 8 | 7 | 5 | 6 | 1 | 9 | 3 | 4 |
| 9 | 1 | 4 | 3 | 2 | 8 | 6 | 5 | 7 |
| 4 | 9 | 1 | 6 | 8 | 2 | 3 | 7 | 5 |
| 3 | 7 | 8 | 4 | 1 | 5 | 2 | 6 | 9 |
| 5 | 6 | 2 | 7 | 3 | 9 | 4 | 8 | 1 |
| 8 | 2 | 9 | 1 | 5 | 3 | 7 | 4 | 6 |
| 7 | 5 | 6 | 2 | 9 | 4 | 8 | 1 | 3 |
| 1 | 4 | 3 | 8 | 7 | 6 | 5 | 9 | 2 |

## Solution 274

| | | | | | | | | |
|---|---|---|---|---|---|---|---|---|
| 3 | 9 | 2 | 1 | 4 | 6 | 5 | 8 | 7 |
| 1 | 5 | 8 | 3 | 7 | 9 | 4 | 6 | 2 |
| 6 | 7 | 4 | 8 | 5 | 2 | 1 | 3 | 9 |
| 4 | 3 | 1 | 7 | 6 | 8 | 9 | 2 | 5 |
| 8 | 6 | 5 | 9 | 2 | 4 | 3 | 7 | 1 |
| 9 | 2 | 7 | 5 | 1 | 3 | 8 | 4 | 6 |
| 7 | 4 | 9 | 2 | 8 | 1 | 6 | 5 | 3 |
| 5 | 1 | 6 | 4 | 3 | 7 | 2 | 9 | 8 |
| 2 | 8 | 3 | 6 | 9 | 5 | 7 | 1 | 4 |

## Solution 275

| | | | | | | | | |
|---|---|---|---|---|---|---|---|---|
| 2 | 1 | 8 | 9 | 3 | 6 | 4 | 5 | 7 |
| 3 | 7 | 6 | 4 | 8 | 5 | 9 | 1 | 2 |
| 5 | 9 | 4 | 1 | 2 | 7 | 3 | 6 | 8 |
| 7 | 2 | 9 | 8 | 6 | 1 | 5 | 3 | 4 |
| 8 | 4 | 3 | 7 | 5 | 9 | 1 | 2 | 6 |
| 6 | 5 | 1 | 3 | 4 | 2 | 8 | 7 | 9 |
| 1 | 3 | 2 | 6 | 9 | 4 | 7 | 8 | 5 |
| 4 | 6 | 7 | 5 | 1 | 8 | 2 | 9 | 3 |
| 9 | 8 | 5 | 2 | 7 | 3 | 6 | 4 | 1 |

## Solution 276

| | | | | | | | | |
|---|---|---|---|---|---|---|---|---|
| 3 | 1 | 6 | 9 | 2 | 5 | 7 | 8 | 4 |
| 9 | 7 | 8 | 4 | 3 | 1 | 2 | 5 | 6 |
| 4 | 5 | 2 | 7 | 8 | 6 | 1 | 3 | 9 |
| 6 | 8 | 5 | 1 | 4 | 9 | 3 | 7 | 2 |
| 2 | 4 | 9 | 5 | 7 | 3 | 6 | 1 | 8 |
| 1 | 3 | 7 | 2 | 6 | 8 | 9 | 4 | 5 |
| 8 | 2 | 4 | 3 | 9 | 7 | 5 | 6 | 1 |
| 7 | 9 | 1 | 6 | 5 | 4 | 8 | 2 | 3 |
| 5 | 6 | 3 | 8 | 1 | 2 | 4 | 9 | 7 |

## Solution 277

| 4 | 1 | 8 | 7 | 2 | 9 | 5 | 3 | 6 |
|---|---|---|---|---|---|---|---|---|
| 7 | 9 | 6 | 3 | 5 | 4 | 8 | 2 | 1 |
| 2 | 3 | 5 | 1 | 8 | 6 | 9 | 7 | 4 |
| 6 | 4 | 3 | 5 | 7 | 8 | 2 | 1 | 9 |
| 1 | 2 | 7 | 6 | 9 | 3 | 4 | 5 | 8 |
| 5 | 8 | 9 | 2 | 4 | 1 | 3 | 6 | 7 |
| 8 | 5 | 1 | 4 | 6 | 2 | 7 | 9 | 3 |
| 3 | 7 | 4 | 9 | 1 | 5 | 6 | 8 | 2 |
| 9 | 6 | 2 | 8 | 3 | 7 | 1 | 4 | 5 |

## Solution 278

| 9 | 1 | 7 | 4 | 2 | 6 | 5 | 8 | 3 |
|---|---|---|---|---|---|---|---|---|
| 3 | 2 | 4 | 8 | 9 | 5 | 1 | 6 | 7 |
| 8 | 6 | 5 | 1 | 7 | 3 | 2 | 4 | 9 |
| 5 | 8 | 6 | 9 | 3 | 2 | 7 | 1 | 4 |
| 7 | 3 | 9 | 5 | 1 | 4 | 8 | 2 | 6 |
| 2 | 4 | 1 | 6 | 8 | 7 | 9 | 3 | 5 |
| 4 | 9 | 3 | 2 | 5 | 8 | 6 | 7 | 1 |
| 1 | 7 | 2 | 3 | 6 | 9 | 4 | 5 | 8 |
| 6 | 5 | 8 | 7 | 4 | 1 | 3 | 9 | 2 |

## Solution 279

| 2 | 6 | 5 | 7 | 3 | 1 | 4 | 9 | 8 |
|---|---|---|---|---|---|---|---|---|
| 9 | 4 | 3 | 8 | 6 | 2 | 1 | 7 | 5 |
| 8 | 7 | 1 | 5 | 4 | 9 | 2 | 3 | 6 |
| 5 | 9 | 2 | 4 | 1 | 6 | 7 | 8 | 3 |
| 4 | 3 | 7 | 9 | 8 | 5 | 6 | 2 | 1 |
| 6 | 1 | 8 | 2 | 7 | 3 | 9 | 5 | 4 |
| 1 | 5 | 4 | 3 | 2 | 7 | 8 | 6 | 9 |
| 7 | 8 | 9 | 6 | 5 | 4 | 3 | 1 | 2 |
| 3 | 2 | 6 | 1 | 9 | 8 | 5 | 4 | 7 |

## Solution 280

| 6 | 7 | 3 | 1 | 8 | 5 | 2 | 9 | 4 |
|---|---|---|---|---|---|---|---|---|
| 9 | 2 | 8 | 7 | 3 | 4 | 6 | 1 | 5 |
| 5 | 1 | 4 | 6 | 2 | 9 | 3 | 7 | 8 |
| 8 | 5 | 2 | 9 | 4 | 1 | 7 | 6 | 3 |
| 4 | 9 | 7 | 5 | 6 | 3 | 1 | 8 | 2 |
| 3 | 6 | 1 | 8 | 7 | 2 | 4 | 5 | 9 |
| 7 | 3 | 5 | 4 | 1 | 8 | 9 | 2 | 6 |
| 1 | 4 | 9 | 2 | 5 | 6 | 8 | 3 | 7 |
| 2 | 8 | 6 | 3 | 9 | 7 | 5 | 4 | 1 |

## Solution 281

| 7 | 4 | 5 | 2 | 9 | 6 | 8 | 3 | 1 |
|---|---|---|---|---|---|---|---|---|
| 1 | 8 | 3 | 4 | 5 | 7 | 9 | 6 | 2 |
| 6 | 2 | 9 | 8 | 3 | 1 | 7 | 4 | 5 |
| 8 | 1 | 2 | 9 | 7 | 3 | 4 | 5 | 6 |
| 4 | 9 | 6 | 1 | 2 | 5 | 3 | 7 | 8 |
| 5 | 3 | 7 | 6 | 8 | 4 | 2 | 1 | 9 |
| 2 | 5 | 4 | 7 | 1 | 9 | 6 | 8 | 3 |
| 9 | 7 | 1 | 3 | 6 | 8 | 5 | 2 | 4 |
| 3 | 6 | 8 | 5 | 4 | 2 | 1 | 9 | 7 |

## Solution 282

| 2 | 9 | 5 | 4 | 6 | 7 | 3 | 1 | 8 |
|---|---|---|---|---|---|---|---|---|
| 7 | 3 | 8 | 1 | 5 | 9 | 6 | 2 | 4 |
| 4 | 6 | 1 | 2 | 3 | 8 | 9 | 7 | 5 |
| 3 | 1 | 2 | 9 | 7 | 5 | 4 | 8 | 6 |
| 8 | 4 | 6 | 3 | 1 | 2 | 7 | 5 | 9 |
| 9 | 5 | 7 | 6 | 8 | 4 | 1 | 3 | 2 |
| 5 | 8 | 9 | 7 | 4 | 1 | 2 | 6 | 3 |
| 6 | 7 | 4 | 5 | 2 | 3 | 8 | 9 | 1 |
| 1 | 2 | 3 | 8 | 9 | 6 | 5 | 4 | 7 |

## Solution 283

| 5 | 9 | 4 | 2 | 6 | 8 | 7 | 1 | 3 |
|---|---|---|---|---|---|---|---|---|
| 6 | 1 | 8 | 3 | 7 | 5 | 2 | 9 | 4 |
| 3 | 7 | 2 | 9 | 1 | 4 | 6 | 8 | 5 |
| 9 | 5 | 3 | 6 | 8 | 7 | 4 | 2 | 1 |
| 2 | 6 | 7 | 1 | 4 | 3 | 9 | 5 | 8 |
| 4 | 8 | 1 | 5 | 2 | 9 | 3 | 7 | 6 |
| 1 | 2 | 5 | 4 | 9 | 6 | 8 | 3 | 7 |
| 7 | 3 | 6 | 8 | 5 | 2 | 1 | 4 | 9 |
| 8 | 4 | 9 | 7 | 3 | 1 | 5 | 6 | 2 |

## Solution 284

| 1 | 2 | 6 | 9 | 8 | 3 | 7 | 5 | 4 |
|---|---|---|---|---|---|---|---|---|
| 9 | 5 | 4 | 6 | 7 | 1 | 8 | 2 | 3 |
| 3 | 8 | 7 | 2 | 5 | 4 | 9 | 6 | 1 |
| 2 | 9 | 8 | 7 | 4 | 6 | 3 | 1 | 5 |
| 6 | 4 | 1 | 5 | 3 | 9 | 2 | 8 | 7 |
| 7 | 3 | 5 | 8 | 1 | 2 | 6 | 4 | 9 |
| 5 | 6 | 3 | 1 | 9 | 8 | 4 | 7 | 2 |
| 4 | 1 | 2 | 3 | 6 | 7 | 5 | 9 | 8 |
| 8 | 7 | 9 | 4 | 2 | 5 | 1 | 3 | 6 |

## Solution 285

| 6 | 2 | 7 | 4 | 5 | 1 | 9 | 8 | 3 |
|---|---|---|---|---|---|---|---|---|
| 5 | 4 | 9 | 8 | 6 | 3 | 1 | 7 | 2 |
| 3 | 8 | 1 | 2 | 9 | 7 | 6 | 5 | 4 |
| 2 | 3 | 4 | 5 | 8 | 6 | 7 | 1 | 9 |
| 9 | 1 | 5 | 7 | 4 | 2 | 3 | 6 | 8 |
| 8 | 7 | 6 | 3 | 1 | 9 | 4 | 2 | 5 |
| 7 | 5 | 3 | 1 | 2 | 4 | 8 | 9 | 6 |
| 4 | 6 | 8 | 9 | 7 | 5 | 2 | 3 | 1 |
| 1 | 9 | 2 | 6 | 3 | 8 | 5 | 4 | 7 |

## Solution 286

| 2 | 8 | 7 | 5 | 4 | 6 | 9 | 3 | 1 |
|---|---|---|---|---|---|---|---|---|
| 1 | 6 | 9 | 8 | 7 | 3 | 4 | 2 | 5 |
| 4 | 3 | 5 | 2 | 1 | 9 | 8 | 6 | 7 |
| 3 | 1 | 6 | 7 | 8 | 5 | 2 | 4 | 9 |
| 8 | 9 | 2 | 1 | 3 | 4 | 5 | 7 | 6 |
| 7 | 5 | 4 | 6 | 9 | 2 | 3 | 1 | 8 |
| 9 | 7 | 8 | 4 | 2 | 1 | 6 | 5 | 3 |
| 5 | 2 | 1 | 3 | 6 | 8 | 7 | 9 | 4 |
| 6 | 4 | 3 | 9 | 5 | 7 | 1 | 8 | 2 |

## Solution 287

| 2 | 6 | 5 | 1 | 8 | 3 | 9 | 4 | 7 |
|---|---|---|---|---|---|---|---|---|
| 8 | 9 | 1 | 7 | 5 | 4 | 2 | 3 | 6 |
| 3 | 4 | 7 | 6 | 2 | 9 | 1 | 5 | 8 |
| 9 | 5 | 6 | 2 | 3 | 7 | 4 | 8 | 1 |
| 7 | 2 | 8 | 9 | 4 | 1 | 5 | 6 | 3 |
| 4 | 1 | 3 | 5 | 6 | 8 | 7 | 9 | 2 |
| 5 | 3 | 9 | 8 | 1 | 2 | 6 | 7 | 4 |
| 6 | 8 | 2 | 4 | 7 | 5 | 3 | 1 | 9 |
| 1 | 7 | 4 | 3 | 9 | 6 | 8 | 2 | 5 |

## Solution 288

| 5 | 9 | 2 | 4 | 1 | 7 | 6 | 8 | 3 |
|---|---|---|---|---|---|---|---|---|
| 8 | 1 | 6 | 5 | 9 | 3 | 7 | 2 | 4 |
| 7 | 3 | 4 | 8 | 2 | 6 | 1 | 9 | 5 |
| 6 | 8 | 3 | 9 | 4 | 1 | 2 | 5 | 7 |
| 1 | 7 | 9 | 2 | 3 | 5 | 8 | 4 | 6 |
| 2 | 4 | 5 | 6 | 7 | 8 | 9 | 3 | 1 |
| 3 | 6 | 8 | 1 | 5 | 2 | 4 | 7 | 9 |
| 4 | 5 | 1 | 7 | 8 | 9 | 3 | 6 | 2 |
| 9 | 2 | 7 | 3 | 6 | 4 | 5 | 1 | 8 |

### Solution 289

| 6 | 4 | 3 | 9 | 8 | 5 | 7 | 2 | 1 |
| 2 | 1 | 8 | 3 | 7 | 6 | 9 | 5 | 4 |
| 7 | 5 | 9 | 2 | 4 | 1 | 8 | 3 | 6 |
| 9 | 6 | 1 | 7 | 2 | 8 | 3 | 4 | 5 |
| 8 | 2 | 4 | 5 | 9 | 3 | 6 | 1 | 7 |
| 5 | 3 | 7 | 1 | 6 | 4 | 2 | 8 | 9 |
| 3 | 7 | 5 | 8 | 1 | 9 | 4 | 6 | 2 |
| 1 | 9 | 6 | 4 | 3 | 2 | 5 | 7 | 8 |
| 4 | 8 | 2 | 6 | 5 | 7 | 1 | 9 | 3 |

### Solution 290

| 5 | 6 | 7 | 3 | 9 | 8 | 1 | 4 | 2 |
| 4 | 1 | 8 | 2 | 7 | 5 | 9 | 6 | 3 |
| 2 | 3 | 9 | 6 | 1 | 4 | 7 | 8 | 5 |
| 1 | 7 | 5 | 4 | 6 | 9 | 3 | 2 | 8 |
| 9 | 8 | 6 | 5 | 2 | 3 | 4 | 7 | 1 |
| 3 | 2 | 4 | 1 | 8 | 7 | 5 | 9 | 6 |
| 6 | 4 | 2 | 9 | 5 | 1 | 8 | 3 | 7 |
| 8 | 9 | 1 | 7 | 3 | 6 | 2 | 5 | 4 |
| 7 | 5 | 3 | 8 | 4 | 2 | 6 | 1 | 9 |

### Solution 291

| 9 | 5 | 7 | 8 | 4 | 6 | 3 | 1 | 2 |
| 4 | 2 | 3 | 9 | 7 | 1 | 6 | 5 | 8 |
| 8 | 6 | 1 | 5 | 2 | 3 | 9 | 7 | 4 |
| 6 | 9 | 5 | 3 | 1 | 8 | 2 | 4 | 7 |
| 1 | 8 | 2 | 7 | 9 | 4 | 5 | 3 | 6 |
| 7 | 3 | 4 | 2 | 6 | 5 | 8 | 9 | 1 |
| 3 | 1 | 6 | 4 | 5 | 2 | 7 | 8 | 9 |
| 5 | 4 | 9 | 6 | 8 | 7 | 1 | 2 | 3 |
| 2 | 7 | 8 | 1 | 3 | 9 | 4 | 6 | 5 |

### Solution 292

| 2 | 9 | 7 | 4 | 1 | 8 | 5 | 6 | 3 |
| 6 | 8 | 1 | 3 | 5 | 9 | 2 | 4 | 7 |
| 3 | 5 | 4 | 7 | 6 | 2 | 1 | 9 | 8 |
| 8 | 1 | 2 | 5 | 9 | 4 | 3 | 7 | 6 |
| 9 | 3 | 6 | 8 | 2 | 7 | 4 | 5 | 1 |
| 4 | 7 | 5 | 1 | 3 | 6 | 8 | 2 | 9 |
| 5 | 6 | 8 | 9 | 4 | 1 | 7 | 3 | 2 |
| 7 | 2 | 3 | 6 | 8 | 5 | 9 | 1 | 4 |
| 1 | 4 | 9 | 2 | 7 | 3 | 6 | 8 | 5 |

### Solution 293

| 1 | 5 | 3 | 6 | 2 | 8 | 4 | 9 | 7 |
| 8 | 4 | 2 | 7 | 1 | 9 | 5 | 6 | 3 |
| 9 | 6 | 7 | 3 | 4 | 5 | 1 | 8 | 2 |
| 4 | 3 | 9 | 1 | 5 | 6 | 2 | 7 | 8 |
| 5 | 1 | 8 | 9 | 7 | 2 | 6 | 3 | 4 |
| 2 | 7 | 6 | 4 | 8 | 3 | 9 | 5 | 1 |
| 6 | 9 | 1 | 8 | 3 | 4 | 7 | 2 | 5 |
| 3 | 2 | 4 | 5 | 9 | 7 | 8 | 1 | 6 |
| 7 | 8 | 5 | 2 | 6 | 1 | 3 | 4 | 9 |

### Solution 294

| 2 | 4 | 7 | 1 | 9 | 3 | 8 | 5 | 6 |
| 1 | 6 | 8 | 5 | 2 | 4 | 7 | 3 | 9 |
| 5 | 3 | 9 | 8 | 6 | 7 | 4 | 2 | 1 |
| 7 | 8 | 1 | 9 | 4 | 2 | 3 | 6 | 5 |
| 9 | 2 | 4 | 6 | 3 | 5 | 1 | 7 | 8 |
| 6 | 5 | 3 | 7 | 8 | 1 | 9 | 4 | 2 |
| 8 | 7 | 6 | 3 | 5 | 9 | 2 | 1 | 4 |
| 3 | 9 | 2 | 4 | 1 | 6 | 5 | 8 | 7 |
| 4 | 1 | 5 | 2 | 7 | 8 | 6 | 9 | 3 |

### Solution 295

| 5 | 4 | 8 | 9 | 7 | 3 | 6 | 1 | 2 |
| 6 | 9 | 1 | 4 | 8 | 2 | 5 | 7 | 3 |
| 2 | 7 | 3 | 1 | 5 | 6 | 8 | 9 | 4 |
| 9 | 8 | 5 | 7 | 2 | 4 | 1 | 3 | 6 |
| 3 | 1 | 2 | 6 | 9 | 5 | 7 | 4 | 8 |
| 4 | 6 | 7 | 8 | 3 | 1 | 9 | 2 | 5 |
| 7 | 5 | 9 | 2 | 4 | 8 | 3 | 6 | 1 |
| 1 | 3 | 4 | 5 | 6 | 7 | 2 | 8 | 9 |
| 8 | 2 | 6 | 3 | 1 | 9 | 4 | 5 | 7 |

### Solution 296

| 6 | 7 | 1 | 4 | 2 | 5 | 3 | 9 | 8 |
| 8 | 2 | 9 | 6 | 7 | 3 | 1 | 5 | 4 |
| 3 | 5 | 4 | 9 | 1 | 8 | 2 | 6 | 7 |
| 4 | 8 | 2 | 7 | 5 | 6 | 9 | 1 | 3 |
| 1 | 3 | 7 | 2 | 8 | 9 | 5 | 4 | 6 |
| 9 | 6 | 5 | 1 | 3 | 4 | 7 | 8 | 2 |
| 2 | 9 | 3 | 8 | 6 | 1 | 4 | 7 | 5 |
| 7 | 4 | 8 | 5 | 9 | 2 | 6 | 3 | 1 |
| 5 | 1 | 6 | 3 | 4 | 7 | 8 | 2 | 9 |

### Solution 297

| 7 | 8 | 2 | 5 | 4 | 1 | 3 | 6 | 9 |
| 6 | 4 | 5 | 3 | 9 | 8 | 1 | 2 | 7 |
| 3 | 9 | 1 | 7 | 6 | 2 | 5 | 8 | 4 |
| 9 | 3 | 7 | 8 | 1 | 5 | 2 | 4 | 6 |
| 5 | 1 | 8 | 4 | 2 | 6 | 7 | 9 | 3 |
| 4 | 2 | 6 | 9 | 3 | 7 | 8 | 1 | 5 |
| 1 | 7 | 4 | 6 | 8 | 3 | 9 | 5 | 2 |
| 8 | 6 | 3 | 2 | 5 | 9 | 4 | 7 | 1 |
| 2 | 5 | 9 | 1 | 7 | 4 | 6 | 3 | 8 |

### Solution 298

| 9 | 2 | 1 | 3 | 6 | 5 | 7 | 4 | 8 |
| 7 | 6 | 5 | 4 | 9 | 8 | 3 | 2 | 1 |
| 8 | 4 | 3 | 2 | 7 | 1 | 9 | 5 | 6 |
| 4 | 5 | 6 | 9 | 8 | 7 | 1 | 3 | 2 |
| 2 | 7 | 8 | 5 | 1 | 3 | 6 | 9 | 4 |
| 3 | 1 | 9 | 6 | 4 | 2 | 5 | 8 | 7 |
| 5 | 3 | 7 | 8 | 2 | 6 | 4 | 1 | 9 |
| 1 | 9 | 2 | 7 | 5 | 4 | 8 | 6 | 3 |
| 6 | 8 | 4 | 1 | 3 | 9 | 2 | 7 | 5 |

### Solution 299

| 2 | 3 | 1 | 5 | 6 | 4 | 9 | 7 | 8 |
| 7 | 8 | 6 | 9 | 1 | 2 | 4 | 5 | 3 |
| 4 | 5 | 9 | 8 | 7 | 3 | 6 | 1 | 2 |
| 6 | 4 | 7 | 3 | 2 | 9 | 5 | 8 | 1 |
| 5 | 2 | 8 | 1 | 4 | 6 | 7 | 3 | 9 |
| 1 | 9 | 3 | 7 | 8 | 5 | 2 | 6 | 4 |
| 9 | 7 | 5 | 2 | 3 | 1 | 8 | 4 | 6 |
| 8 | 1 | 4 | 6 | 9 | 7 | 3 | 2 | 5 |
| 3 | 6 | 2 | 4 | 5 | 8 | 1 | 9 | 7 |

### Solution 300

| 4 | 6 | 1 | 5 | 3 | 9 | 7 | 8 | 2 |
| 7 | 3 | 8 | 2 | 4 | 1 | 6 | 9 | 5 |
| 2 | 9 | 5 | 7 | 6 | 8 | 3 | 1 | 4 |
| 8 | 5 | 2 | 1 | 7 | 3 | 4 | 6 | 9 |
| 6 | 1 | 9 | 4 | 2 | 5 | 8 | 7 | 3 |
| 3 | 7 | 4 | 8 | 9 | 6 | 2 | 5 | 1 |
| 1 | 4 | 7 | 6 | 5 | 2 | 9 | 3 | 8 |
| 5 | 2 | 3 | 9 | 8 | 7 | 1 | 4 | 6 |
| 9 | 8 | 6 | 3 | 1 | 4 | 5 | 2 | 7 |

## Solution 301

| 9 | 5 | 7 | 3 | 8 | 2 | 6 | 4 | 1 |
|---|---|---|---|---|---|---|---|---|
| 4 | 3 | 6 | 1 | 5 | 7 | 2 | 8 | 9 |
| 8 | 1 | 2 | 9 | 6 | 4 | 3 | 7 | 5 |
| 7 | 4 | 8 | 2 | 1 | 5 | 9 | 6 | 3 |
| 2 | 9 | 1 | 4 | 3 | 6 | 7 | 5 | 8 |
| 3 | 6 | 5 | 7 | 9 | 8 | 1 | 2 | 4 |
| 5 | 7 | 9 | 8 | 2 | 1 | 4 | 3 | 6 |
| 6 | 2 | 3 | 5 | 4 | 9 | 8 | 1 | 7 |
| 1 | 8 | 4 | 6 | 7 | 3 | 5 | 9 | 2 |

## Solution 302

| 8 | 2 | 7 | 5 | 9 | 6 | 1 | 3 | 4 |
|---|---|---|---|---|---|---|---|---|
| 5 | 3 | 1 | 4 | 8 | 2 | 9 | 6 | 7 |
| 9 | 6 | 4 | 1 | 7 | 3 | 5 | 2 | 8 |
| 7 | 1 | 3 | 2 | 5 | 8 | 6 | 4 | 9 |
| 2 | 4 | 5 | 9 | 6 | 7 | 3 | 8 | 1 |
| 6 | 8 | 9 | 3 | 1 | 4 | 7 | 5 | 2 |
| 1 | 9 | 6 | 8 | 2 | 5 | 4 | 7 | 3 |
| 4 | 7 | 2 | 6 | 3 | 1 | 8 | 9 | 5 |
| 3 | 5 | 8 | 7 | 4 | 9 | 2 | 1 | 6 |

## Solution 303

| 7 | 9 | 3 | 2 | 4 | 8 | 5 | 1 | 6 |
|---|---|---|---|---|---|---|---|---|
| 6 | 4 | 2 | 7 | 5 | 1 | 3 | 9 | 8 |
| 5 | 8 | 1 | 3 | 9 | 6 | 2 | 7 | 4 |
| 2 | 5 | 7 | 6 | 8 | 3 | 1 | 4 | 9 |
| 8 | 3 | 4 | 5 | 1 | 9 | 7 | 6 | 2 |
| 1 | 6 | 9 | 4 | 7 | 2 | 8 | 5 | 3 |
| 9 | 7 | 6 | 8 | 3 | 5 | 4 | 2 | 1 |
| 3 | 2 | 5 | 1 | 6 | 4 | 9 | 8 | 7 |
| 4 | 1 | 8 | 9 | 2 | 7 | 6 | 3 | 5 |

## Solution 304

| 3 | 7 | 9 | 5 | 6 | 8 | 2 | 1 | 4 |
|---|---|---|---|---|---|---|---|---|
| 1 | 5 | 2 | 4 | 7 | 3 | 6 | 8 | 9 |
| 4 | 8 | 6 | 1 | 2 | 9 | 7 | 5 | 3 |
| 2 | 6 | 5 | 9 | 4 | 7 | 8 | 3 | 1 |
| 9 | 3 | 7 | 2 | 8 | 1 | 5 | 4 | 6 |
| 8 | 1 | 4 | 6 | 3 | 5 | 9 | 7 | 2 |
| 6 | 9 | 1 | 7 | 5 | 4 | 3 | 2 | 8 |
| 5 | 4 | 8 | 3 | 9 | 2 | 1 | 6 | 7 |
| 7 | 2 | 3 | 8 | 1 | 6 | 4 | 9 | 5 |

## Solution 305

| 4 | 5 | 9 | 3 | 6 | 2 | 8 | 1 | 7 |
|---|---|---|---|---|---|---|---|---|
| 1 | 8 | 3 | 9 | 4 | 7 | 5 | 2 | 6 |
| 7 | 6 | 2 | 8 | 5 | 1 | 4 | 3 | 9 |
| 8 | 1 | 6 | 5 | 2 | 9 | 7 | 4 | 3 |
| 9 | 4 | 5 | 1 | 7 | 3 | 6 | 8 | 2 |
| 2 | 3 | 7 | 6 | 8 | 4 | 9 | 5 | 1 |
| 3 | 2 | 4 | 7 | 9 | 8 | 1 | 6 | 5 |
| 6 | 7 | 8 | 2 | 1 | 5 | 3 | 9 | 4 |
| 5 | 9 | 1 | 4 | 3 | 6 | 2 | 7 | 8 |

## Solution 306

| 2 | 3 | 6 | 8 | 5 | 7 | 9 | 1 | 4 |
|---|---|---|---|---|---|---|---|---|
| 9 | 5 | 4 | 3 | 6 | 1 | 8 | 7 | 2 |
| 1 | 8 | 7 | 9 | 4 | 2 | 5 | 3 | 6 |
| 3 | 6 | 2 | 5 | 7 | 4 | 1 | 9 | 8 |
| 4 | 1 | 8 | 6 | 9 | 3 | 7 | 2 | 5 |
| 7 | 9 | 5 | 1 | 2 | 8 | 4 | 6 | 3 |
| 5 | 2 | 1 | 7 | 8 | 6 | 3 | 4 | 9 |
| 8 | 4 | 3 | 2 | 1 | 9 | 6 | 5 | 7 |
| 6 | 7 | 9 | 4 | 3 | 5 | 2 | 8 | 1 |

## Solution 307

| 1 | 7 | 5 | 4 | 2 | 3 | 8 | 6 | 9 |
|---|---|---|---|---|---|---|---|---|
| 6 | 8 | 4 | 9 | 7 | 5 | 3 | 2 | 1 |
| 9 | 2 | 3 | 1 | 6 | 8 | 7 | 5 | 4 |
| 2 | 5 | 6 | 7 | 8 | 9 | 4 | 1 | 3 |
| 8 | 9 | 1 | 2 | 3 | 4 | 5 | 7 | 6 |
| 4 | 3 | 7 | 6 | 5 | 1 | 2 | 9 | 8 |
| 3 | 6 | 8 | 5 | 1 | 7 | 9 | 4 | 2 |
| 5 | 4 | 2 | 3 | 9 | 6 | 1 | 8 | 7 |
| 7 | 1 | 9 | 8 | 4 | 2 | 6 | 3 | 5 |

## Solution 308

| 3 | 4 | 7 | 9 | 5 | 8 | 6 | 2 | 1 |
|---|---|---|---|---|---|---|---|---|
| 9 | 5 | 2 | 1 | 6 | 7 | 3 | 4 | 8 |
| 8 | 6 | 1 | 3 | 4 | 2 | 7 | 9 | 5 |
| 4 | 2 | 9 | 6 | 7 | 1 | 5 | 8 | 3 |
| 6 | 7 | 8 | 5 | 2 | 3 | 9 | 1 | 4 |
| 5 | 1 | 3 | 8 | 9 | 4 | 2 | 7 | 6 |
| 1 | 8 | 6 | 2 | 3 | 9 | 4 | 5 | 7 |
| 2 | 3 | 4 | 7 | 1 | 5 | 8 | 6 | 9 |
| 7 | 9 | 5 | 4 | 8 | 6 | 1 | 3 | 2 |

## Solution 309

| 8 | 6 | 5 | 3 | 4 | 1 | 2 | 7 | 9 |
|---|---|---|---|---|---|---|---|---|
| 1 | 4 | 3 | 7 | 2 | 9 | 8 | 5 | 6 |
| 7 | 2 | 9 | 8 | 5 | 6 | 3 | 4 | 1 |
| 2 | 1 | 8 | 4 | 9 | 3 | 7 | 6 | 5 |
| 3 | 5 | 4 | 6 | 8 | 7 | 9 | 1 | 2 |
| 6 | 9 | 7 | 5 | 1 | 2 | 4 | 8 | 3 |
| 4 | 3 | 2 | 1 | 7 | 5 | 6 | 9 | 8 |
| 9 | 7 | 1 | 2 | 6 | 8 | 5 | 3 | 4 |
| 5 | 8 | 6 | 9 | 3 | 4 | 1 | 2 | 7 |

## Solution 310

| 1 | 4 | 9 | 2 | 6 | 7 | 8 | 5 | 3 |
|---|---|---|---|---|---|---|---|---|
| 3 | 7 | 5 | 8 | 1 | 9 | 2 | 4 | 6 |
| 8 | 6 | 2 | 3 | 4 | 5 | 1 | 9 | 7 |
| 4 | 3 | 8 | 1 | 5 | 2 | 7 | 6 | 9 |
| 6 | 2 | 7 | 4 | 9 | 3 | 5 | 8 | 1 |
| 5 | 9 | 1 | 6 | 7 | 8 | 3 | 2 | 4 |
| 9 | 1 | 3 | 5 | 8 | 4 | 6 | 7 | 2 |
| 2 | 8 | 4 | 7 | 3 | 6 | 9 | 1 | 5 |
| 7 | 5 | 6 | 9 | 2 | 1 | 4 | 3 | 8 |

## Solution 311

| 5 | 9 | 3 | 7 | 6 | 2 | 4 | 8 | 1 |
|---|---|---|---|---|---|---|---|---|
| 6 | 4 | 1 | 5 | 9 | 8 | 3 | 2 | 7 |
| 8 | 7 | 2 | 1 | 4 | 3 | 5 | 6 | 9 |
| 3 | 6 | 8 | 2 | 5 | 9 | 1 | 7 | 4 |
| 4 | 5 | 7 | 6 | 3 | 1 | 8 | 9 | 2 |
| 1 | 2 | 9 | 4 | 8 | 7 | 6 | 5 | 3 |
| 2 | 3 | 5 | 9 | 1 | 6 | 7 | 4 | 8 |
| 9 | 8 | 6 | 3 | 7 | 4 | 2 | 1 | 5 |
| 7 | 1 | 4 | 8 | 2 | 5 | 9 | 3 | 6 |

## Solution 312

| 8 | 2 | 4 | 7 | 9 | 5 | 3 | 1 | 6 |
|---|---|---|---|---|---|---|---|---|
| 1 | 3 | 7 | 2 | 6 | 4 | 9 | 8 | 5 |
| 6 | 5 | 9 | 3 | 8 | 1 | 7 | 2 | 4 |
| 9 | 4 | 1 | 5 | 7 | 8 | 2 | 6 | 3 |
| 2 | 8 | 3 | 9 | 1 | 6 | 4 | 5 | 7 |
| 5 | 7 | 6 | 4 | 2 | 3 | 1 | 9 | 8 |
| 7 | 1 | 5 | 8 | 3 | 9 | 6 | 4 | 2 |
| 4 | 6 | 2 | 1 | 5 | 7 | 8 | 3 | 9 |
| 3 | 9 | 8 | 6 | 4 | 2 | 5 | 7 | 1 |

## Solution 313

| 2 | 4 | 8 | 6 | 9 | 3 | 7 | 5 | 1 |
|---|---|---|---|---|---|---|---|---|
| 7 | 5 | 9 | 1 | 2 | 4 | 6 | 3 | 8 |
| 6 | 1 | 3 | 8 | 5 | 7 | 9 | 4 | 2 |
| 4 | 2 | 6 | 7 | 3 | 9 | 8 | 1 | 5 |
| 5 | 3 | 1 | 2 | 8 | 6 | 4 | 9 | 7 |
| 8 | 9 | 7 | 5 | 4 | 1 | 2 | 6 | 3 |
| 3 | 6 | 2 | 9 | 7 | 5 | 1 | 8 | 4 |
| 1 | 7 | 4 | 3 | 6 | 8 | 5 | 2 | 9 |
| 9 | 8 | 5 | 4 | 1 | 2 | 3 | 7 | 6 |

## Solution 314

| 2 | 4 | 6 | 7 | 1 | 3 | 8 | 9 | 5 |
|---|---|---|---|---|---|---|---|---|
| 5 | 7 | 9 | 4 | 6 | 8 | 1 | 3 | 2 |
| 1 | 8 | 3 | 9 | 2 | 5 | 4 | 6 | 7 |
| 4 | 9 | 5 | 2 | 3 | 1 | 7 | 8 | 6 |
| 7 | 3 | 8 | 6 | 4 | 9 | 5 | 2 | 1 |
| 6 | 2 | 1 | 8 | 5 | 7 | 3 | 4 | 9 |
| 8 | 6 | 4 | 1 | 7 | 2 | 9 | 5 | 3 |
| 9 | 5 | 7 | 3 | 8 | 6 | 2 | 1 | 4 |
| 3 | 1 | 2 | 5 | 9 | 4 | 6 | 7 | 8 |

## Solution 315

| 2 | 1 | 9 | 6 | 7 | 3 | 5 | 8 | 4 |
|---|---|---|---|---|---|---|---|---|
| 7 | 6 | 4 | 5 | 8 | 1 | 2 | 3 | 9 |
| 5 | 3 | 8 | 4 | 2 | 9 | 7 | 1 | 6 |
| 9 | 8 | 6 | 7 | 1 | 5 | 3 | 4 | 2 |
| 4 | 7 | 2 | 3 | 9 | 8 | 1 | 6 | 5 |
| 3 | 5 | 1 | 2 | 6 | 4 | 9 | 7 | 8 |
| 6 | 9 | 5 | 8 | 3 | 7 | 4 | 2 | 1 |
| 8 | 4 | 7 | 1 | 5 | 2 | 6 | 9 | 3 |
| 1 | 2 | 3 | 9 | 4 | 6 | 8 | 5 | 7 |

## Solution 316

| 8 | 6 | 2 | 7 | 5 | 3 | 9 | 4 | 1 |
|---|---|---|---|---|---|---|---|---|
| 5 | 7 | 4 | 8 | 1 | 9 | 6 | 3 | 2 |
| 9 | 1 | 3 | 6 | 2 | 4 | 8 | 5 | 7 |
| 3 | 9 | 7 | 5 | 4 | 8 | 1 | 2 | 6 |
| 2 | 5 | 8 | 9 | 6 | 1 | 3 | 7 | 4 |
| 1 | 4 | 6 | 2 | 3 | 7 | 5 | 8 | 9 |
| 6 | 3 | 9 | 4 | 7 | 5 | 2 | 1 | 8 |
| 4 | 8 | 5 | 1 | 9 | 2 | 7 | 6 | 3 |
| 7 | 2 | 1 | 3 | 8 | 6 | 4 | 9 | 5 |

## Solution 317

| 3 | 9 | 5 | 6 | 7 | 4 | 8 | 2 | 1 |
|---|---|---|---|---|---|---|---|---|
| 2 | 7 | 1 | 9 | 5 | 8 | 6 | 3 | 4 |
| 4 | 8 | 6 | 2 | 3 | 1 | 7 | 9 | 5 |
| 8 | 3 | 9 | 5 | 6 | 7 | 1 | 4 | 2 |
| 5 | 1 | 4 | 8 | 2 | 3 | 9 | 7 | 6 |
| 7 | 6 | 2 | 1 | 4 | 9 | 5 | 8 | 3 |
| 1 | 4 | 3 | 7 | 8 | 5 | 2 | 6 | 9 |
| 9 | 2 | 8 | 3 | 1 | 6 | 4 | 5 | 7 |
| 6 | 5 | 7 | 4 | 9 | 2 | 3 | 1 | 8 |

## Solution 318

| 1 | 4 | 2 | 3 | 7 | 8 | 9 | 6 | 5 |
|---|---|---|---|---|---|---|---|---|
| 6 | 9 | 7 | 4 | 5 | 1 | 8 | 2 | 3 |
| 3 | 5 | 8 | 9 | 2 | 6 | 1 | 7 | 4 |
| 9 | 8 | 4 | 2 | 6 | 7 | 3 | 5 | 1 |
| 5 | 7 | 6 | 1 | 3 | 9 | 4 | 8 | 2 |
| 2 | 1 | 3 | 5 | 8 | 4 | 6 | 9 | 7 |
| 8 | 6 | 1 | 7 | 4 | 5 | 2 | 3 | 9 |
| 4 | 2 | 5 | 8 | 9 | 3 | 7 | 1 | 6 |
| 7 | 3 | 9 | 6 | 1 | 2 | 5 | 4 | 8 |

## Solution 319

| 9 | 7 | 2 | 8 | 6 | 3 | 5 | 1 | 4 |
|---|---|---|---|---|---|---|---|---|
| 6 | 5 | 3 | 2 | 4 | 1 | 8 | 9 | 7 |
| 1 | 8 | 4 | 9 | 7 | 5 | 3 | 6 | 2 |
| 2 | 3 | 1 | 6 | 5 | 9 | 4 | 7 | 8 |
| 7 | 4 | 9 | 1 | 2 | 8 | 6 | 5 | 3 |
| 8 | 6 | 5 | 7 | 3 | 4 | 1 | 2 | 9 |
| 3 | 9 | 6 | 4 | 1 | 7 | 2 | 8 | 5 |
| 4 | 1 | 7 | 5 | 8 | 2 | 9 | 3 | 6 |
| 5 | 2 | 8 | 3 | 9 | 6 | 7 | 4 | 1 |

## Solution 320

| 3 | 2 | 5 | 9 | 8 | 6 | 1 | 7 | 4 |
|---|---|---|---|---|---|---|---|---|
| 8 | 1 | 9 | 7 | 5 | 4 | 6 | 2 | 3 |
| 7 | 6 | 4 | 1 | 2 | 3 | 9 | 8 | 5 |
| 9 | 3 | 2 | 8 | 1 | 7 | 5 | 4 | 6 |
| 5 | 8 | 6 | 3 | 4 | 2 | 7 | 9 | 1 |
| 1 | 4 | 7 | 5 | 6 | 9 | 2 | 3 | 8 |
| 4 | 9 | 1 | 6 | 7 | 8 | 3 | 5 | 2 |
| 6 | 7 | 8 | 2 | 3 | 5 | 4 | 1 | 9 |
| 2 | 5 | 3 | 4 | 9 | 1 | 8 | 6 | 7 |

## Solution 321

| 1 | 2 | 7 | 8 | 9 | 5 | 3 | 4 | 6 |
|---|---|---|---|---|---|---|---|---|
| 3 | 9 | 4 | 6 | 1 | 2 | 5 | 8 | 7 |
| 8 | 5 | 6 | 4 | 3 | 7 | 1 | 9 | 2 |
| 6 | 8 | 5 | 9 | 7 | 3 | 4 | 2 | 1 |
| 2 | 4 | 3 | 5 | 6 | 1 | 8 | 7 | 9 |
| 9 | 7 | 1 | 2 | 8 | 4 | 6 | 3 | 5 |
| 4 | 1 | 9 | 7 | 5 | 8 | 2 | 6 | 3 |
| 5 | 6 | 8 | 3 | 2 | 9 | 7 | 1 | 4 |
| 7 | 3 | 2 | 1 | 4 | 6 | 9 | 5 | 8 |

## Solution 322

| 4 | 2 | 9 | 3 | 5 | 1 | 6 | 8 | 7 |
|---|---|---|---|---|---|---|---|---|
| 3 | 5 | 8 | 6 | 7 | 2 | 1 | 9 | 4 |
| 7 | 6 | 1 | 4 | 9 | 8 | 5 | 3 | 2 |
| 5 | 9 | 3 | 8 | 6 | 4 | 2 | 7 | 1 |
| 8 | 1 | 7 | 9 | 2 | 5 | 3 | 4 | 6 |
| 2 | 4 | 6 | 1 | 3 | 7 | 9 | 5 | 8 |
| 9 | 3 | 4 | 2 | 8 | 6 | 7 | 1 | 5 |
| 6 | 8 | 5 | 7 | 1 | 9 | 4 | 2 | 3 |
| 1 | 7 | 2 | 5 | 4 | 3 | 8 | 6 | 9 |

## Solution 323

| 6 | 3 | 8 | 2 | 1 | 9 | 5 | 4 | 7 |
|---|---|---|---|---|---|---|---|---|
| 5 | 9 | 1 | 8 | 7 | 4 | 2 | 3 | 6 |
| 7 | 2 | 4 | 5 | 3 | 6 | 1 | 8 | 9 |
| 3 | 6 | 2 | 7 | 4 | 5 | 9 | 1 | 8 |
| 4 | 5 | 7 | 1 | 9 | 8 | 3 | 6 | 2 |
| 1 | 8 | 9 | 3 | 6 | 2 | 4 | 7 | 5 |
| 8 | 4 | 6 | 9 | 5 | 1 | 7 | 2 | 3 |
| 9 | 1 | 3 | 6 | 2 | 7 | 8 | 5 | 4 |
| 2 | 7 | 5 | 4 | 8 | 3 | 6 | 9 | 1 |

## Solution 324

| 4 | 5 | 8 | 2 | 7 | 1 | 9 | 6 | 3 |
|---|---|---|---|---|---|---|---|---|
| 1 | 6 | 2 | 9 | 3 | 4 | 7 | 8 | 5 |
| 7 | 3 | 9 | 5 | 6 | 8 | 1 | 4 | 2 |
| 2 | 4 | 6 | 7 | 1 | 5 | 3 | 9 | 8 |
| 5 | 9 | 7 | 3 | 8 | 2 | 6 | 1 | 4 |
| 8 | 1 | 3 | 4 | 9 | 6 | 5 | 2 | 7 |
| 3 | 7 | 4 | 1 | 2 | 9 | 8 | 5 | 6 |
| 6 | 2 | 1 | 8 | 5 | 3 | 4 | 7 | 9 |
| 9 | 8 | 5 | 6 | 4 | 7 | 2 | 3 | 1 |

## Solution 325

| | | | | | | | | |
|---|---|---|---|---|---|---|---|---|
| 7 | 6 | 1 | 2 | 5 | 4 | 9 | 8 | 3 |
| 8 | 5 | 4 | 9 | 3 | 1 | 2 | 6 | 7 |
| 2 | 9 | 3 | 8 | 6 | 7 | 4 | 1 | 5 |
| 4 | 7 | 5 | 3 | 9 | 8 | 1 | 2 | 6 |
| 1 | 8 | 6 | 5 | 7 | 2 | 3 | 9 | 4 |
| 3 | 2 | 9 | 1 | 4 | 6 | 5 | 7 | 8 |
| 9 | 4 | 2 | 6 | 8 | 5 | 7 | 3 | 1 |
| 6 | 1 | 7 | 4 | 2 | 3 | 8 | 5 | 9 |
| 5 | 3 | 8 | 7 | 1 | 9 | 6 | 4 | 2 |

## Solution 326

| | | | | | | | | |
|---|---|---|---|---|---|---|---|---|
| 3 | 5 | 6 | 8 | 9 | 1 | 2 | 4 | 7 |
| 2 | 9 | 4 | 7 | 6 | 5 | 1 | 8 | 3 |
| 8 | 7 | 1 | 4 | 3 | 2 | 5 | 6 | 9 |
| 1 | 3 | 5 | 6 | 7 | 4 | 8 | 9 | 2 |
| 7 | 4 | 9 | 3 | 2 | 8 | 6 | 5 | 1 |
| 6 | 2 | 8 | 5 | 1 | 9 | 7 | 3 | 4 |
| 5 | 8 | 2 | 9 | 4 | 7 | 3 | 1 | 6 |
| 9 | 6 | 7 | 1 | 8 | 3 | 4 | 2 | 5 |
| 4 | 1 | 3 | 2 | 5 | 6 | 9 | 7 | 8 |

## Solution 327

| | | | | | | | | |
|---|---|---|---|---|---|---|---|---|
| 1 | 9 | 2 | 4 | 3 | 5 | 8 | 6 | 7 |
| 7 | 8 | 6 | 1 | 2 | 9 | 3 | 5 | 4 |
| 4 | 5 | 3 | 6 | 8 | 7 | 2 | 9 | 1 |
| 3 | 6 | 9 | 5 | 4 | 2 | 1 | 7 | 8 |
| 8 | 1 | 5 | 3 | 7 | 6 | 4 | 2 | 9 |
| 2 | 7 | 4 | 9 | 1 | 8 | 5 | 3 | 6 |
| 9 | 4 | 1 | 2 | 6 | 3 | 7 | 8 | 5 |
| 5 | 3 | 7 | 8 | 9 | 4 | 6 | 1 | 2 |
| 6 | 2 | 8 | 7 | 5 | 1 | 9 | 4 | 3 |

## Solution 328

| | | | | | | | | |
|---|---|---|---|---|---|---|---|---|
| 3 | 6 | 4 | 5 | 9 | 8 | 2 | 1 | 7 |
| 1 | 5 | 9 | 6 | 7 | 2 | 8 | 3 | 4 |
| 7 | 8 | 2 | 1 | 3 | 4 | 5 | 6 | 9 |
| 9 | 3 | 7 | 2 | 4 | 1 | 6 | 5 | 8 |
| 5 | 1 | 6 | 9 | 8 | 7 | 3 | 4 | 2 |
| 4 | 2 | 8 | 3 | 5 | 6 | 7 | 9 | 1 |
| 6 | 9 | 1 | 7 | 2 | 5 | 4 | 8 | 3 |
| 8 | 7 | 3 | 4 | 6 | 9 | 1 | 2 | 5 |
| 2 | 4 | 5 | 8 | 1 | 3 | 9 | 7 | 6 |

## Solution 329

| | | | | | | | | |
|---|---|---|---|---|---|---|---|---|
| 3 | 2 | 8 | 9 | 1 | 6 | 4 | 5 | 7 |
| 1 | 4 | 6 | 3 | 7 | 5 | 8 | 9 | 2 |
| 7 | 9 | 5 | 8 | 4 | 2 | 3 | 6 | 1 |
| 2 | 8 | 7 | 6 | 9 | 3 | 1 | 4 | 5 |
| 9 | 6 | 3 | 4 | 5 | 1 | 7 | 2 | 8 |
| 5 | 1 | 4 | 7 | 2 | 8 | 9 | 3 | 6 |
| 6 | 7 | 1 | 5 | 3 | 4 | 2 | 8 | 9 |
| 8 | 3 | 2 | 1 | 6 | 9 | 5 | 7 | 4 |
| 4 | 5 | 9 | 2 | 8 | 7 | 6 | 1 | 3 |

## Solution 330

| | | | | | | | | |
|---|---|---|---|---|---|---|---|---|
| 9 | 4 | 1 | 3 | 8 | 6 | 7 | 2 | 5 |
| 6 | 8 | 3 | 7 | 2 | 5 | 4 | 9 | 1 |
| 5 | 2 | 7 | 9 | 1 | 4 | 3 | 8 | 6 |
| 2 | 9 | 8 | 1 | 5 | 3 | 6 | 4 | 7 |
| 1 | 7 | 6 | 4 | 9 | 8 | 2 | 5 | 3 |
| 3 | 5 | 4 | 2 | 6 | 7 | 9 | 1 | 8 |
| 4 | 6 | 5 | 8 | 7 | 9 | 1 | 3 | 2 |
| 7 | 3 | 2 | 5 | 4 | 1 | 8 | 6 | 9 |
| 8 | 1 | 9 | 6 | 3 | 2 | 5 | 7 | 4 |

## Solution 331

| | | | | | | | | |
|---|---|---|---|---|---|---|---|---|
| 8 | 4 | 3 | 7 | 9 | 6 | 1 | 5 | 2 |
| 1 | 2 | 5 | 8 | 4 | 3 | 7 | 9 | 6 |
| 6 | 9 | 7 | 5 | 1 | 2 | 8 | 3 | 4 |
| 7 | 8 | 2 | 6 | 5 | 4 | 3 | 1 | 9 |
| 4 | 6 | 9 | 1 | 3 | 7 | 5 | 2 | 8 |
| 5 | 3 | 1 | 2 | 8 | 9 | 4 | 6 | 7 |
| 3 | 5 | 6 | 4 | 2 | 8 | 9 | 7 | 1 |
| 2 | 1 | 4 | 9 | 7 | 5 | 6 | 8 | 3 |
| 9 | 7 | 8 | 3 | 6 | 1 | 2 | 4 | 5 |

## Solution 332

| | | | | | | | | |
|---|---|---|---|---|---|---|---|---|
| 2 | 6 | 5 | 7 | 8 | 3 | 1 | 9 | 4 |
| 7 | 9 | 4 | 6 | 2 | 1 | 8 | 3 | 5 |
| 8 | 1 | 3 | 4 | 9 | 5 | 6 | 2 | 7 |
| 6 | 5 | 7 | 1 | 3 | 2 | 4 | 8 | 9 |
| 4 | 8 | 1 | 9 | 6 | 7 | 2 | 5 | 3 |
| 9 | 3 | 2 | 5 | 4 | 8 | 7 | 6 | 1 |
| 1 | 2 | 8 | 3 | 5 | 4 | 9 | 7 | 6 |
| 5 | 4 | 6 | 2 | 7 | 9 | 3 | 1 | 8 |
| 3 | 7 | 9 | 8 | 1 | 6 | 5 | 4 | 2 |

## Solution 333

| | | | | | | | | |
|---|---|---|---|---|---|---|---|---|
| 8 | 9 | 1 | 7 | 5 | 4 | 2 | 3 | 6 |
| 6 | 7 | 3 | 2 | 9 | 1 | 8 | 5 | 4 |
| 4 | 5 | 2 | 6 | 3 | 8 | 1 | 7 | 9 |
| 7 | 1 | 9 | 4 | 8 | 5 | 6 | 2 | 3 |
| 3 | 4 | 5 | 1 | 6 | 2 | 9 | 8 | 7 |
| 2 | 8 | 6 | 3 | 7 | 9 | 4 | 1 | 5 |
| 9 | 3 | 4 | 8 | 2 | 7 | 5 | 6 | 1 |
| 1 | 6 | 8 | 5 | 4 | 3 | 7 | 9 | 2 |
| 5 | 2 | 7 | 9 | 1 | 6 | 3 | 4 | 8 |

## Solution 334

| | | | | | | | | |
|---|---|---|---|---|---|---|---|---|
| 8 | 4 | 2 | 1 | 7 | 3 | 9 | 5 | 6 |
| 5 | 9 | 3 | 2 | 6 | 8 | 4 | 7 | 1 |
| 1 | 7 | 6 | 9 | 5 | 4 | 3 | 8 | 2 |
| 2 | 8 | 7 | 4 | 9 | 5 | 6 | 1 | 3 |
| 9 | 3 | 5 | 8 | 1 | 6 | 2 | 4 | 7 |
| 6 | 1 | 4 | 7 | 3 | 2 | 5 | 9 | 8 |
| 4 | 2 | 1 | 6 | 8 | 9 | 7 | 3 | 5 |
| 3 | 6 | 8 | 5 | 4 | 7 | 1 | 2 | 9 |
| 7 | 5 | 9 | 3 | 2 | 1 | 8 | 6 | 4 |

## Solution 335

| | | | | | | | | |
|---|---|---|---|---|---|---|---|---|
| 9 | 3 | 4 | 7 | 8 | 5 | 2 | 6 | 1 |
| 1 | 7 | 8 | 6 | 2 | 4 | 5 | 3 | 9 |
| 2 | 6 | 5 | 9 | 3 | 1 | 8 | 7 | 4 |
| 7 | 1 | 9 | 4 | 6 | 2 | 3 | 5 | 8 |
| 8 | 2 | 6 | 5 | 1 | 3 | 9 | 4 | 7 |
| 4 | 5 | 3 | 8 | 7 | 9 | 6 | 1 | 2 |
| 6 | 8 | 2 | 3 | 4 | 7 | 1 | 9 | 5 |
| 5 | 4 | 1 | 2 | 9 | 6 | 7 | 8 | 3 |
| 3 | 9 | 7 | 1 | 5 | 8 | 4 | 2 | 6 |

## Solution 336

| | | | | | | | | |
|---|---|---|---|---|---|---|---|---|
| 3 | 6 | 8 | 9 | 5 | 1 | 4 | 2 | 7 |
| 1 | 9 | 4 | 8 | 7 | 2 | 5 | 6 | 3 |
| 7 | 2 | 5 | 6 | 3 | 4 | 9 | 1 | 8 |
| 6 | 4 | 3 | 7 | 9 | 5 | 1 | 8 | 2 |
| 5 | 7 | 2 | 3 | 1 | 8 | 6 | 9 | 4 |
| 9 | 8 | 1 | 2 | 4 | 6 | 3 | 7 | 5 |
| 8 | 3 | 6 | 4 | 2 | 9 | 7 | 5 | 1 |
| 4 | 1 | 9 | 5 | 8 | 7 | 2 | 3 | 6 |
| 2 | 5 | 7 | 1 | 6 | 3 | 8 | 4 | 9 |

### Solution 337

| 8 | 6 | 2 | 4 | 9 | 7 | 3 | 5 | 1 |
|---|---|---|---|---|---|---|---|---|
| 3 | 9 | 1 | 5 | 2 | 6 | 7 | 8 | 4 |
| 7 | 4 | 5 | 8 | 3 | 1 | 9 | 6 | 2 |
| 9 | 2 | 7 | 6 | 4 | 3 | 5 | 1 | 8 |
| 4 | 3 | 8 | 1 | 7 | 5 | 2 | 9 | 6 |
| 1 | 5 | 6 | 2 | 8 | 9 | 4 | 3 | 7 |
| 5 | 1 | 4 | 3 | 6 | 2 | 8 | 7 | 9 |
| 6 | 8 | 9 | 7 | 5 | 4 | 1 | 2 | 3 |
| 2 | 7 | 3 | 9 | 1 | 8 | 6 | 4 | 5 |

### Solution 338

| 9 | 7 | 3 | 8 | 2 | 1 | 6 | 5 | 4 |
|---|---|---|---|---|---|---|---|---|
| 1 | 8 | 5 | 4 | 6 | 7 | 3 | 2 | 9 |
| 6 | 4 | 2 | 5 | 9 | 3 | 1 | 7 | 8 |
| 5 | 2 | 8 | 7 | 4 | 6 | 9 | 1 | 3 |
| 4 | 9 | 6 | 1 | 3 | 5 | 2 | 8 | 7 |
| 3 | 1 | 7 | 2 | 8 | 9 | 4 | 6 | 5 |
| 2 | 3 | 1 | 9 | 7 | 8 | 5 | 4 | 6 |
| 7 | 6 | 4 | 3 | 5 | 2 | 8 | 9 | 1 |
| 8 | 5 | 9 | 6 | 1 | 4 | 7 | 3 | 2 |

### Solution 339

| 7 | 3 | 8 | 1 | 6 | 9 | 2 | 5 | 4 |
|---|---|---|---|---|---|---|---|---|
| 9 | 4 | 6 | 3 | 5 | 2 | 1 | 8 | 7 |
| 5 | 1 | 2 | 8 | 4 | 7 | 3 | 6 | 9 |
| 6 | 9 | 7 | 4 | 1 | 8 | 5 | 3 | 2 |
| 1 | 2 | 5 | 7 | 3 | 6 | 4 | 9 | 8 |
| 3 | 8 | 4 | 2 | 9 | 5 | 6 | 7 | 1 |
| 4 | 7 | 1 | 5 | 8 | 3 | 9 | 2 | 6 |
| 8 | 5 | 9 | 6 | 2 | 1 | 7 | 4 | 3 |
| 2 | 6 | 3 | 9 | 7 | 4 | 8 | 1 | 5 |

### Solution 340

| 7 | 8 | 1 | 5 | 4 | 3 | 6 | 9 | 2 |
|---|---|---|---|---|---|---|---|---|
| 2 | 4 | 6 | 8 | 7 | 9 | 5 | 3 | 1 |
| 3 | 9 | 5 | 6 | 2 | 1 | 8 | 7 | 4 |
| 9 | 6 | 4 | 1 | 3 | 5 | 2 | 8 | 7 |
| 5 | 3 | 2 | 9 | 8 | 7 | 4 | 1 | 6 |
| 1 | 7 | 8 | 2 | 6 | 4 | 3 | 5 | 9 |
| 6 | 2 | 7 | 3 | 9 | 8 | 1 | 4 | 5 |
| 8 | 1 | 9 | 4 | 5 | 6 | 7 | 2 | 3 |
| 4 | 5 | 3 | 7 | 1 | 2 | 9 | 6 | 8 |

### Solution 341

| 4 | 8 | 3 | 7 | 9 | 5 | 1 | 6 | 2 |
|---|---|---|---|---|---|---|---|---|
| 5 | 2 | 6 | 4 | 8 | 1 | 9 | 7 | 3 |
| 1 | 9 | 7 | 2 | 6 | 3 | 8 | 4 | 5 |
| 2 | 7 | 8 | 6 | 4 | 9 | 5 | 3 | 1 |
| 9 | 3 | 1 | 5 | 7 | 2 | 4 | 8 | 6 |
| 6 | 4 | 5 | 3 | 1 | 8 | 2 | 9 | 7 |
| 8 | 6 | 2 | 1 | 3 | 4 | 7 | 5 | 9 |
| 7 | 5 | 9 | 8 | 2 | 6 | 3 | 1 | 4 |
| 3 | 1 | 4 | 9 | 5 | 7 | 6 | 2 | 8 |

### Solution 342

| 7 | 5 | 3 | 1 | 2 | 4 | 6 | 8 | 9 |
|---|---|---|---|---|---|---|---|---|
| 2 | 4 | 8 | 7 | 6 | 9 | 5 | 3 | 1 |
| 1 | 6 | 9 | 8 | 5 | 3 | 7 | 4 | 2 |
| 4 | 3 | 5 | 2 | 7 | 1 | 8 | 9 | 6 |
| 9 | 7 | 6 | 4 | 8 | 5 | 1 | 2 | 3 |
| 8 | 2 | 1 | 3 | 9 | 6 | 4 | 7 | 5 |
| 5 | 1 | 2 | 9 | 4 | 8 | 3 | 6 | 7 |
| 6 | 9 | 4 | 5 | 3 | 7 | 2 | 1 | 8 |
| 3 | 8 | 7 | 6 | 1 | 2 | 9 | 5 | 4 |

### Solution 343

| 9 | 1 | 7 | 4 | 3 | 6 | 8 | 5 | 2 |
|---|---|---|---|---|---|---|---|---|
| 4 | 6 | 2 | 8 | 5 | 9 | 3 | 7 | 1 |
| 5 | 8 | 3 | 1 | 7 | 2 | 4 | 6 | 9 |
| 7 | 9 | 1 | 2 | 8 | 4 | 6 | 3 | 5 |
| 6 | 4 | 8 | 5 | 9 | 3 | 1 | 2 | 7 |
| 2 | 3 | 5 | 7 | 6 | 1 | 9 | 8 | 4 |
| 3 | 2 | 6 | 9 | 4 | 7 | 5 | 1 | 8 |
| 1 | 5 | 4 | 6 | 2 | 8 | 7 | 9 | 3 |
| 8 | 7 | 9 | 3 | 1 | 5 | 2 | 4 | 6 |

### Solution 344

| 7 | 1 | 2 | 4 | 6 | 5 | 3 | 9 | 8 |
|---|---|---|---|---|---|---|---|---|
| 5 | 8 | 3 | 9 | 2 | 1 | 7 | 6 | 4 |
| 4 | 9 | 6 | 3 | 8 | 7 | 2 | 1 | 5 |
| 1 | 4 | 5 | 6 | 7 | 9 | 8 | 2 | 3 |
| 2 | 3 | 8 | 1 | 5 | 4 | 6 | 7 | 9 |
| 9 | 6 | 7 | 2 | 3 | 8 | 4 | 5 | 1 |
| 8 | 7 | 1 | 5 | 4 | 2 | 9 | 3 | 6 |
| 6 | 5 | 4 | 7 | 9 | 3 | 1 | 8 | 2 |
| 3 | 2 | 9 | 8 | 1 | 6 | 5 | 4 | 7 |

### Solution 345

| 9 | 7 | 3 | 5 | 2 | 6 | 1 | 4 | 8 |
|---|---|---|---|---|---|---|---|---|
| 6 | 4 | 2 | 8 | 1 | 9 | 3 | 7 | 5 |
| 1 | 8 | 5 | 3 | 4 | 7 | 2 | 9 | 6 |
| 4 | 1 | 7 | 6 | 8 | 3 | 9 | 5 | 2 |
| 5 | 3 | 8 | 7 | 9 | 2 | 4 | 6 | 1 |
| 2 | 9 | 6 | 4 | 5 | 1 | 7 | 8 | 3 |
| 8 | 5 | 1 | 9 | 3 | 4 | 6 | 2 | 7 |
| 3 | 6 | 9 | 2 | 7 | 5 | 8 | 1 | 4 |
| 7 | 2 | 4 | 1 | 6 | 8 | 5 | 3 | 9 |

### Solution 346

| 3 | 4 | 1 | 9 | 7 | 5 | 6 | 8 | 2 |
|---|---|---|---|---|---|---|---|---|
| 6 | 5 | 7 | 2 | 3 | 8 | 4 | 9 | 1 |
| 8 | 9 | 2 | 4 | 6 | 1 | 3 | 5 | 7 |
| 2 | 6 | 3 | 5 | 9 | 4 | 1 | 7 | 8 |
| 7 | 8 | 5 | 1 | 2 | 6 | 9 | 3 | 4 |
| 4 | 1 | 9 | 7 | 8 | 3 | 5 | 2 | 6 |
| 5 | 2 | 8 | 6 | 4 | 9 | 7 | 1 | 3 |
| 1 | 3 | 6 | 8 | 5 | 7 | 2 | 4 | 9 |
| 9 | 7 | 4 | 3 | 1 | 2 | 8 | 6 | 5 |

### Solution 347

| 5 | 9 | 2 | 4 | 6 | 7 | 1 | 3 | 8 |
|---|---|---|---|---|---|---|---|---|
| 8 | 3 | 4 | 9 | 5 | 1 | 6 | 2 | 7 |
| 1 | 7 | 6 | 8 | 2 | 3 | 9 | 4 | 5 |
| 6 | 1 | 3 | 7 | 8 | 4 | 5 | 9 | 2 |
| 4 | 2 | 7 | 1 | 9 | 5 | 8 | 6 | 3 |
| 9 | 8 | 5 | 2 | 3 | 6 | 4 | 7 | 1 |
| 3 | 5 | 1 | 6 | 4 | 2 | 7 | 8 | 9 |
| 2 | 4 | 9 | 5 | 7 | 8 | 3 | 1 | 6 |
| 7 | 6 | 8 | 3 | 1 | 9 | 2 | 5 | 4 |

### Solution 348

| 4 | 3 | 8 | 1 | 9 | 5 | 2 | 7 | 6 |
|---|---|---|---|---|---|---|---|---|
| 5 | 2 | 6 | 7 | 3 | 4 | 1 | 9 | 8 |
| 7 | 1 | 9 | 2 | 8 | 6 | 3 | 4 | 5 |
| 2 | 8 | 3 | 9 | 1 | 7 | 6 | 5 | 4 |
| 6 | 4 | 7 | 8 | 5 | 3 | 9 | 1 | 2 |
| 1 | 9 | 5 | 4 | 6 | 2 | 8 | 3 | 7 |
| 3 | 5 | 2 | 6 | 7 | 1 | 4 | 8 | 9 |
| 8 | 6 | 1 | 5 | 4 | 9 | 7 | 2 | 3 |
| 9 | 7 | 4 | 3 | 2 | 8 | 5 | 6 | 1 |

## Solution 349

| 9 | 1 | 4 | 8 | 2 | 6 | 5 | 7 | 3 |
| 3 | 8 | 6 | 1 | 7 | 5 | 9 | 2 | 4 |
| 7 | 5 | 2 | 4 | 3 | 9 | 1 | 8 | 6 |
| 5 | 7 | 8 | 6 | 4 | 2 | 3 | 1 | 9 |
| 1 | 2 | 3 | 5 | 9 | 8 | 6 | 4 | 7 |
| 4 | 6 | 9 | 3 | 1 | 7 | 8 | 5 | 2 |
| 8 | 9 | 5 | 7 | 6 | 4 | 2 | 3 | 1 |
| 2 | 4 | 1 | 9 | 5 | 3 | 7 | 6 | 8 |
| 6 | 3 | 7 | 2 | 8 | 1 | 4 | 9 | 5 |

## Solution 350

| 9 | 3 | 8 | 5 | 4 | 7 | 6 | 1 | 2 |
| 4 | 1 | 2 | 6 | 3 | 8 | 5 | 7 | 9 |
| 6 | 7 | 5 | 1 | 9 | 2 | 3 | 4 | 8 |
| 8 | 2 | 7 | 3 | 6 | 9 | 4 | 5 | 1 |
| 1 | 4 | 3 | 2 | 7 | 5 | 9 | 8 | 6 |
| 5 | 6 | 9 | 4 | 8 | 1 | 2 | 3 | 7 |
| 3 | 8 | 1 | 9 | 2 | 4 | 7 | 6 | 5 |
| 2 | 5 | 4 | 7 | 1 | 6 | 8 | 9 | 3 |
| 7 | 9 | 6 | 8 | 5 | 3 | 1 | 2 | 4 |

## Solution 351

| 2 | 8 | 9 | 1 | 7 | 6 | 5 | 3 | 4 |
| 6 | 1 | 3 | 5 | 8 | 4 | 9 | 7 | 2 |
| 4 | 5 | 7 | 3 | 2 | 9 | 8 | 1 | 6 |
| 9 | 6 | 5 | 7 | 4 | 3 | 1 | 2 | 8 |
| 3 | 4 | 8 | 2 | 9 | 1 | 7 | 6 | 5 |
| 7 | 2 | 1 | 8 | 6 | 5 | 3 | 4 | 9 |
| 8 | 9 | 6 | 4 | 1 | 7 | 2 | 5 | 3 |
| 5 | 7 | 2 | 6 | 3 | 8 | 4 | 9 | 1 |
| 1 | 3 | 4 | 9 | 5 | 2 | 6 | 8 | 7 |

## Solution 352

| 3 | 9 | 7 | 2 | 4 | 5 | 1 | 6 | 8 |
| 2 | 6 | 1 | 3 | 9 | 8 | 4 | 7 | 5 |
| 5 | 8 | 4 | 1 | 7 | 6 | 9 | 2 | 3 |
| 9 | 4 | 5 | 6 | 8 | 2 | 7 | 3 | 1 |
| 8 | 1 | 6 | 7 | 3 | 9 | 2 | 5 | 4 |
| 7 | 2 | 3 | 5 | 1 | 4 | 8 | 9 | 6 |
| 1 | 3 | 8 | 9 | 5 | 7 | 6 | 4 | 2 |
| 6 | 5 | 9 | 4 | 2 | 1 | 3 | 8 | 7 |
| 4 | 7 | 2 | 8 | 6 | 3 | 5 | 1 | 9 |

## Solution 353

| 4 | 5 | 7 | 2 | 9 | 3 | 1 | 6 | 8 |
| 3 | 9 | 8 | 1 | 7 | 6 | 5 | 4 | 2 |
| 6 | 2 | 1 | 4 | 5 | 8 | 9 | 3 | 7 |
| 7 | 4 | 5 | 8 | 6 | 9 | 2 | 1 | 3 |
| 1 | 6 | 9 | 3 | 4 | 2 | 7 | 8 | 5 |
| 2 | 8 | 3 | 5 | 1 | 7 | 4 | 9 | 6 |
| 9 | 1 | 2 | 6 | 8 | 5 | 3 | 7 | 4 |
| 5 | 7 | 6 | 9 | 3 | 4 | 8 | 2 | 1 |
| 8 | 3 | 4 | 7 | 2 | 1 | 6 | 5 | 9 |

## Solution 354

| 1 | 2 | 9 | 5 | 6 | 8 | 4 | 7 | 3 |
| 8 | 4 | 6 | 9 | 7 | 3 | 1 | 5 | 2 |
| 3 | 7 | 5 | 2 | 1 | 4 | 6 | 9 | 8 |
| 5 | 8 | 2 | 1 | 4 | 9 | 3 | 6 | 7 |
| 9 | 1 | 4 | 6 | 3 | 7 | 2 | 8 | 5 |
| 6 | 3 | 7 | 8 | 5 | 2 | 9 | 4 | 1 |
| 7 | 9 | 8 | 3 | 2 | 6 | 5 | 1 | 4 |
| 2 | 6 | 1 | 4 | 8 | 5 | 7 | 3 | 9 |
| 4 | 5 | 3 | 7 | 9 | 1 | 8 | 2 | 6 |

## Solution 355

| 1 | 8 | 9 | 7 | 4 | 5 | 3 | 6 | 2 |
| 2 | 7 | 3 | 9 | 8 | 6 | 4 | 1 | 5 |
| 5 | 4 | 6 | 1 | 3 | 2 | 9 | 8 | 7 |
| 8 | 2 | 7 | 4 | 6 | 3 | 5 | 9 | 1 |
| 3 | 9 | 5 | 2 | 1 | 7 | 6 | 4 | 8 |
| 4 | 6 | 1 | 5 | 9 | 8 | 2 | 7 | 3 |
| 7 | 3 | 8 | 6 | 5 | 4 | 1 | 2 | 9 |
| 9 | 5 | 4 | 8 | 2 | 1 | 7 | 3 | 6 |
| 6 | 1 | 2 | 3 | 7 | 9 | 8 | 5 | 4 |

## Solution 356

| 8 | 7 | 9 | 3 | 4 | 2 | 5 | 6 | 1 |
| 1 | 3 | 6 | 9 | 8 | 5 | 2 | 7 | 4 |
| 5 | 2 | 4 | 1 | 7 | 6 | 3 | 8 | 9 |
| 6 | 4 | 8 | 2 | 1 | 7 | 9 | 3 | 5 |
| 2 | 9 | 3 | 5 | 6 | 8 | 1 | 4 | 7 |
| 7 | 1 | 5 | 4 | 3 | 9 | 8 | 2 | 6 |
| 9 | 6 | 2 | 8 | 5 | 4 | 7 | 1 | 3 |
| 3 | 8 | 7 | 6 | 9 | 1 | 4 | 5 | 2 |
| 4 | 5 | 1 | 7 | 2 | 3 | 6 | 9 | 8 |

## Solution 357

| 7 | 6 | 9 | 1 | 5 | 4 | 8 | 2 | 3 |
| 5 | 2 | 8 | 9 | 7 | 3 | 6 | 4 | 1 |
| 4 | 3 | 1 | 8 | 2 | 6 | 7 | 5 | 9 |
| 8 | 5 | 7 | 6 | 3 | 1 | 4 | 9 | 2 |
| 3 | 9 | 2 | 4 | 8 | 7 | 5 | 1 | 6 |
| 6 | 1 | 4 | 2 | 9 | 5 | 3 | 7 | 8 |
| 2 | 7 | 3 | 5 | 6 | 9 | 1 | 8 | 4 |
| 1 | 8 | 6 | 7 | 4 | 2 | 9 | 3 | 5 |
| 9 | 4 | 5 | 3 | 1 | 8 | 2 | 6 | 7 |

## Solution 358

| 2 | 3 | 4 | 9 | 8 | 1 | 5 | 7 | 6 |
| 5 | 9 | 6 | 7 | 2 | 3 | 1 | 4 | 8 |
| 1 | 8 | 7 | 4 | 5 | 6 | 3 | 9 | 2 |
| 3 | 7 | 5 | 6 | 4 | 8 | 9 | 2 | 1 |
| 8 | 2 | 9 | 1 | 3 | 7 | 4 | 6 | 5 |
| 4 | 6 | 1 | 5 | 9 | 2 | 8 | 3 | 7 |
| 6 | 5 | 2 | 3 | 1 | 9 | 7 | 8 | 4 |
| 7 | 1 | 3 | 8 | 6 | 4 | 2 | 5 | 9 |
| 9 | 4 | 8 | 2 | 7 | 5 | 6 | 1 | 3 |

## Solution 359

| 9 | 8 | 3 | 7 | 2 | 6 | 1 | 4 | 5 |
| 6 | 2 | 5 | 1 | 4 | 3 | 9 | 7 | 8 |
| 7 | 1 | 4 | 9 | 5 | 8 | 6 | 2 | 3 |
| 4 | 3 | 7 | 8 | 9 | 2 | 5 | 6 | 1 |
| 2 | 9 | 1 | 3 | 6 | 5 | 7 | 8 | 4 |
| 5 | 6 | 8 | 4 | 7 | 1 | 2 | 3 | 9 |
| 8 | 7 | 2 | 5 | 3 | 9 | 4 | 1 | 6 |
| 1 | 4 | 9 | 6 | 8 | 7 | 3 | 5 | 2 |
| 3 | 5 | 6 | 2 | 1 | 4 | 8 | 9 | 7 |

## Solution 360

| 8 | 5 | 6 | 3 | 9 | 1 | 7 | 2 | 4 |
| 1 | 4 | 7 | 5 | 8 | 2 | 9 | 3 | 6 |
| 3 | 9 | 2 | 7 | 4 | 6 | 8 | 1 | 5 |
| 6 | 3 | 9 | 1 | 2 | 4 | 5 | 7 | 8 |
| 4 | 2 | 8 | 9 | 5 | 7 | 3 | 6 | 1 |
| 7 | 1 | 5 | 8 | 6 | 3 | 2 | 4 | 9 |
| 2 | 8 | 1 | 6 | 7 | 9 | 4 | 5 | 3 |
| 9 | 7 | 3 | 4 | 1 | 5 | 6 | 8 | 2 |
| 5 | 6 | 4 | 2 | 3 | 8 | 1 | 9 | 7 |

## Solution 361

| 5 | 6 | 2 | 4 | 9 | 7 | 1 | 3 | 8 |
|---|---|---|---|---|---|---|---|---|
| 8 | 9 | 4 | 2 | 3 | 1 | 7 | 5 | 6 |
| 1 | 7 | 3 | 8 | 6 | 5 | 4 | 9 | 2 |
| 9 | 8 | 6 | 7 | 5 | 3 | 2 | 4 | 1 |
| 3 | 2 | 1 | 9 | 4 | 8 | 5 | 6 | 7 |
| 7 | 4 | 5 | 1 | 2 | 6 | 3 | 8 | 9 |
| 2 | 5 | 7 | 3 | 8 | 9 | 6 | 1 | 4 |
| 4 | 3 | 8 | 6 | 1 | 2 | 9 | 7 | 5 |
| 6 | 1 | 9 | 5 | 7 | 4 | 8 | 2 | 3 |

## Solution 362

| 4 | 6 | 7 | 5 | 8 | 3 | 1 | 9 | 2 |
|---|---|---|---|---|---|---|---|---|
| 2 | 1 | 3 | 4 | 6 | 9 | 5 | 7 | 8 |
| 8 | 9 | 5 | 2 | 1 | 7 | 4 | 6 | 3 |
| 3 | 4 | 6 | 8 | 7 | 5 | 9 | 2 | 1 |
| 1 | 8 | 2 | 9 | 3 | 6 | 7 | 5 | 4 |
| 7 | 5 | 9 | 1 | 4 | 2 | 3 | 8 | 6 |
| 5 | 7 | 1 | 3 | 2 | 8 | 6 | 4 | 9 |
| 9 | 3 | 8 | 6 | 5 | 4 | 2 | 1 | 7 |
| 6 | 2 | 4 | 7 | 9 | 1 | 8 | 3 | 5 |

## Solution 363

| 7 | 3 | 4 | 1 | 9 | 5 | 2 | 6 | 8 |
|---|---|---|---|---|---|---|---|---|
| 6 | 5 | 2 | 3 | 4 | 8 | 7 | 1 | 9 |
| 9 | 1 | 8 | 2 | 7 | 6 | 5 | 4 | 3 |
| 1 | 2 | 7 | 6 | 8 | 9 | 3 | 5 | 4 |
| 3 | 6 | 5 | 4 | 1 | 7 | 8 | 9 | 2 |
| 8 | 4 | 9 | 5 | 3 | 2 | 6 | 7 | 1 |
| 5 | 8 | 1 | 9 | 6 | 3 | 4 | 2 | 7 |
| 4 | 7 | 6 | 8 | 2 | 1 | 9 | 3 | 5 |
| 2 | 9 | 3 | 7 | 5 | 4 | 1 | 8 | 6 |

## Solution 364

| 7 | 5 | 9 | 4 | 1 | 6 | 2 | 8 | 3 |
|---|---|---|---|---|---|---|---|---|
| 8 | 1 | 4 | 9 | 2 | 3 | 7 | 5 | 6 |
| 2 | 3 | 6 | 5 | 7 | 8 | 1 | 9 | 4 |
| 4 | 8 | 7 | 1 | 3 | 5 | 9 | 6 | 2 |
| 3 | 9 | 5 | 2 | 6 | 7 | 8 | 4 | 1 |
| 6 | 2 | 1 | 8 | 4 | 9 | 3 | 7 | 5 |
| 1 | 6 | 2 | 7 | 8 | 4 | 5 | 3 | 9 |
| 5 | 7 | 3 | 6 | 9 | 2 | 4 | 1 | 8 |
| 9 | 4 | 8 | 3 | 5 | 1 | 6 | 2 | 7 |

## Solution 365

| 8 | 2 | 4 | 9 | 5 | 6 | 3 | 1 | 7 |
|---|---|---|---|---|---|---|---|---|
| 3 | 5 | 6 | 1 | 7 | 8 | 4 | 2 | 9 |
| 1 | 9 | 7 | 3 | 4 | 2 | 5 | 8 | 6 |
| 9 | 6 | 3 | 8 | 2 | 5 | 1 | 7 | 4 |
| 7 | 1 | 5 | 4 | 9 | 3 | 2 | 6 | 8 |
| 4 | 8 | 2 | 6 | 1 | 7 | 9 | 3 | 5 |
| 5 | 7 | 9 | 2 | 8 | 1 | 6 | 4 | 3 |
| 2 | 3 | 8 | 5 | 6 | 4 | 7 | 9 | 1 |
| 6 | 4 | 1 | 7 | 3 | 9 | 8 | 5 | 2 |

## Solution 366

| 5 | 9 | 1 | 8 | 4 | 6 | 2 | 3 | 7 |
|---|---|---|---|---|---|---|---|---|
| 4 | 2 | 8 | 3 | 7 | 5 | 9 | 1 | 6 |
| 6 | 7 | 3 | 9 | 1 | 2 | 5 | 4 | 8 |
| 3 | 5 | 2 | 7 | 6 | 8 | 4 | 9 | 1 |
| 8 | 1 | 4 | 2 | 9 | 3 | 6 | 7 | 5 |
| 9 | 6 | 7 | 1 | 5 | 4 | 3 | 8 | 2 |
| 7 | 4 | 5 | 6 | 3 | 1 | 8 | 2 | 9 |
| 1 | 8 | 6 | 4 | 2 | 9 | 7 | 5 | 3 |
| 2 | 3 | 9 | 5 | 8 | 7 | 1 | 6 | 4 |

## Solution 367

| 7 | 2 | 5 | 6 | 1 | 9 | 8 | 4 | 3 |
|---|---|---|---|---|---|---|---|---|
| 1 | 9 | 6 | 8 | 3 | 4 | 7 | 2 | 5 |
| 8 | 4 | 3 | 5 | 2 | 7 | 6 | 1 | 9 |
| 3 | 1 | 8 | 7 | 5 | 6 | 2 | 9 | 4 |
| 9 | 7 | 4 | 2 | 8 | 1 | 3 | 5 | 6 |
| 5 | 6 | 2 | 4 | 9 | 3 | 1 | 7 | 8 |
| 2 | 8 | 9 | 1 | 6 | 5 | 4 | 3 | 7 |
| 4 | 5 | 1 | 3 | 7 | 8 | 9 | 6 | 2 |
| 6 | 3 | 7 | 9 | 4 | 2 | 5 | 8 | 1 |

## Solution 368

| 9 | 5 | 2 | 8 | 6 | 4 | 3 | 7 | 1 |
|---|---|---|---|---|---|---|---|---|
| 7 | 1 | 6 | 2 | 3 | 5 | 8 | 9 | 4 |
| 4 | 3 | 8 | 1 | 9 | 7 | 5 | 6 | 2 |
| 5 | 2 | 1 | 3 | 7 | 6 | 4 | 8 | 9 |
| 8 | 9 | 4 | 5 | 1 | 2 | 7 | 3 | 6 |
| 3 | 6 | 7 | 9 | 4 | 8 | 1 | 2 | 5 |
| 6 | 4 | 3 | 7 | 5 | 9 | 2 | 1 | 8 |
| 1 | 8 | 5 | 6 | 2 | 3 | 9 | 4 | 7 |
| 2 | 7 | 9 | 4 | 8 | 1 | 6 | 5 | 3 |

## Solution 369

| 5 | 3 | 1 | 9 | 4 | 6 | 2 | 7 | 8 |
|---|---|---|---|---|---|---|---|---|
| 9 | 2 | 8 | 5 | 7 | 3 | 6 | 4 | 1 |
| 4 | 7 | 6 | 2 | 1 | 8 | 5 | 9 | 3 |
| 2 | 9 | 4 | 3 | 5 | 1 | 7 | 8 | 6 |
| 1 | 5 | 7 | 6 | 8 | 4 | 3 | 2 | 9 |
| 8 | 6 | 3 | 7 | 9 | 2 | 4 | 1 | 5 |
| 7 | 1 | 9 | 4 | 3 | 5 | 8 | 6 | 2 |
| 6 | 8 | 5 | 1 | 2 | 7 | 9 | 3 | 4 |
| 3 | 4 | 2 | 8 | 6 | 9 | 1 | 5 | 7 |

## Solution 370

| 2 | 6 | 4 | 9 | 5 | 3 | 1 | 7 | 8 |
|---|---|---|---|---|---|---|---|---|
| 9 | 8 | 3 | 1 | 4 | 7 | 2 | 5 | 6 |
| 7 | 1 | 5 | 8 | 6 | 2 | 9 | 4 | 3 |
| 8 | 4 | 9 | 5 | 2 | 6 | 3 | 1 | 7 |
| 6 | 3 | 2 | 4 | 7 | 1 | 5 | 8 | 9 |
| 1 | 5 | 7 | 3 | 8 | 9 | 4 | 6 | 2 |
| 3 | 9 | 8 | 6 | 1 | 5 | 7 | 2 | 4 |
| 5 | 2 | 6 | 7 | 3 | 4 | 8 | 9 | 1 |
| 4 | 7 | 1 | 2 | 9 | 8 | 6 | 3 | 5 |

## Solution 371

| 9 | 3 | 1 | 2 | 4 | 8 | 7 | 5 | 6 |
|---|---|---|---|---|---|---|---|---|
| 4 | 8 | 7 | 6 | 9 | 5 | 3 | 1 | 2 |
| 5 | 2 | 6 | 7 | 1 | 3 | 9 | 4 | 8 |
| 3 | 7 | 2 | 9 | 5 | 6 | 1 | 8 | 4 |
| 1 | 5 | 9 | 4 | 8 | 2 | 6 | 7 | 3 |
| 8 | 6 | 4 | 1 | 3 | 7 | 2 | 9 | 5 |
| 2 | 9 | 3 | 8 | 7 | 4 | 5 | 6 | 1 |
| 7 | 4 | 5 | 3 | 6 | 1 | 8 | 2 | 9 |
| 6 | 1 | 8 | 5 | 2 | 9 | 4 | 3 | 7 |

## Solution 372

| 6 | 4 | 9 | 1 | 3 | 2 | 7 | 8 | 5 |
|---|---|---|---|---|---|---|---|---|
| 3 | 2 | 5 | 7 | 4 | 8 | 6 | 9 | 1 |
| 8 | 1 | 7 | 9 | 6 | 5 | 3 | 4 | 2 |
| 4 | 7 | 3 | 6 | 1 | 9 | 5 | 2 | 8 |
| 5 | 9 | 8 | 3 | 2 | 4 | 1 | 6 | 7 |
| 2 | 6 | 1 | 8 | 5 | 7 | 4 | 3 | 9 |
| 9 | 5 | 6 | 2 | 7 | 3 | 8 | 1 | 4 |
| 1 | 8 | 4 | 5 | 9 | 6 | 2 | 7 | 3 |
| 7 | 3 | 2 | 4 | 8 | 1 | 9 | 5 | 6 |

## Solution 373

| 9 | 3 | 1 | 2 | 7 | 6 | 8 | 5 | 4 |
|---|---|---|---|---|---|---|---|---|
| 2 | 7 | 5 | 9 | 4 | 8 | 6 | 3 | 1 |
| 8 | 6 | 4 | 5 | 3 | 1 | 7 | 9 | 2 |
| 4 | 9 | 3 | 7 | 1 | 5 | 2 | 6 | 8 |
| 5 | 2 | 8 | 3 | 6 | 4 | 9 | 1 | 7 |
| 6 | 1 | 7 | 8 | 9 | 2 | 5 | 4 | 3 |
| 7 | 5 | 9 | 4 | 8 | 3 | 1 | 2 | 6 |
| 1 | 4 | 2 | 6 | 5 | 7 | 3 | 8 | 9 |
| 3 | 8 | 6 | 1 | 2 | 9 | 4 | 7 | 5 |

## Solution 374

| 1 | 6 | 9 | 7 | 8 | 2 | 4 | 3 | 5 |
|---|---|---|---|---|---|---|---|---|
| 8 | 7 | 2 | 4 | 5 | 3 | 1 | 9 | 6 |
| 4 | 5 | 3 | 6 | 1 | 9 | 2 | 7 | 8 |
| 3 | 4 | 8 | 5 | 9 | 1 | 7 | 6 | 2 |
| 5 | 1 | 6 | 3 | 2 | 7 | 8 | 4 | 9 |
| 2 | 9 | 7 | 8 | 4 | 6 | 5 | 1 | 3 |
| 9 | 3 | 1 | 2 | 7 | 8 | 6 | 5 | 4 |
| 7 | 8 | 5 | 9 | 6 | 4 | 3 | 2 | 1 |
| 6 | 2 | 4 | 1 | 3 | 5 | 9 | 8 | 7 |

## Solution 375

| 1 | 6 | 2 | 7 | 9 | 8 | 5 | 3 | 4 |
|---|---|---|---|---|---|---|---|---|
| 4 | 7 | 9 | 5 | 1 | 3 | 6 | 2 | 8 |
| 8 | 3 | 5 | 2 | 6 | 4 | 1 | 9 | 7 |
| 6 | 4 | 3 | 1 | 7 | 5 | 9 | 8 | 2 |
| 7 | 9 | 8 | 4 | 2 | 6 | 3 | 1 | 5 |
| 2 | 5 | 1 | 8 | 3 | 9 | 4 | 7 | 6 |
| 9 | 8 | 6 | 3 | 5 | 2 | 7 | 4 | 1 |
| 5 | 2 | 7 | 9 | 4 | 1 | 8 | 6 | 3 |
| 3 | 1 | 4 | 6 | 8 | 7 | 2 | 5 | 9 |

## Solution 376

| 9 | 7 | 8 | 2 | 4 | 5 | 3 | 1 | 6 |
|---|---|---|---|---|---|---|---|---|
| 3 | 5 | 4 | 7 | 6 | 1 | 8 | 9 | 2 |
| 6 | 1 | 2 | 8 | 3 | 9 | 7 | 4 | 5 |
| 1 | 9 | 6 | 5 | 2 | 7 | 4 | 3 | 8 |
| 2 | 4 | 7 | 3 | 9 | 8 | 6 | 5 | 1 |
| 5 | 8 | 3 | 4 | 1 | 6 | 2 | 7 | 9 |
| 4 | 2 | 1 | 6 | 5 | 3 | 9 | 8 | 7 |
| 8 | 6 | 5 | 9 | 7 | 4 | 1 | 2 | 3 |
| 7 | 3 | 9 | 1 | 8 | 2 | 5 | 6 | 4 |

## Solution 377

| 8 | 9 | 4 | 2 | 6 | 5 | 3 | 1 | 7 |
|---|---|---|---|---|---|---|---|---|
| 3 | 5 | 2 | 7 | 4 | 1 | 8 | 9 | 6 |
| 1 | 7 | 6 | 3 | 9 | 8 | 5 | 2 | 4 |
| 9 | 3 | 7 | 4 | 8 | 2 | 1 | 6 | 5 |
| 6 | 8 | 5 | 9 | 1 | 7 | 4 | 3 | 2 |
| 2 | 4 | 1 | 5 | 3 | 6 | 9 | 7 | 8 |
| 4 | 6 | 9 | 8 | 2 | 3 | 7 | 5 | 1 |
| 7 | 2 | 8 | 1 | 5 | 9 | 6 | 4 | 3 |
| 5 | 1 | 3 | 6 | 7 | 4 | 2 | 8 | 9 |

## Solution 378

| 6 | 9 | 2 | 5 | 3 | 8 | 7 | 4 | 1 |
|---|---|---|---|---|---|---|---|---|
| 1 | 8 | 3 | 4 | 9 | 7 | 5 | 2 | 6 |
| 4 | 5 | 7 | 1 | 6 | 2 | 9 | 3 | 8 |
| 8 | 6 | 1 | 7 | 5 | 4 | 2 | 9 | 3 |
| 7 | 2 | 4 | 9 | 8 | 3 | 1 | 6 | 5 |
| 9 | 3 | 5 | 2 | 1 | 6 | 4 | 8 | 7 |
| 5 | 1 | 8 | 3 | 4 | 9 | 6 | 7 | 2 |
| 3 | 7 | 9 | 6 | 2 | 1 | 8 | 5 | 4 |
| 2 | 4 | 6 | 8 | 7 | 5 | 3 | 1 | 9 |

## Solution 379

| 8 | 2 | 1 | 9 | 5 | 4 | 3 | 7 | 6 |
|---|---|---|---|---|---|---|---|---|
| 3 | 6 | 4 | 1 | 7 | 8 | 5 | 9 | 2 |
| 5 | 7 | 9 | 2 | 6 | 3 | 4 | 8 | 1 |
| 9 | 5 | 6 | 8 | 3 | 1 | 2 | 4 | 7 |
| 4 | 8 | 2 | 6 | 9 | 7 | 1 | 5 | 3 |
| 1 | 3 | 7 | 4 | 2 | 5 | 8 | 6 | 9 |
| 7 | 4 | 3 | 5 | 1 | 9 | 6 | 2 | 8 |
| 2 | 9 | 5 | 3 | 8 | 6 | 7 | 1 | 4 |
| 6 | 1 | 8 | 7 | 4 | 2 | 9 | 3 | 5 |

## Solution 380

| 8 | 7 | 6 | 4 | 1 | 5 | 3 | 9 | 2 |
|---|---|---|---|---|---|---|---|---|
| 3 | 1 | 2 | 8 | 7 | 9 | 5 | 6 | 4 |
| 9 | 5 | 4 | 3 | 2 | 6 | 8 | 1 | 7 |
| 6 | 2 | 9 | 7 | 4 | 3 | 1 | 5 | 8 |
| 5 | 3 | 7 | 1 | 9 | 8 | 4 | 2 | 6 |
| 1 | 4 | 8 | 5 | 6 | 2 | 7 | 3 | 9 |
| 2 | 8 | 3 | 9 | 5 | 7 | 6 | 4 | 1 |
| 4 | 9 | 5 | 6 | 8 | 1 | 2 | 7 | 3 |
| 7 | 6 | 1 | 2 | 3 | 4 | 9 | 8 | 5 |

## Solution 381

| 5 | 6 | 1 | 2 | 9 | 7 | 3 | 8 | 4 |
|---|---|---|---|---|---|---|---|---|
| 9 | 3 | 2 | 4 | 8 | 6 | 7 | 1 | 5 |
| 7 | 4 | 8 | 1 | 5 | 3 | 2 | 9 | 6 |
| 4 | 5 | 9 | 7 | 2 | 8 | 6 | 3 | 1 |
| 3 | 2 | 6 | 5 | 1 | 9 | 4 | 7 | 8 |
| 1 | 8 | 7 | 3 | 6 | 4 | 5 | 2 | 9 |
| 6 | 1 | 3 | 9 | 4 | 2 | 8 | 5 | 7 |
| 2 | 9 | 4 | 8 | 7 | 5 | 1 | 6 | 3 |
| 8 | 7 | 5 | 6 | 3 | 1 | 9 | 4 | 2 |

## Solution 382

| 5 | 2 | 8 | 4 | 7 | 6 | 9 | 1 | 3 |
|---|---|---|---|---|---|---|---|---|
| 4 | 3 | 1 | 9 | 8 | 5 | 6 | 7 | 2 |
| 9 | 7 | 6 | 2 | 1 | 3 | 8 | 4 | 5 |
| 8 | 5 | 2 | 6 | 9 | 4 | 1 | 3 | 7 |
| 1 | 4 | 9 | 7 | 3 | 8 | 2 | 5 | 6 |
| 3 | 6 | 7 | 1 | 5 | 2 | 4 | 8 | 9 |
| 2 | 1 | 5 | 8 | 6 | 7 | 3 | 9 | 4 |
| 7 | 9 | 4 | 3 | 2 | 1 | 5 | 6 | 8 |
| 6 | 8 | 3 | 5 | 4 | 9 | 7 | 2 | 1 |

## Solution 383

| 1 | 6 | 8 | 5 | 2 | 3 | 9 | 7 | 4 |
|---|---|---|---|---|---|---|---|---|
| 5 | 7 | 4 | 8 | 9 | 6 | 3 | 2 | 1 |
| 3 | 2 | 9 | 4 | 7 | 1 | 5 | 8 | 6 |
| 9 | 5 | 6 | 1 | 8 | 2 | 7 | 4 | 3 |
| 7 | 4 | 3 | 6 | 5 | 9 | 8 | 1 | 2 |
| 2 | 8 | 1 | 3 | 4 | 7 | 6 | 5 | 9 |
| 8 | 3 | 5 | 9 | 1 | 4 | 2 | 6 | 7 |
| 4 | 9 | 7 | 2 | 6 | 8 | 1 | 3 | 5 |
| 6 | 1 | 2 | 7 | 3 | 5 | 4 | 9 | 8 |

## Solution 384

| 2 | 7 | 3 | 1 | 8 | 4 | 5 | 6 | 9 |
|---|---|---|---|---|---|---|---|---|
| 5 | 1 | 6 | 9 | 7 | 2 | 4 | 8 | 3 |
| 9 | 4 | 8 | 3 | 5 | 6 | 1 | 7 | 2 |
| 8 | 9 | 7 | 4 | 2 | 3 | 6 | 5 | 1 |
| 3 | 5 | 1 | 7 | 6 | 8 | 2 | 9 | 4 |
| 4 | 6 | 2 | 5 | 9 | 1 | 7 | 3 | 8 |
| 1 | 8 | 4 | 6 | 3 | 7 | 9 | 2 | 5 |
| 7 | 3 | 5 | 2 | 4 | 9 | 8 | 1 | 6 |
| 6 | 2 | 9 | 8 | 1 | 5 | 3 | 4 | 7 |

## Solution 385

| | | | | | | | | |
|---|---|---|---|---|---|---|---|---|
| 9 | 8 | 2 | 6 | 5 | 3 | 4 | 7 | 1 |
| 3 | 6 | 4 | 7 | 8 | 1 | 5 | 2 | 9 |
| 5 | 1 | 7 | 2 | 9 | 4 | 6 | 3 | 8 |
| 4 | 5 | 3 | 8 | 6 | 2 | 1 | 9 | 7 |
| 7 | 2 | 1 | 9 | 3 | 5 | 8 | 4 | 6 |
| 8 | 9 | 6 | 1 | 4 | 7 | 2 | 5 | 3 |
| 1 | 7 | 5 | 3 | 2 | 6 | 9 | 8 | 4 |
| 6 | 4 | 8 | 5 | 7 | 9 | 3 | 1 | 2 |
| 2 | 3 | 9 | 4 | 1 | 8 | 7 | 6 | 5 |

## Solution 386

| | | | | | | | | |
|---|---|---|---|---|---|---|---|---|
| 3 | 5 | 9 | 6 | 1 | 8 | 2 | 7 | 4 |
| 6 | 7 | 2 | 5 | 9 | 4 | 1 | 3 | 8 |
| 1 | 8 | 4 | 2 | 7 | 3 | 6 | 9 | 5 |
| 2 | 6 | 3 | 7 | 4 | 5 | 8 | 1 | 9 |
| 7 | 4 | 1 | 9 | 8 | 2 | 5 | 6 | 3 |
| 5 | 9 | 8 | 1 | 3 | 6 | 7 | 4 | 2 |
| 4 | 3 | 7 | 8 | 5 | 1 | 9 | 2 | 6 |
| 8 | 1 | 6 | 3 | 2 | 9 | 4 | 5 | 7 |
| 9 | 2 | 5 | 4 | 6 | 7 | 3 | 8 | 1 |

## Solution 387

| | | | | | | | | |
|---|---|---|---|---|---|---|---|---|
| 3 | 6 | 7 | 8 | 1 | 4 | 2 | 5 | 9 |
| 9 | 4 | 1 | 7 | 5 | 2 | 3 | 8 | 6 |
| 5 | 2 | 8 | 3 | 9 | 6 | 1 | 7 | 4 |
| 6 | 8 | 2 | 4 | 7 | 3 | 5 | 9 | 1 |
| 7 | 1 | 9 | 2 | 6 | 5 | 4 | 3 | 8 |
| 4 | 3 | 5 | 1 | 8 | 9 | 6 | 2 | 7 |
| 8 | 7 | 4 | 5 | 2 | 1 | 9 | 6 | 3 |
| 1 | 5 | 6 | 9 | 3 | 7 | 8 | 4 | 2 |
| 2 | 9 | 3 | 6 | 4 | 8 | 7 | 1 | 5 |

## Solution 388

| | | | | | | | | |
|---|---|---|---|---|---|---|---|---|
| 2 | 3 | 5 | 8 | 4 | 9 | 6 | 1 | 7 |
| 9 | 8 | 1 | 6 | 2 | 7 | 4 | 5 | 3 |
| 6 | 7 | 4 | 3 | 5 | 1 | 9 | 2 | 8 |
| 1 | 5 | 7 | 4 | 9 | 6 | 8 | 3 | 2 |
| 8 | 4 | 6 | 1 | 3 | 2 | 5 | 7 | 9 |
| 3 | 2 | 9 | 5 | 7 | 8 | 1 | 4 | 6 |
| 7 | 1 | 8 | 2 | 6 | 5 | 3 | 9 | 4 |
| 4 | 6 | 2 | 9 | 1 | 3 | 7 | 8 | 5 |
| 5 | 9 | 3 | 7 | 8 | 4 | 2 | 6 | 1 |

## Solution 389

| | | | | | | | | |
|---|---|---|---|---|---|---|---|---|
| 6 | 2 | 3 | 7 | 9 | 1 | 4 | 5 | 8 |
| 8 | 4 | 9 | 3 | 6 | 5 | 1 | 2 | 7 |
| 7 | 5 | 1 | 2 | 8 | 4 | 6 | 9 | 3 |
| 5 | 6 | 2 | 9 | 1 | 3 | 8 | 7 | 4 |
| 1 | 9 | 4 | 8 | 7 | 2 | 5 | 3 | 6 |
| 3 | 7 | 8 | 5 | 4 | 6 | 9 | 1 | 2 |
| 4 | 1 | 7 | 6 | 2 | 9 | 3 | 8 | 5 |
| 9 | 8 | 5 | 4 | 3 | 7 | 2 | 6 | 1 |
| 2 | 3 | 6 | 1 | 5 | 8 | 7 | 4 | 9 |

## Solution 390

| | | | | | | | | |
|---|---|---|---|---|---|---|---|---|
| 5 | 3 | 9 | 6 | 4 | 7 | 1 | 8 | 2 |
| 6 | 1 | 4 | 8 | 2 | 3 | 7 | 9 | 5 |
| 2 | 8 | 7 | 5 | 9 | 1 | 3 | 6 | 4 |
| 7 | 4 | 1 | 9 | 5 | 8 | 6 | 2 | 3 |
| 3 | 6 | 8 | 1 | 7 | 2 | 4 | 5 | 9 |
| 9 | 2 | 5 | 3 | 6 | 4 | 8 | 7 | 1 |
| 8 | 9 | 6 | 4 | 1 | 5 | 2 | 3 | 7 |
| 1 | 7 | 3 | 2 | 8 | 9 | 5 | 4 | 6 |
| 4 | 5 | 2 | 7 | 3 | 6 | 9 | 1 | 8 |

## Solution 391

| | | | | | | | | |
|---|---|---|---|---|---|---|---|---|
| 2 | 5 | 6 | 8 | 7 | 4 | 9 | 3 | 1 |
| 1 | 9 | 7 | 3 | 2 | 6 | 5 | 4 | 8 |
| 4 | 3 | 8 | 1 | 5 | 9 | 2 | 7 | 6 |
| 8 | 7 | 9 | 4 | 3 | 2 | 6 | 1 | 5 |
| 6 | 1 | 2 | 5 | 8 | 7 | 3 | 9 | 4 |
| 3 | 4 | 5 | 6 | 9 | 1 | 7 | 8 | 2 |
| 5 | 2 | 3 | 7 | 1 | 8 | 4 | 6 | 9 |
| 7 | 8 | 4 | 9 | 6 | 5 | 1 | 2 | 3 |
| 9 | 6 | 1 | 2 | 4 | 3 | 8 | 5 | 7 |

## Solution 392

| | | | | | | | | |
|---|---|---|---|---|---|---|---|---|
| 6 | 1 | 4 | 5 | 2 | 7 | 9 | 8 | 3 |
| 3 | 8 | 2 | 6 | 1 | 9 | 7 | 5 | 4 |
| 7 | 9 | 5 | 4 | 8 | 3 | 6 | 1 | 2 |
| 9 | 2 | 6 | 3 | 5 | 4 | 1 | 7 | 8 |
| 1 | 3 | 7 | 8 | 9 | 6 | 2 | 4 | 5 |
| 5 | 4 | 8 | 2 | 7 | 1 | 3 | 6 | 9 |
| 2 | 7 | 9 | 1 | 4 | 5 | 8 | 3 | 6 |
| 4 | 6 | 1 | 9 | 3 | 8 | 5 | 2 | 7 |
| 8 | 5 | 3 | 7 | 6 | 2 | 4 | 9 | 1 |

## Solution 393

| | | | | | | | | |
|---|---|---|---|---|---|---|---|---|
| 2 | 4 | 6 | 8 | 7 | 3 | 9 | 1 | 5 |
| 1 | 7 | 3 | 9 | 6 | 5 | 8 | 4 | 2 |
| 8 | 9 | 5 | 2 | 4 | 1 | 3 | 6 | 7 |
| 4 | 3 | 7 | 6 | 5 | 9 | 2 | 8 | 1 |
| 9 | 5 | 8 | 3 | 1 | 2 | 4 | 7 | 6 |
| 6 | 2 | 1 | 4 | 8 | 7 | 5 | 9 | 3 |
| 7 | 1 | 9 | 5 | 3 | 4 | 6 | 2 | 8 |
| 5 | 6 | 2 | 7 | 9 | 8 | 1 | 3 | 4 |
| 3 | 8 | 4 | 1 | 2 | 6 | 7 | 5 | 9 |

## Solution 394

| | | | | | | | | |
|---|---|---|---|---|---|---|---|---|
| 1 | 9 | 4 | 3 | 2 | 8 | 7 | 5 | 6 |
| 5 | 6 | 7 | 9 | 4 | 1 | 3 | 8 | 2 |
| 8 | 2 | 3 | 7 | 6 | 5 | 4 | 9 | 1 |
| 6 | 8 | 1 | 5 | 7 | 2 | 9 | 4 | 3 |
| 4 | 5 | 2 | 1 | 3 | 9 | 8 | 6 | 7 |
| 3 | 7 | 9 | 4 | 8 | 6 | 2 | 1 | 5 |
| 2 | 4 | 5 | 8 | 1 | 3 | 6 | 7 | 9 |
| 9 | 3 | 8 | 6 | 5 | 7 | 1 | 2 | 4 |
| 7 | 1 | 6 | 2 | 9 | 4 | 5 | 3 | 8 |

## Solution 395

| | | | | | | | | |
|---|---|---|---|---|---|---|---|---|
| 5 | 9 | 4 | 8 | 3 | 2 | 7 | 6 | 1 |
| 7 | 2 | 3 | 6 | 1 | 9 | 4 | 8 | 5 |
| 1 | 8 | 6 | 7 | 5 | 4 | 3 | 2 | 9 |
| 3 | 1 | 2 | 5 | 4 | 6 | 8 | 9 | 7 |
| 6 | 5 | 9 | 3 | 7 | 8 | 2 | 1 | 4 |
| 4 | 7 | 8 | 2 | 9 | 1 | 5 | 3 | 6 |
| 8 | 6 | 5 | 1 | 2 | 7 | 9 | 4 | 3 |
| 9 | 3 | 1 | 4 | 8 | 5 | 6 | 7 | 2 |
| 2 | 4 | 7 | 9 | 6 | 3 | 1 | 5 | 8 |

## Solution 396

| | | | | | | | | |
|---|---|---|---|---|---|---|---|---|
| 4 | 8 | 7 | 2 | 1 | 3 | 5 | 6 | 9 |
| 3 | 6 | 5 | 7 | 8 | 9 | 2 | 4 | 1 |
| 1 | 9 | 2 | 5 | 6 | 4 | 3 | 7 | 8 |
| 5 | 1 | 4 | 6 | 3 | 8 | 7 | 9 | 2 |
| 9 | 7 | 6 | 1 | 2 | 5 | 8 | 3 | 4 |
| 8 | 2 | 3 | 9 | 4 | 7 | 1 | 5 | 6 |
| 7 | 3 | 1 | 4 | 9 | 2 | 6 | 8 | 5 |
| 2 | 4 | 8 | 3 | 5 | 6 | 9 | 1 | 7 |
| 6 | 5 | 9 | 8 | 7 | 1 | 4 | 2 | 3 |

## Solution 397

| 9 | 5 | 3 | 6 | 1 | 4 | 2 | 7 | 8 |
|---|---|---|---|---|---|---|---|---|
| 6 | 1 | 8 | 2 | 5 | 7 | 9 | 3 | 4 |
| 2 | 4 | 7 | 3 | 8 | 9 | 6 | 1 | 5 |
| 5 | 8 | 1 | 7 | 9 | 2 | 3 | 4 | 6 |
| 3 | 9 | 2 | 4 | 6 | 8 | 1 | 5 | 7 |
| 7 | 6 | 4 | 5 | 3 | 1 | 8 | 2 | 9 |
| 8 | 7 | 9 | 1 | 4 | 3 | 5 | 6 | 2 |
| 4 | 3 | 6 | 8 | 2 | 5 | 7 | 9 | 1 |
| 1 | 2 | 5 | 9 | 7 | 6 | 4 | 8 | 3 |

## Solution 398

| 5 | 9 | 2 | 1 | 3 | 7 | 6 | 4 | 8 |
|---|---|---|---|---|---|---|---|---|
| 1 | 6 | 3 | 4 | 2 | 8 | 7 | 5 | 9 |
| 4 | 8 | 7 | 5 | 9 | 6 | 1 | 3 | 2 |
| 8 | 5 | 6 | 2 | 7 | 9 | 3 | 1 | 4 |
| 7 | 3 | 9 | 6 | 4 | 1 | 8 | 2 | 5 |
| 2 | 1 | 4 | 8 | 5 | 3 | 9 | 6 | 7 |
| 9 | 4 | 1 | 3 | 8 | 2 | 5 | 7 | 6 |
| 6 | 2 | 8 | 7 | 1 | 5 | 4 | 9 | 3 |
| 3 | 7 | 5 | 9 | 6 | 4 | 2 | 8 | 1 |

## Solution 399

| 7 | 6 | 8 | 5 | 9 | 1 | 3 | 4 | 2 |
|---|---|---|---|---|---|---|---|---|
| 3 | 2 | 9 | 4 | 7 | 6 | 5 | 8 | 1 |
| 5 | 4 | 1 | 3 | 8 | 2 | 9 | 7 | 6 |
| 2 | 3 | 5 | 8 | 4 | 9 | 1 | 6 | 7 |
| 4 | 9 | 7 | 1 | 6 | 5 | 8 | 2 | 3 |
| 1 | 8 | 6 | 7 | 2 | 3 | 4 | 9 | 5 |
| 8 | 1 | 4 | 2 | 3 | 7 | 6 | 5 | 9 |
| 9 | 7 | 3 | 6 | 5 | 4 | 2 | 1 | 8 |
| 6 | 5 | 2 | 9 | 1 | 8 | 7 | 3 | 4 |

## Solution 400

| 4 | 7 | 5 | 6 | 3 | 2 | 1 | 9 | 8 |
|---|---|---|---|---|---|---|---|---|
| 3 | 2 | 8 | 9 | 1 | 4 | 5 | 7 | 6 |
| 1 | 6 | 9 | 5 | 7 | 8 | 2 | 3 | 4 |
| 7 | 8 | 4 | 1 | 5 | 9 | 6 | 2 | 3 |
| 6 | 3 | 1 | 2 | 4 | 7 | 9 | 8 | 5 |
| 5 | 9 | 2 | 8 | 6 | 3 | 7 | 4 | 1 |
| 8 | 1 | 7 | 3 | 2 | 5 | 4 | 6 | 9 |
| 2 | 5 | 3 | 4 | 9 | 6 | 8 | 1 | 7 |
| 9 | 4 | 6 | 7 | 8 | 1 | 3 | 5 | 2 |

Made in the USA
Middletown, DE
02 October 2021